宁夏回族自治区固原博物馆　陕西历史博物馆　编著

王泽华　杨文宗　王效军　主编

隋代史射勿墓葬壁畫修復研究

张维题

科学出版社
北京

内 容 简 介

《隋代史射勿墓葬壁画修复研究》一书是对宁夏固原博物馆所藏隋代史射勿墓葬壁画科学保护修复工作的总结。

本书通过深入挖掘史射勿墓壁画内涵特征和文物价值，在对史射勿墓葬壁画揭取方法和修复技术路线、保存现状以及馆藏环境与壁画病害之间关联性问题调查研究的基础上，利用现代科技手段，从数字化信息提取、壁画制作材料分析、制作工艺及病害机理研究、壁画表面加固材料溶解度测定和环氧树脂支撑体数值仿真计算等方面进行了系统研究，拓展了壁画表面加固材料清洗和支撑体稳定性评估的研究方法，形成了馆藏壁画保护、研究的关键技术，为同类型馆藏壁画科学保护提供了可借鉴的依据。

本书可供从事考古学、博物馆学、文物保护、历史学等相关研究的专家、学者参考、阅读。

图书在版编目（CIP）数据

隋代史射勿墓葬壁画修复研究 / 宁夏回族自治区固原博物馆，陕西历史博物馆编著；王泽华，杨文宗，王效军主编. —北京：科学出版社，2022.7

ISBN 978-7-03-072606-3

Ⅰ. ①隋…　Ⅱ. ①宁…　②陕…　③王…　④杨…　⑤王…　Ⅲ. ①墓室壁画－修复－研究－固原－隋代　Ⅳ. ① K879.414

中国版本图书馆CIP数据核字（2022）第108410号

责任编辑：孙　莉　蔡鸿博 / 责任校对：邹慧卿

责任印制：肖　兴 / 封面设计：张　放

科学出版社 出版

北京东黄城根北街16号

邮政编码：100717

http://www.sciencep.com

北京汇瑞嘉合文化发展有限公司 印刷

科学出版社发行　各地新华书店经销

*

2022年7月第　一　版　开本：889×1194 1/16

2022年7月第一次印刷　印张：15 1/4　插页：18

字数：446 000

定价：328.00 元

（如有印装质量问题，我社负责调换）

《隋代史射勿墓葬壁画修复研究》
编辑委员会

序

壁画作为一种实体艺术，不仅全面再现了不同时期世俗绘画艺术的发展面貌和成就，而且还蕴含着丰富的民族文化基因。尤其是馆藏墓葬壁画独特的艺术风格和叙事方式，为研究我国古代社会结构、人类生产生活方式、文化思想、科学艺术以及宗教信仰等提供了不可多得的实物资料。因此，加强馆藏壁画科学保护工作，有助于我们通过对历史上不同民族之间文化交流、融合、碰撞过程的解读，认识古代文明的丰富性、多样性、复杂性，进而理解人类文明进步的历程，为增强文化自信和民族凝聚力做出更大贡献。

馆藏壁画因其自身组成材料的脆弱性以及对其所处环境的特殊要求，一般情况下均经历了揭取、加固、修复等多种形式的干预。而展现在我们面前的这些珍贵文化遗产，由于受到早期加固、修复以及环境等多种因素的影响，呈现出不同的病害特征。宁夏回族自治区固原博物馆馆藏隋代史射勿墓葬壁画也不例外，虽然该墓壁画所蕴含的独特的历史价值、文化价值、审美价值、科技价值和时代价值已得到普遍认同，但各种病害对壁画所带来的破坏更具复杂性和多样性，甚至一些病害在其表现形式上颠覆了我们以往的认知。

自 2018 年陕西历史博物馆联合固原博物馆实施隋代史射勿墓葬壁画保护修复工程以来，历届领导班子高度重视，先后投入专项经费 35 万元，用于“隋代史射勿墓葬壁画保护修复工程”。双方通过对墓葬出土壁画病害、保存环境、修复材料等方面的系统分析研究，提出了科学合理的保护修复方案，取得了良好的修复效果。同时，陕西历史博物馆还积极发挥“馆藏壁画保护修复与材料科学研究国家文物局重点科研基地”的辐射作用，在宁夏固原博物馆建立了“馆藏壁画保护修复与材料科学研究国家文物局重点科研基地宁夏工作站”，通过专家定期培训和技术骨干现场指导，解决了固原博物馆馆藏的隋代史射勿墓葬壁画所面临的各种问题。同时，也为宁夏固原博物馆培养了一批文物保护的专业人才。

实践证明，对馆藏隋代史射勿墓葬壁画所进行的保护修复工作与其他质地的馆藏文物保护修复一样，除必须满足文物保护的真实性、安全性和有效性原则之外，还要从根本上排除不确定因素和风险，这样才能在保护修复技术路线的设计以及技术手段的应用层面取得重大突破。为此，联合攻关小组以馆藏隋代史射勿墓葬壁画保存现状调查为切入点，在对墓葬环境（自然环境、人文环境）、揭取方式以及保护修复历史进行系统调查和梳理分析的基础上，结合专家论证意见，重点通过保存环境与壁画病害关联性问题研究、壁画组成材料分析与老化机理研究、病害信息提取、支撑体结构稳定性数值仿真计算等方面的综合研究，基本突破了长期困扰隋代史射勿墓葬壁画保护修复的重点和难点问题。当然，在取得成绩的同时，我们也清醒地认识到，面对价值高、保存环境复杂的隋代史射勿墓葬壁画，保护修复过程中仍然有一些问题没有得到彻底解决，后续还需要进行不间断的跟踪监测和稳定性长效评估，以验证、总结保护修复技术路线的科学性以及修复方法的有效性，最终为今后不同类型的壁画保护修复提供参考。

《隋代史射勿墓葬壁画修复研究》一书，是作者基于馆藏隋代史射勿墓葬壁画保护修复的迫切需求，以扎实的理论分析、实验研究并结合丰富的保护实践经验撰写而成，具有较高的学术价值。该书数据详实、例证典型，并且在编写体例上提供了修复报告与学术研究相结合的范例。它的出版，必将推动馆藏壁画科学保护与研究工作。藉此，期盼此书早日出版，以飨读者。

2022 年 2 月 26 日于西安

前　　言

隋代史射勿墓葬壁画作为传统墓室壁画的典型代表，构图拙朴生动，布局严谨有序，成为研究这一时期不同文明交流互鉴的重要载体。保护好、传承好这批珍贵文化遗产，是我们的责任，也是促进人类文明可持续发展的必然要求。

史射勿墓葬壁画与其他文物一样，无法抗拒自然损毁这一基本规律，特别是环境因素所导致的变形弯曲、局部断裂、画面加固材料起甲开裂等病害对壁画的损害日趋严重。而解决壁画与其保存环境之间适应性的问题，除对其保存环境进行有效调控之外，唯一有效的途径就是通过人为干预来解除各类病害对壁画的危害。人为干预必须在不改变文物原状以及在真实性和完整性的原则下进行，因此有针对性地开展前期研究，成为史射勿墓葬壁画保护修复工作的关键。

馆藏史射勿墓葬壁画保护修复工作，借鉴国内外壁画保护的经验，在研究方法上，力求综合运用多种科学技术手段，把壁画保存环境调查与病害类型和破坏方式等关联在一起，推本溯源对壁画受损原因做出科学解释。在进行问题分析时，拓宽思路，放宽视野，把壁画组成材料分析与病害机理研究、病害信息量化以及数值仿真计算等结合起来，通过内部因素与外部因素的综合分析，以期获得一种合乎科学规律并具有前瞻性的保护修复技术路线。

馆藏史射勿墓葬壁画保护修复工作，重点在画面加固材料清洗和环氧树脂支撑体稳定性加固两个方面。其中画面加固材料的清洗，通过实验室研究和现场清洗实验相结合，达到了预期的效果。环氧树脂支撑体稳定性加固以数值仿真计算为依据，按照“最小干预原则”进行加固处理，不仅解决了壁画结构稳定性的问题，而且为再次干预创造了条件。

本书是作者基于多年的理论研究和工作实践，对馆藏隋代史射勿墓葬壁画研究方法和科学保护工作的总结。全书共分十一章，第一章隋代史射勿墓葬概况；第二章隋代史射勿墓葬壁画；第三章隋代史射勿墓葬壁画价值评估；第四章隋代史射勿墓葬壁画揭取与修复研究；第五章隋代史射勿墓葬壁画保存环境调查；第六章隋代史射勿墓葬壁画数字化信息提取；第七章隋代史射勿墓葬壁画微观病害形态调查；第八章隋代史射勿墓葬壁画制作材料分析研究；第九章隋代史射勿墓壁画病害机理研究；第十章壁画表面加固材料清洗研究；第十一章修复后壁画保存环境控制要求研究。

本书的编辑出版，旨在抛砖引玉。如果本书内容能使读者获益并对壁画保护工作具有促进作用，编者将不胜欣慰。

编　者

2022 年 2 月于固原

目　录

图版目录

第一章　隋代史射勿墓葬概况

20 世纪 80 年代以来，考古工作者在固原南郊发掘的隋唐墓葬群由 1 座隋代墓葬和 8 座唐代墓葬组成，其中绘制有壁画且保存较好的有隋史射勿墓，唐史索岩墓、梁元珍墓。在以往的考古发掘中，隋代壁画墓发现较少，史射勿墓的发现，无疑为我们研究隋代墓葬壁画提供了非常重要的实物资料。

1　墓葬位置关系

史射勿墓是固原南郊隋唐墓地中，施加彩绘壁画进行装饰的唯一一座隋代墓葬，与先后发掘的唐史索岩夫妇合葬墓、史诃耽夫妇合葬墓、史道洛夫妇合葬墓、史铁棒墓、史道德墓、梁元珍墓及 2 座无墓志的墓葬（82M2 和 87M1）集中分布于三面环山、地势平坦的固原市原州区南郊乡羊坊村、小马庄村和王涝坝村。

9 座墓葬皆坐北朝南，每座墓葬之间相距离百米至数百米不等，如果按照墓葬坐北朝南的方向为标准，除梁元珍墓位于史铁棒墓以北之外，其余 8 座墓葬基本呈一字形排列，由东向西依次为史索岩夫妇合葬墓、史铁棒墓、87M1、史诃耽夫妇合葬墓、史道洛夫妇合葬墓、史射勿墓、史道德墓、82M2（图 1-1）。

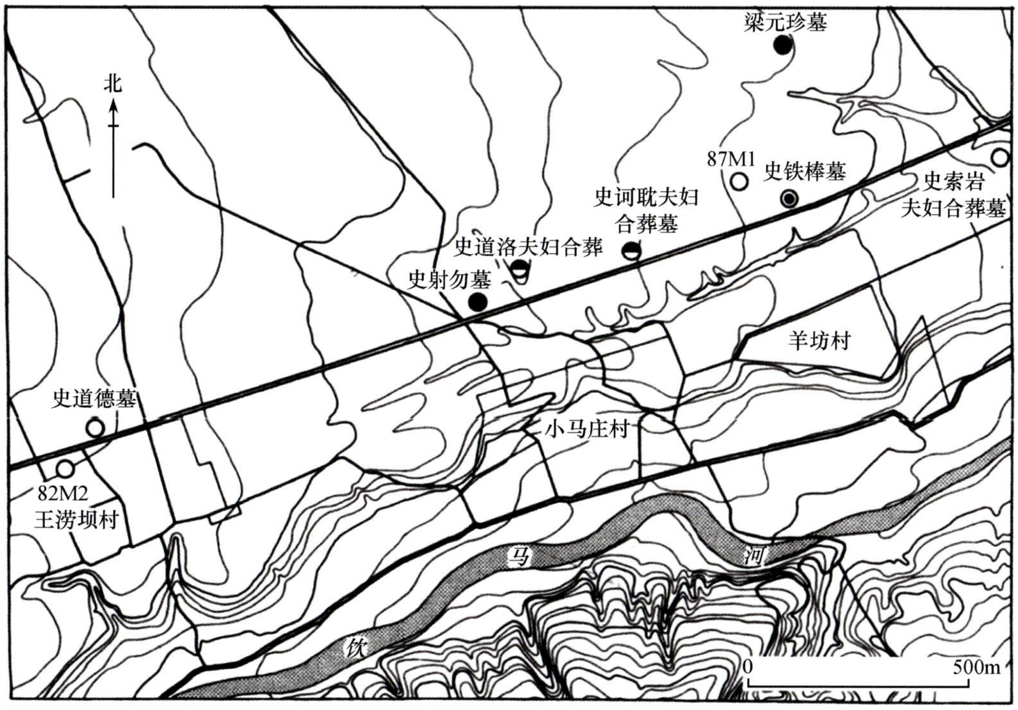

图 1-1　固原南郊隋唐墓群墓葬位置关系示意图[1]

据墓志记载，6 座纪年明确的史姓粟特人墓葬，并非同一支系的家族墓葬，而是分属于史射勿与史索岩两个不同支系的史姓家族墓葬。分布在小马庄村的史射勿墓、史道洛夫妇合葬墓、史诃耽夫妇合葬墓与分布在羊坊村的史铁棒墓，为同一支系的史姓家族墓葬。史射勿与史诃耽、史道洛为父子关系，而与史铁棒为祖孙关系。羊坊村的史索岩夫妇合葬墓与王涝坝村的史道德墓，为另一支系的史姓家族墓葬，墓主人史索岩与史道德为叔侄关系。

史射勿家族墓葬排列有序，按辈分大小从西向东呈“一”字形排列，也就是按照西长东幼的顺序排列。史索岩与史道德作为同族叔侄关系，并未集中葬于同一墓地，而是分别葬于史射勿家族墓地的东西两端。如果以史射勿家族墓地的排列顺序为标准，史索岩家族的 2 座墓葬在排列关系上，恰好与史射勿家族墓葬的排列关系相反。

2　墓葬形制

史射勿墓主要由封土、墓道、天井、过洞、甬道和墓室组成，全长 29m，其中墓道长约 22m（图 1-2）。尽管目前考古发现的隋代壁画墓数量较少，但是从已发现的隋代壁画墓来看，史射勿墓等墓葬基本延续了北朝晚期就已定型的斜坡长墓道、有过洞、多天井的墓葬传统。

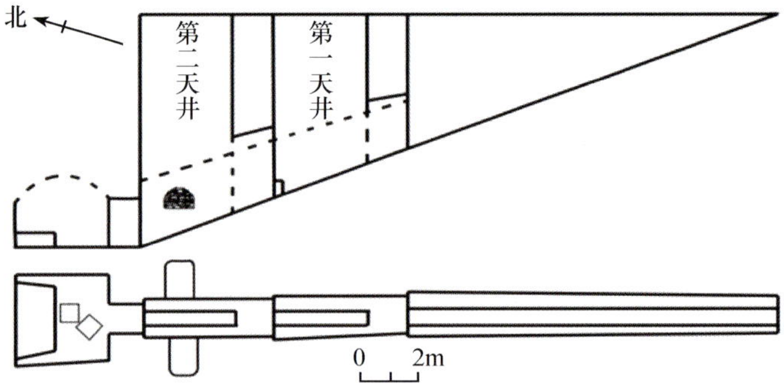

图 1-2　史射勿墓平、剖面图[2]

2.1　封土

封土作为墓葬的地面标志，是墓葬建筑的重要组成部分。西汉时期，墓葬制度日臻完善，封土与墓主人身份紧密关联，基本上都是覆斗形[3]。东汉时期，为了推行薄葬，光武帝颁布诏书“世以厚葬为德，薄终为鄙，至于富者奢僭，贫者单财，法令不能禁，礼义不能止，仓卒乃知其咎。其布告天下，令知忠臣、孝子、慈兄、悌弟薄葬送终之义”[4]。魏晋时期，一方面受薄葬思想的影响，另一方面长期的战争致使“天下凋敝”，盛行不封不树。但北魏孝文帝迁都洛阳以后，大力推行汉化改革，倡导以孝行天下，恢复了秦汉以来的陵寝制度。北周初期虽然也倡导“不封不树”，但是考古发现证实，这种“墓而不坟”并不是绝对的，如固原北周李贤墓、宇文猛墓、田弘墓均有一定规模的封土，并且在宇文猛墓的盗洞内还发现有神道碑残块[5]。

史射勿墓葬受北朝晚期固原地区墓葬的影响，无论墓葬结构，还是表面封土的夯筑方式、封土规模以及封土形状，均与北周李贤墓完全一致。1995 年，中日原州联合考古队发掘唐史道洛墓时，对包括史射勿墓在内的 5 座隋唐墓封土重新进行了测绘[6]。测量结果显示，史射勿墓封土，平面呈圆形，东西直径 12.5、南北直径 13.5、高 4.5m（图 1-3）。

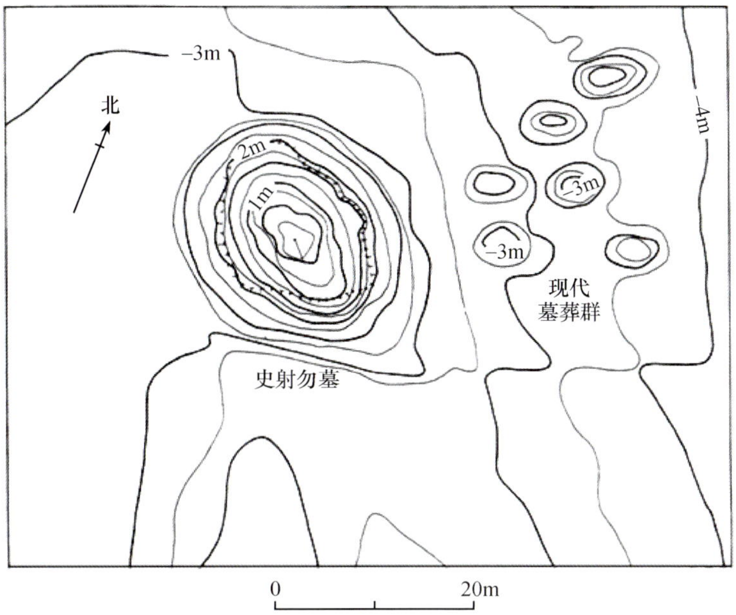

图 1-3　史射勿墓封土[7]

2.2　天井

天井作为墓葬空间结构中最具象征意义的组成部分，经过长期发展，不再局限于墓葬空间结构营造的单一用途，而是逐渐演变为具有庭院象征意义的组成部分。1982 年，在宁夏彭阳新集乡石洼村所发掘的北魏墓 M1[7]，在其墓室上方雕刻的双坡屋面房屋模型，与过洞上部剔刻的具有门楼性质的单坡屋面房屋模型（图 1-4、图 1-5），正好通过土圹中间的天井构成一座非常完整的庭院。继彭阳新集北魏墓之后，在陕西西安焦村和中兆村发现的十六国墓葬 M25 和 M100[8]，完全打破了之前土筑房屋模型和天井象征庭院的对应关系形成于北朝晚期的认知。显然在十六国时期形成的这种长斜坡墓道、多天井的墓葬，被彭阳新集北魏墓固定下来以后，为北周及后来的隋唐墓葬，向长墓道、多天井方向发展提供了借鉴依据。

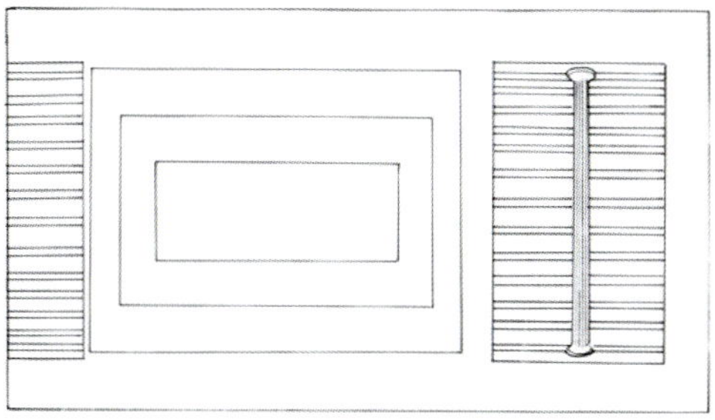

图 1-4　彭阳新集北魏墓 M1 土圹平面图

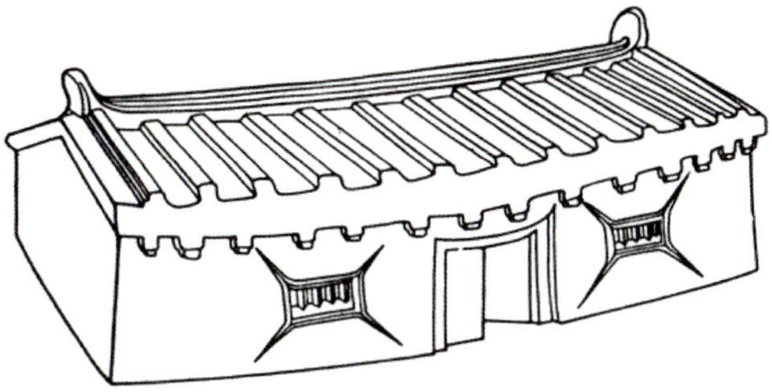

图 1-5　彭阳新集北魏墓 M1 墓室上方土筑房屋模型

北周时期墓葬天井数量由两个向多个发展，但是这一时期的墓葬在营造方式上，不再流行土筑房屋模型，而是通过绘制门楼图的形式，使天井具有庭院的象征作用。1983 年，在宁夏固原南郊深沟村发掘的北周李贤墓[9]，即在其过洞上方绘制有单、双层门楼图，因这种方式能够简化墓葬营造方式，一经出现，不仅对原北周王朝势力范围内的墓葬产生较大影响，而且对后来的隋唐墓葬有着最直接的影响。

史射勿墓和北周李贤墓一样，两个天井通过门楼图营造出庭院空间。其他一些隋代大型墓葬可以看到天井数量由两个向多个发展的趋势。如李和墓有五个天井[10]，陕西潼关税村隋墓则有六个天井[11]，西安郭家滩隋代姬威墓天井数量多达七个[12]。对于如此众多的天井，是否与隋代史射勿墓葬一样，具有多重院落的象征意义？根据北周李贤墓门楼建筑图形的象征作用不难得知，只有当门楼图以及其他能够代表门楼建筑的图形与之形成对应关系时，才能使其具有庭院的象征作用，否则很难将其与多重庭院的关联在一起。

刘呆运对关中地区隋代墓葬形制进行了深入研究，认为级别越高的官吏所建造的墓葬墓道越长、天井数量越多[13]。但是我们也发现，并不是所有的北朝、隋唐墓葬天井数量的多寡与墓主人官位高低都存在十分密切的联系。如隋代左备身府骁果刘世恭，其身份仅为普通禁军侍卫，墓葬却有一个天井[14]，并且墓葬规模及形制与正五品使持节、车骑将军、仪同三司王昌墓相近[15]，而左亲卫车骑将军吕武也为正五品，墓葬却没有天井[16]。唐代梁元珍虽然终生不仕，墓葬却有三个天井[17]，唐代司驭寺右十七监史铁棒官职为正六品，墓葬同样为三个天井[18]。由此可见，这种长斜坡墓道、多天井墓葬并不是只有高级官员才能使用，也不一定是依据官位高低来决定天井数量的多少，天井的有无和多少，是根据当地的地质条件，为确保墓室不至塌方而开挖的。

综上，隋代所沿袭的长墓道、多天井墓葬，很难将其与多重院落以及墓主人官职高低联系在一起，只有当代表门楼建筑的图形与之形成对应关系以后，才会使其象征意义更为明确。

参考文献

[1] 原州联合考古队. 唐史道洛墓. 文物出版社, 2014: 14.

[2] 宁夏文物考古研究所, 宁夏固原博物馆. 宁夏固原隋史射勿墓发掘简报. 文物, 1992, (10): 16.

[3] 焦南峰. 秦、西汉帝王陵封土研究的新认识. 文物, 2012, (12): 52-58.

[4] 后汉书. 光武帝纪. 中华书局, 1965: 51.

[5] 卫忠. 关于田弘墓几个问题的讨论. 北周田弘墓. 文物出版社, 2009, 8: 172.

[6] 原州联合考古队. 唐史道洛墓. 文物出版社, 2014: 16.

[7] 原州联合考古队. 唐史道洛墓. 文物出版社, 2014: 16.

[8] 2020 年中国重要考古发现. 陕西西安少陵原十六国大墓. 中国文物报, 2021, 4, 16: 6.

[9] 宁夏回族自治区博物馆, 宁夏固原博物馆. 宁夏固原北周李贤墓发掘简报. 文物, 1985, (11): 1-20, 97-100.

[10] 陕西省文物管理委员会. 陕西三原县双盛村隋李和墓清理简报. 文物, 1966, (1): 27-42.

[11] 陕西省考古研究院. 陕西潼关税村隋代壁画墓发掘简报. 文物, 2008, (5): 4-31.

[12] 陕西省文物管理委员会. 西安郭家滩隋姬威墓清理简报. 文物, 1959, (8): 4-7.

[13] 刘呆运. 关中地区隋代墓葬形制研究. 考古与文物, 2012, (4): 84.

[14] 中国科学院考古所. 西安白鹿原墓葬发掘报告. 考古学报, 1956 (3): 49-56.

[15] 陕西省考古研究所. 西安洪庆北朝、隋家族迁葬墓地. 文物, 2005, (10): 49-54.

[16] 中国科学院考古研究所. 西安郊区隋唐墓. 科学出版社, 1966.

[17] 宁夏固原博物馆. 宁夏固原唐梁元珍墓. 文物, 1993, (6): 1-9, 99-100.

[18] 罗丰. 固原南郊隋唐墓地. 文物出版社, 1996: 103-105.

第二章 隋代史射勿墓葬壁画

从已发现的隋代壁画墓来看，这一时期墓葬壁画最为突出的特点是在沿袭南北朝绘画传统的基础上，还表现出一些南北沟通、东西交融的痕迹。这说明隋代墓葬壁画在继承本地传统壁画风格的基础上，借鉴其他地区特点，逐渐形成本朝特色。为此，深入解析这一阶段壁画墓的内涵特征，不仅有助于系统认识隋代史射勿墓葬壁画形成的渊源，也有助于全面认识其嬗变特点。

1 隋代壁画墓概况

隋代墓葬的考古发掘情况表明，在陕西、山西、河南、山东、宁夏等地所发现的十余座隋代壁画墓[1]中，除山东嘉祥开皇四年（584 年）徐敏行墓[2]、宁夏固原隋大业六年（610 年）史射勿墓[3]和陕西潼关税村隋墓[4]的壁画保存状况相对较好之外，陕西三原开皇二年（582 年）李和墓[5]，在其墓道每个过洞入口两侧，还残存有站立的男、女侍从图像，墓室还残存有 9 牒绘有树木和假山的屏风画，其余隋墓壁画残损严重，难识其貌，甚至画迹全无[6]。

山东嘉祥徐敏行墓壁画在画面题材的选择及布局形式上，完全沿袭了北齐墓葬壁画传统。墓室顶部绘制有太阳、星辰以及内部残存有桂树和玉兔的月亮。墓室四壁画面以北壁为中心，围绕墓主人夫妇端坐方榻这一形象，与榻前腰束革带、盘腿作踢球状的男子以及左右两侧侍女和吹奏笛子的伎乐男子，共同构成了墓主人夫妇宴乐的场景。墓室西壁重点描绘了男性墓主人备马出行的场景。画面图像主要由一位牵马侍从，一位肩扛木棒、腰挂琵琶立于马后的导骑，四位高举团扇、伞盖和高柄行灯的随从以及两位执缰牵马、恭迎墓主人乘骑出行的侍从组成。墓室东壁重点描绘了女性墓主人乘车出行的场景。画面图像在四位手执宫灯的侍女导引下，由四位侍从护送帷屏卷棚牛车缓慢前行，紧随其后的则是四位手捧巾帨等器物的侍女，在出行场景的最后绘有饲犬人物及双犬，极富生活气息。墓室南壁墓门两侧分别绘有一位持剑仪卫武士，门洞上壁绘一奔马，墓门外东、西两壁所绘的是手拄木棒的仪卫门吏。

陕西潼关税村隋代壁画墓是目前所发现的规模最大、级别最高的隋代壁画墓。该墓在其墓道及墓室内均绘有壁画。墓道东、西两壁均以侍卫仪仗作为主要描绘对象，共计绘制有 92 个神态各异的仪卫人物、2 匹骏马、2 架列戟。其中仪卫人物身着圆领直襟窄袖长衫，头戴黑色平顶幞头，两巾角向上结扎于头顶，另外两巾角或下垂或飘拂，腰间悬挂有仪刀、弓袋、箭箙、鞶囊等物，手中执有兵器或旗杆，足登乌靴。值得注意的是墓道西壁绘画相较东壁稍为逊色，人物个体较小，显示出了一定的差异性。墓道北壁第一过洞上方壁面，绘制有一座具有门楼性质的双层木构阁楼式建筑。该建筑屋脊两端设有鸱吻，顶覆筒瓦，正间设有双扇门，门扉落锁紧闭，大门两侧各开一直棂窗，房屋外围一周设有单层勾栏的双层木构阁楼门楼图。过洞顶部塌陷，画面无存，两壁对称绘制有四柱三开间影作木构。天井东、西两壁各绘有一名双手拄仪刀的侍卫，但第六天井两壁所绘两名侍卫人物，一位拄仪刀，另一名执弓箭。甬道上方绘有天花，两壁是柱头设有斗拱的影作木构。墓室顶部绘有天象图，一条弯曲的白色银河，自东北至西南贯通墓室穹顶。银河两侧遍布星辰，并且在其西南还绘制有内含蟾蜍的月亮。墓室四壁壁画脱落殆尽，但是从脱落的壁画残片来看，墓室四壁似乎绘制有影作木构，并且在柱间绘有手捧烛台的侍女。

相比之下，山东嘉祥徐敏行墓和陕西潼关税村隋墓，在画面题材的选择及布局方式上显示出不同的特点。徐敏行墓所表现的墓主人端坐围榻形象及鞍马、牛车出行等，完全沿袭了北齐壁画墓的传统，并且在布局形式上，几乎是北齐徐显秀墓[7]壁画布局的再现。陕西潼关税村隋墓在壁画题材选择及布局方式上，不同程度的受到东魏、北齐壁画墓的影响。首先在画面题材的选择上，为了突出墓主人的身份和显赫地位，将东魏茹茹公主墓中出现的列戟图作为重点内容加以承袭[8]。值得注意的是，茹茹公主墓只有 12 杆列戟，而税村隋墓两壁所绘列戟共有 18 杆，仅从列戟数量来看，税村隋墓列戟与《唐六典》所记载的“东宫各门，施十八列戟”相吻合[9]，表明墓主人身份高贵至极。另外在画面表现形式上，也受到东魏、北齐的影响，墓道两壁所绘制的仪卫人物均以群像组成的仪卫队列来表现其壮观威严。

陕西潼关税村隋墓虽然有选择性地承袭了东魏、北齐墓葬壁画的艺术形式，但是在墓葬建筑结构以及壁画布局方式等方面，显示出北周墓葬壁画传统强大的影响力。第一过洞上方壁面所绘门楼图，完全是北周李贤墓过洞上方所绘门楼图的延续，甬道及墓室影作木构中带有斗拱的立柱，则是北周宇文通、乌六浑氏、权氏三座墓葬[10]壁画中斗拱立柱的再现。特别是墓道东壁所绘身着白色窄袖长衫，足蹬乌靴，右手拈笏板于胸前，左手虚握环首仪刀的侍卫形象较为特殊，无论是在北周墓葬壁画中，还是北齐壁画中，手拈笏板的构图形式均未出现，显然属于一个创新的元素。这一形象在陕西潼关税村墓壁画中出现以后，被隋代史射勿墓壁画所承袭。

图 2-1　墓道东壁执刀武士图（GB05503）

图 2-2　墓道西壁执刀武士图（GB05502）

2　隋代史射勿墓葬壁画

史射勿墓壁画在画面题材选择以及布局方式上，既不同于山东嘉祥徐敏行墓，也不同于陕西潼关税村隋墓，而是完全沿袭了自成体系的原北周墓葬壁画的传统。

史射勿墓在其墓道两壁对称位置绘制有一幅执刀仪卫武士。执刀武士这一形象虽然最早出现于洛阳北魏元怿墓[11]，但是执刀方式不同，史射勿墓所绘武士多为双手拄刀或单手拄刀。墓道东壁所绘执刀武士（GB05503）头戴冠，斜插一笄，深目高鼻，双唇紧闭，上唇蓄八字胡须，下颌亦蓄有长须，身着交领长袍，足穿黑色长靴，双手紧握环首长刀于胸前（图 2-1）。墓道西壁持刀武士（GB05502）浓眉大眼，双唇紧闭，上唇蓄一字须，下颌蓄有络腮胡须，身着交领长袍，足登黑色长靴，双手拄刀，侧身斜立（图 2-2）。

过洞上方壁面分别绘制有门楼图（GB05506）与花卉图（GB05505）。第一过洞所绘门楼图是一座位于方形台基之上，屋顶残损严重，屋脊两端鸱吻上翘，正面三开间，设有四根立柱，周围设有单层围栏的庑殿顶建筑（图 2-3）。该建筑在其建筑形式上，虽然不同于李贤墓所绘木构门楼建筑，但是二者具有相同的象征意义，都是宁夏彭阳北魏墓土筑房屋模型的艺术再现。

第二过洞上方壁面不再绘制门楼图，而是绘有一幅四周枝蔓相互缠绕的莲花图案（图 2-4）。莲花绘制于此，并不只是一种简单的装饰性图案，而是与两汉木构建筑有关。据张衡《西京赋》所载："正紫宫于未央，表峣阙于阊阖。疏龙首以抗殿，状巍峨以岌嶪。亘雄虹之长梁，结棼橑以相接。蔕倒茄于藻井，披红葩之狎猎。"薛综注曰："茄，藕茎也。以其茎倒殖于藻井，其华下向反披。狎猎，重接貌。藻井当栋中，交木如井，画以藻文，饰以莲茎，缀其根于井中，其华下垂，故云倒也。"另据应劭《风俗通义》所载："今殿作天井，井者，东井之像也。菱，水中之物，皆所以厌火也。"[12] 可见两汉之际，在宫殿等建筑中，饰以荷、菱、莲等水生植物，以此来确保建筑物不受火灾侵害。因此，史射勿墓第二过洞所绘莲花图案，很显然是依据五行相克原理，利用其厌火属性，隐喻某种规格较高的木构建筑。

图 2-3　第一过洞所绘门楼图（GB05506）

图 2-4　第二过洞所绘花卉图（GB05505）

天井东、西两壁主要以执刀武士以及执笏侍从形象作为画面表现的主要内容。

第一天井东、西两壁，在其对应位置分别绘有两幅持刀仪卫武士。东壁第一幅执刀武士图（GB05504），武士侧身而立，头戴冠，深目高鼻，双唇紧闭，上唇蓄有八字须，身着交领宽袖长袍，足蹬黑色长靴，双手紧握环首刀上举与胸前（图 2-5，1；图版 4，2）。第二幅执刀武士图（FL03649），武士同样侧身而立，头戴小冠，目视正前方，高鼻深目，上唇蓄一字形胡须，下颌蓄络腮胡须，身着交领宽袖长袍，足蹬黑色长靴，双手紧握环首刀悬举于胸前（图 2-5，2；图版 3，1）。西壁第一幅执刀武士图（FL03648），武士深目高鼻，颧骨突出，双唇紧闭，上唇蓄八字胡须，下颌蓄络腮胡须，头戴冠，身着交领宽袖长袍，足蹬黑色长靴，双手紧握环首刀于胸前（图 2-6，1；图版 2，2）。第二幅执刀武士图（FL03647），武士侧身而立，深目高鼻，眉头紧锁，上唇蓄一字须，下颌蓄有络腮胡长须，头戴冠，身着交领宽袖长袍，足蹬黑色长靴，双手紧握环首长刀拄于地面（图 2-6，2；图版 2，1）。

第二天井东、西两壁不再绘制执刀武士图像，而是分别绘制有两幅执笏侍从图像。侍从人物位置相互对应，形象相同，只是两壁侍从人物身高不同，侧身站立的方向相反。第二过洞与第二天井间东壁第一幅执笏侍从图（FL03650），侍从面北侧立，头戴冠，身着红色交领宽袍，腰束白色宽带，下穿白色宽裤，足蹬黑色长靴。双手袖于胸前执一笏板，笏板较短小（图 2-7，1；图版 3，2）。第二天井东壁第二幅执笏侍从图（FL03646），侍从面南侧立，头戴黑色两脚幞头，幞头脚紧贴脑后，身着红色圆领宽袖长袍，腰束黑色革带，足蹬黑色长靴。无须，较瘦，双手执笏，呈进谒状（图 2-7，2；图版 1，2）。

1. GB05504　　2. FL03649

图 2-5　第一天井东壁执刀武士图

1. FL03648　　2. FL03647

图 2-6　第一天井西壁执刀武士图

第二过洞与第二天井间西壁执笏侍从图（FL03651），侍从面北侧立，头戴冠，身着红色交领宽袍，腰束白色宽带，下穿白色宽裤，足蹬黑色长靴。双手于胸前执一笏板，神态恭敬（图 2-8，1；图版 4，1）。第二天井西壁第二幅执笏侍从图（FL03645），侍从面南而立，头戴两脚幞头，幞头软脚搭于右肩，身穿白色长袍，腰束黑革带，足蹬黑色长靴，双手执笏于胸前，作进谒状（图 2-8，2；图版 1，1）。

1. FL03650　　2. FL03646

图 2-7　第二天井东壁执笏侍从图

1. FL03651　　2. FL03645

图 2-8　第二天井西壁执笏侍从图

从执笏侍从的渊源关系来看，史射勿墓所绘执笏侍从显然源于陕西潼关税村隋墓，但是在人物形象以及执笏方式上，两者完全不同。陕西潼关税村隋墓所绘执笏侍从，均为头戴两角幞头，上唇蓄八字胡须，下颌蓄络腮胡须，身着白色圆领窄袖长袍，腰佩鞶囊，左手虚按环首仪刀，右手拈一圆头笏板，并且均佩马蹄形鞶囊。据《隋书・礼仪志》所载："鞶囊……五品，六品彩缕，七、八、九品彩缕，兽爪鞶。官无印绶者，并不合佩鞶囊及爪。”[13] 按照当时的舆服制度，鞶囊显然具有区别官员品级的作用。相比之下，史射勿墓所绘执笏侍从，因其身份低下，显属官无印绶者，不合佩戴鞶囊，这当是史射勿墓执笏侍从身形较小，形态恭敬的主要原因。

墓室壁画受塌方影响，东、北两壁壁画完全塌毁，墓室南壁仅存一幅由 5 位侍女组成的群像画面。画面左侧第一位侍女保存相对完好，其余四位侍女均有残缺。左起第一位侍女面部稍有残缺，头梳高髻，肩披巾，身着长裙，面北而立。第二位侍女头身错位，鼻孔至肩部残损严重，同样梳高发髻，身着长裙，侧身面南而立。第三位侍女颈部及肩部残损，头身错位，梳高发髻，长眉细眼，面庞圆润，身着长裙，面北而立。第四位侍女面部至肩部完全残缺，发髻情况不明，根据画面残存情况来看，也是身着长裙。第五位侍女长眉细眼，直鼻小口，梳高发髻，颈部及肩部缺失，身着长裙，面北而立（图 2-9；图版 5）。

图 2-9　墓室南壁侍女图（GB05507）

3　隋代史射勿墓葬壁画的内涵特征

史射勿墓通过画面图像特有的艺术表现形式，使墓葬空间结构的象征意义与当时的丧葬理念、墓主人生前社会地位以及世俗生活能够等同起来。目前对墓葬壁画的研究，大多集中于壁画发展现状[14]、制作程序[15] 以及画面图像所反映的袍服制度、侍女发式、幞头变化等文物制度的系统研究与考证[16]。而对同一时期墓葬壁画与粟特人石刻葬具中的图像艺术，还缺乏全面系统地比较研究。因此，全面了解粟特人石刻葬具中的图像艺术，对研究史射勿汉化历程具有极为重要的意义。

陕西西安北郊北周大象元年（579 年）安伽墓[17]，在墓葬形制以及壁画布局方式上，与其他北周大型墓的壁画别无二致。但是墓室内安放的围屏石榻极为引人注目，在其内表面所雕刻的车马出行图、狩猎野宴图、乐舞宴饮图、民族友好交往图、野宴商旅图等，在画面题材的选择以及画面内容的表现形式上，明显与同期墓葬壁画具有较大的差异，但是这些图像在礼仪与宗教等方面所表现出来的思想内涵，却与墓葬壁画具有相同的作用，同样能够反映当时的丧葬理念[18]。

安伽墓围屏石榻所雕刻的画面图像，以表现粟特民族的世俗生活为主要内容，在其表现形式上，十分重视粟特民族元素的再现。整体画面除第六幅居家宴饮舞蹈图，以中国传统的歇山式建筑来表现粟特人在中国生活的场景以外，其余 11 幅图像均以纯粹的粟特美术形式表现其现实生活情况。画面人物多为头发卷曲、深目高鼻形象，所着服装具有强烈的异域民族特色，既有圆领紧身长袍，又有翻领紧身长袍。特别是在乐舞宴饮图中，四坡帐篷顶部所装饰的日月及莲花图案，各种生活器皿，地面铺设的边沿饰有连珠纹的波斯地毯以及身着紧身对襟翻领长袍、双手相握举于头顶、扭腰摆臀、向后抬起右脚表演胡腾舞的形象都极具特色。

总体来看，安伽墓围屏石榻在画面内容的安排上，主要以宴饮歌舞和狩猎场景为主，其中表现宴饮舞蹈的图像有 4 幅之多，而表现狩猎场景的图像则多达 5 幅。由此可见，粟特人是一个以游牧狩猎为主，且能歌善舞的民族，尤其是狩猎场景所刻绘的虎皮圆顶帐篷，表现了粟特等游牧民族的居住特点。

甘肃天水石马坪所发现的屏风石棺床墓[19]，是一座竖井单室墓，安放于墓室之中的屏风石棺床，在围屏内表面共计雕刻有 11 幅单体图画。左侧围屏分别雕刻有酿酒图、水榭泛舟图、狩猎图。石棺正面围屏从左至右，依次雕刻有乘车出行图、园林建筑图、居家宴饮图、骑马回归图、水榭建筑图。右侧围屏分别雕刻有乘马回归图、明月夜景图和凭栏观景图。

围屏画面整体以中国传统建筑所构成的山水园林景观为背景，以反映入华粟特人的世俗生活为主要内容。在画面表现形式上，与北周安伽墓石棺围屏也具有一定的关联性。首先，围屏正面第六幅图像与安伽围屏石榻所刻绘的居家宴饮图极为相似，二者均以小桥流水为背景，刻画了歇山式建筑内男、女二人攀谈宴饮的场景。其次，天水石马坪石棺左侧所刻画的狩猎图，与安伽墓右侧围屏第一幅射猎图也颇为相似。相比之下，北周安伽墓石棺所表现的乐舞场景图像多达 4 幅，而天水石马坪石棺围屏画面虽未刻绘乐舞场景，但是通过石棺床左右两侧演奏排箫、横笛、琵琶等乐器的跪坐胡人俑，表现了乐舞场景。值得注意的是，天水石马坪石棺中间围屏所刻绘的 5 幅图像，并不是相互独立的，而是分别将庭院式园林景观的局部作为画面背景，完整表现了域外胡人在中国的现实生活情景。

山西太原王郭村开皇十七年（597 年）虞弘墓[20]，是一座单室砖墓。墓室所安放的汉白玉石椁，在外部形制上是一座仿木结构的三开间、歇山式殿堂建筑，由底座、墙板和歇山顶三部分组成。石椁内外表面所雕刻的浅浮雕图像，以乘马出行图、回归图以及墓主人夫妇端坐毡帐宴饮乐舞场景和射猎场景为主要内容。在画面布局形式上，具有北齐墓葬壁画布局的特点，整体画面以石椁后壁作为主壁面，通过剖面刻绘的方式，将大型毡帐内墓主人夫妇宴饮乐舞场景安排于后壁中间位置，左右两侧分别为骑驼猎狮图和乘象猎狮图。前壁门口左右两侧分别为乘马出行图与乘马回归图。石椁东壁重点刻绘有舞蹈图与骑驼射猎图，并且将其与西壁两幅画面关联在一起，完整地表现了一位深目高鼻，头戴镶有宝珠王冠，配有头光，蓄有三角形长须的骑马人物，坐于束腰高凳上休息宴饮的场景。

综合起来看，虞弘墓内所置石椁与围屏石榻虽然形制不同，但是二者的作用则是相同的，都是代表了墓主人一个“永恒的家园”。只是汉白玉石椁在构图形式上，以纯粹的粟特文化背景展现了墓主人生前的各种现实生活场景、宗教信仰以及异域游牧民族的人文环境。因此，画面人物在其表现形式上，均是深目高鼻，头发卷曲的形象；各种生活器皿、用具等也都呈现出异域的风格，特别是在画面内容的安排上，十分重视游牧生活和歌舞宴饮场景的表达，各种射猎图像就占据到整体画面的三分之一，尤其是射猎图所表现的人驼相互配合，奋力搏杀雄狮的场景，以其独特的视角表达了粟特游牧民族与骆驼之间的独特情感。除此以外，汉白玉石椁所刻绘的圆形毡帐，与北周安伽墓围屏石榻上所刻绘的帐篷，外部形制虽然不同，但却具有相同的装饰风格，均在帐篷顶部镶嵌有日月图案的装饰物，并在檐、柱等部位饰有连珠纹，帐篷内部同样置有围屏方榻。由此可见，上述三座入华粟特人的石刻葬具，在画面题材的选择及构图形式上，相互之间存在着某种关联，甚至部分图像具有高度的相似性。这种现象足以说明，在北朝后期一些具有鲜明粟特文化色彩的粉本在汉地流传[21]。

通过对粟特人石刻葬具画面题材选择以及构图方式的对比研究，不难发现上述三座墓葬石刻图像最为突出的特点是在图像题材的选择与其表现形式上始终把宗教信仰和现实生活的一些元素以不同方式与其葬具所雕刻的图像紧密关联在一起。

虽然史射勿有着中亚粟特人的血统，但是在其墓葬壁画中丝毫看不到有关粟特民族生活的元素，仅仅只能从出土的充满典型中亚、西亚文化因素的鎏金桃形花饰以及口含波斯银币的葬俗中看出其与中亚粟特人的密切关系。这可能与史射勿一生的经历有关。据其墓志记载，史射勿“其先出自西国”，而其世子史诃耽墓志称其为“史国王之苗裔也……曾祖尼，魏摩诃大萨保，张掖县令”。据此可知，史射勿家族是从粟特地区的史国迁徙而来，但是在迁徙到固原之前，还曾居留张掖。另外从史射勿在“保定四年（564年），从晋荡公东讨”入仕北周的年代推算，其最晚应在北魏末年就已经东迁固原[22]。由此可见，史射勿一生是在中国度过的，并且戎马半生，战功累累，还曾随驾炀帝南巡扬州，并曾三次蒙赐，表明史射勿在隋炀帝政治集团中有较为重要的地位。这完全映射出史射勿从“胡化”到“汉化”的一个变化历程，进而将其对中原汉文化的推崇映射到其子的名字中，除长子史诃耽之名还具有胡味以外，其余六子皆取汉名[23]。这当是隋代史射勿墓葬壁画在画面题材的选择与表现形式上，完全摒弃粟特传统的主要原因。

参考文献

[1] 郭宏, 马清林. 馆藏壁画保护技术. 科学出版社, 2011: 1-2.
[2] 山东省博物馆. 山东嘉祥英山一号隋墓清理简报——隋代墓室壁画的首次发现. 文物, 1981, (4): 28-33, 97-98.
[3] 宁夏文物考古研究所, 宁夏固原博物馆. 宁夏固原隋史射勿墓发掘简报. 文物, 1992, (10): 15-22, 101-102.
[4] 陕西省考古研究院. 陕西潼关税村隋代壁画墓发掘简报. 文物, 2008, (5): 4-31.
[5] 陕西省文物管理委员会. 陕西省三原县双盛村隋李和墓清理简报. 文物, 1966, (1): 27-42.
[6] 中国科学院考古研究所. 西安白鹿原墓葬发掘报告. 考古学报, 1956, (3): 33-75, 141-148.
[7] 山西省考古研究所, 太原市文物考古研究所. 太原北齐徐显秀墓发掘简报. 文物, 2003, (10): 4-21.
[8] 磁县文化馆. 河北磁县东魏茹茹公主墓发掘简报. 文物, 1984, (4): 97-102.
[9] 李林甫. 唐六典. 中华书局, 1992: 84.
[10] 负安志. 中国北周珍贵文物. 陕西人民美术出版社, 1993: 10-109.
[11] 徐婵菲. 洛阳北魏元怿墓壁画. 文物, 2002, (2): 89-92.
[12] 应劭. 风俗通义. 中华书局, 1981: 575.
[13] 魏征. 隋书. 礼仪志. 中华书局, 1973: 242.
[14] 耿志强. 固原北周壁画墓与艺术风格. 西夏研究, 2013, (4): 113-118.
[15] 冯国富. 宁夏固原出土的北周隋唐壁画墓. 固原师专学报, 1995, (3): 46-50.
[16] 罗丰. 固原南郊隋唐墓地. 文物出版社, 1996: 19-25.
[17] 陕西省考古研究所. 西安北郊北周安伽墓发掘简报. 考古与文物, 2000, (6): 28-35.
[18] 赵超. 试论隋代的壁画墓与画像砖墓. 考古, 2014, (1): 84-93.
[19] 张卉英. 天水市发现隋唐屏风石棺床墓. 考古, 1992, (1): 46-54, 103-104.
[20] 张庆捷, 畅红霞, 张兴民, 李爱国. 太原隋代虞弘墓清理简报. 文物, 2001, (1): 27-52.
[21] 郑岩. 魏晋南北朝壁画墓研究. 文物出版社, 2002: 14-16.
[22] 罗丰. 固原南郊隋唐墓地. 文物出版社, 1996: 7-30.
[23] 荣新江, 张志清. 从撒马尔干到长安——粟特人在中国的文化遗迹. 北京图书馆出版社, 2004: 90.

第三章 隋代史射勿墓葬壁画价值评估

按照文化遗产价值评估的基本要求和原则，结合以往的研究成果，在兼顾普遍性价值的前提下，从隋代史射勿墓壁画核心价值（艺术价值、历史价值和科学价值）的角度出发，以固原南郊隋唐墓地史姓粟特家族墓葬分布规律、墓葬特点、墓葬与壁画的关系、壁画布局特征、画面内容、壁画艺术特色、制作工艺、壁画揭取和保存现状等方面的调查研究为切入点，围绕史射勿墓葬壁画的基本特征，力求通过画面所反映的历史信息，在对隋代史射勿墓葬壁画的本质内涵进行科学认知的同时，重点通过核心价值的定性评估，为隋代史射勿墓葬壁画的科学保护提供参考依据和学术支持。同时，在以往研究成果的基础上，进一步拓宽研究范围，力求在更深层次上挖掘史射勿墓壁画潜在的社会价值，以期达到“合理利用、有效保护”的目的。

1 隋代史射勿墓葬壁画基本特征

隋代史射勿墓葬壁画作为特定时间和空间范围内一种有形的历史文化遗产，总是以其特殊的“语言”述说自己的历史经历、艺术经历和科学经历。因此，对史射勿墓壁画本质特征的认识，要基于对其墓地环境风貌、墓葬分布规律、壁画与墓葬空间结构之间的关系、壁画制作工艺以及画面题材的演变、画面布局特征等方面进行深入研究的基础上，通过多种科学的方法，从不同角度，对壁画所承载的无形的非物质文化内涵进行深入挖掘，进而使其时代性特征、地域性特征以及民族性特征等固有属性能够清晰地显现出来，同时针对史射勿墓壁画所具有的不可替代性、不可再生性以及客观价值的永续性和其壁画揭取、保护、修复过程中所表现出来的特点，在细致梳理、分析和对比研究的基础上，对其价值内涵做出科学、准确地评判。

1.1 保存状况相对较好，壁画地位突出

隋代史射勿墓葬作为史姓家族墓地所发现的唯一一座粟特人壁画墓，相较同期为数不多的几座隋代壁画墓而言，具有保存状况相对较好，画面题材渊源关系清晰明了，壁画布局形态定位准确等特点。

首先，在壁画题材的选择以及布局形态的渊源关系上，史射勿墓壁画虽然直接承袭于原北周统治势力范围内的墓葬壁画传统，但是在画面内容的表现形式上，并不因循守旧，而是表现出了一些之前所未见的画面元素，特别是在构图艺术的表现形式上，画面人物不再呆板，呈现出灵活多变的特点。

其次，通过横向对比研究可知，隋代史射勿墓壁画与同期粟特人石质葬具上的图像在构图形式上，表现出两种不同的艺术风格。粟特人石质葬具上的图像大多呈现出华夷相错的构图特点，甚至部分石质葬具以纯粹的粟特美术形式装饰，再现了粟特胡人的宗教特色以及生活习俗。同样作为粟特人的史射勿，在其墓葬壁画中，无论是画面题材还是构图形式的选择上，均未见到粟特美术的痕迹。因

此，史射勿墓壁画所展现的图像艺术，不但填补了北周墓葬壁画承袭序列的缺环，而且还进一步确立了史射勿墓壁画在中国绘画史上的重要地位。

1.2　留存数量较少，凸显北方墓葬壁画工艺特点

史射勿墓壁画作为留存至今的少数隋代墓葬壁画，相对于陕西潼关税村隋墓[1]、山东嘉祥徐敏行墓[2]与河南安阳置度村八号隋墓[3]等一些高等级墓葬而言，凸显北方墓葬壁画制作工艺的主要特点，与陕西三原县双盛村发现的李和墓[4]壁画，西安东郊韩森寨发现的吕武墓[5]，山西太原西南郊发现的斛律徹墓[6]，西安咸阳国际机场二期扩建工地发掘的萧绍墓[7]，西安市南郊长安区郭杜镇发现的仁寿四年（公元604年）李裕墓[8]，西安东郊白鹿原发现的刘世恭墓葬[9]等墓葬壁画的制作工艺完全一致，基本都是按照北方墓葬壁画营造的一般方式营造而成，即先将墓葬相应壁面修理平整后，在其上刷涂一层白灰层，待白灰层干燥后再行作画。

隋代史射勿墓葬壁画制作工艺所表现出来的北方墓葬壁画制作工艺的传统，反映出南北两地墓葬壁画制作工艺上的差异性。分布在北方的隋代墓葬壁画一般通过彩绘图画的形式进行墓葬装饰，而南方壁画墓则是主要通过镶嵌画像砖的方式来表现墓室画面内容。因此，对于北方壁画墓而言，最基本的要求就是墓葬建筑壁面光滑平整适宜作画，这当是隋代史射勿墓葬壁画相较北方其他一些高等级墓葬未刷涂草拌泥，仅仅只是刷涂有一层白灰层的主要原因。

1.3　承上启下，时代特征鲜明

隋朝虽然是一个短暂的王朝，但却打破了南、北分立，东、西阻隔的政治格局，为不同流派和风格的画家提供了相互交流、取长补短的机会，从而使这一时期的墓葬壁画体现了初步融合的特点。在画面内容以及表现形式上，都充分体现了交流融合的特点。陕西潼关税村隋墓壁画就是代表，不论在画面题材的选择，还是在画面内容的表现形式，既有北齐墓葬壁画的构图特点，又呈现出北周墓葬壁画的传统。山东嘉祥徐敏行墓的壁画，在画面内容上较多的承袭了汉魏旧制，而在构图形式上，完全沿袭了北齐墓葬壁画构图细腻、行笔流畅的特点。虽然隋代史射勿墓葬壁画未受到外来因素的影响，但是在继承北周墓葬壁画传统的基础上，自身也有一些创新的内容。史射勿墓第二过洞上方所绘莲花，则是北周李贤墓第二过洞上方门楼图的艺术转变。执笏侍从形象并不是北周、北齐墓葬壁画中常见的题材，而是隋代墓葬壁画中的一个创新元素。

总体来看，隋代史射勿墓葬壁画在画面题材的选择上，虽然有所创新，但更多的则是延续传统风格，也就是传承的因素远远大于创新的内容，壁画整体上呈现出相对保守的特征。这正好反映出政权更迭对绘画风格的影响，远远不及区域传统绘画遗风的影响深远。这也是整个隋代墓葬壁画的主要特征和时代特色。

1.4　艺术风格略显粗放，地域特色明显

隋代史射勿墓葬壁画因其承袭关系单一，无论在构图形式上，还是在其艺术表现形式上，呈现出线条粗放，画面内容简单，不显繁缛复杂的特点，与东魏北齐墓葬壁画布局严谨，人像比例准确，服

饰生动逼真，画面壮阔，线条细腻，敷彩艳丽的构图特点相比，有着明显的差别，这种差别主要表现在以下两个方面。

一是在构图技巧形式上。史射勿墓的壁画仍然采用北周传统的线描平涂的方法进行图像勾勒，但是在画面人物的表现形式上，却善于运用对比的手法进行描绘。如执刀武士形象大多须髯浓密，形象高大威猛；执笏侍从则身形矮小，尽显毕恭毕敬之态；侍女人物长裙飘逸，体态婀娜多姿。与同一体系的北周墓葬壁画相较而言，史射勿墓葬壁画人物形象明显呈现出线条粗放、内容简单的构图特点。

二是在画面布局方式上。史射勿墓的壁画虽未突破北周墓葬壁画的传统，但是通过不同画面元素的定位布局，使世俗生活在其表现形式上更加具体化，不但使其符合当时的社会意识形态及丧葬理念，而且还将其与墓主人的身份及政治生活联系起来，转变为另一世界的真实存在。这应该是北周势力范围内墓葬壁画在布局特征上，与北齐原势力范围内墓葬壁画布局特征完全不同的主要原因。

2 隋代史射勿墓葬壁画的核心价值

隋代史射勿墓葬壁画的核心价值是对当时社会意识形态物化过程中所表现出来的突出的普遍性价值的高度概括，其主要包括历史价值、艺术价值和科学价值三个方面。史射勿墓壁画所表现出来的思想文化内涵和技术传统有着极强的延续性。这种延续性最突出的表现就是将当时的文物典章制度、科学技术、建筑形式、丧葬习俗、民族交融等内容渗透其中，使之成为特定时间和空间范围内，并与当时的社会生活和人们的意识形态相融合的有形的物质文化遗产。因此，隋代史射勿墓葬壁画所承载的能够展示人类活动规律的文化内涵，具有广泛的社会基础，它会受到时代性和时代内容的制约，特别是会受到壁画制作目的以及使用功能等因素的制约，这就凸显出史射勿墓壁画的艺术价值和科学价值统一于历史价值之中这样一个最基本的特征。

2.1 历史价值

隋代史射勿墓葬壁画充分反映了徙居固原境内的粟特民族文化，与中原文化磨合、交融的发展历史。在这一历史进程中，地处绿洲“丝绸之路”长（安）凉（州）东段北道的固原，经过汉唐丝路文化的长期侵染，使其成为滋生和推动多元文化融合与发展的重镇。1981 年在清水河东岸固原雷祖庙附近的北魏墓出土的漆棺画所表现的宴饮图、孝子故事图以及连珠纹装饰图案等，是中亚文化、草原游牧文化和中原文化融合的典型代表[10]。固原出土的萨珊波斯银币与固原北周柱国大将军、大都督李贤墓出土的鎏金银壶、凸钉装饰的玻璃碗[11]以及柱国大将军田弘墓出土的东罗马金币[12]等一批遗物，也生动地再现了东西方文化在固原交汇融合的辉煌历史。

固原南郊隋唐墓地所发掘的 6 座史姓粟特人墓葬，具有深刻的历史文化内涵。如在每座墓葬中，均出土有萨珊银币、东罗马金币或其仿制品、萨珊金币仿制品，这些“货币”或口含，或握于墓主人手中。这种独特的葬俗[13]与这些墓葬所出土的金覆面[14]、蓝宝石印章[15]、兽面金饰[16]、动物纹圆形金饰[17]、玻璃花[18]等一批具有中亚、西亚风格的遗物，共同为丝绸之路文明和已经消失的粟特民族的文化传统提供了特殊的见证。而隋代史射勿墓葬壁画，无论是在图像内容的选择，还是画面的构图方式上，基本上看不到粟特美术东渐过程中所体现的图像本土化的基本特征。这一现象的解释应当从民族交融的历史背景着手。这些粟特人将体现汉民族的文化基本元素和融入汉民族“事死如生”的世俗观念的图像借鉴到他们的墓葬中，这一方面充分映射出徙居内地的粟特人“汉化”的历程，另一方面也体现出了汉民族以包容心态“融胡”的历史发展进程。由此可见，隋代史射勿墓葬壁画所表现出来的对中原汉文化的认同是具有深厚的历史根源的。这种历史根源除了与史射勿的政治身份有关外，还与其以“平凉平高县”人自居有关，这当是史射勿墓葬壁画图像构成方式以及图像内容不同于山西太原隋代虞弘墓[19]石椁葬具上的图像元素的主要原因。其次，隋代史射勿墓葬壁画所反映出来的一些图像因素，如环首仪刀首部的变化、由执刀侍卫演变而来的门吏拄刀方式、幞头的起源与演变、侍女发式的变化、执笏侍从所执笏的材质以及形制的变化等，已有学者进行深入考证和研究，多可与史籍相互印证[20]，这更进一步说明隋史射勿墓葬壁画的历史价值之所在。

隋代史射勿墓葬壁画中还有一些于史无载，但却承载着重要历史信息的图像元素，如过洞上方所绘制的门楼图，这并不是绘画创作者凭空想象出来的，而是对东汉以来河西地区墓葬门楼式照墙以及彭阳北魏墓葬建筑中实体房屋模型的艺术再现。如果将其与墓葬空间结构结合起来进行考察，这些图像不仅能够简化墓葬的营造方式，而且还符合高台建筑的特点，从而使其所具有的法天象地的象征意义更加突出。

综观史射勿墓壁画的历史特点，除上述建筑门楼图以外，所绘制的莲花图案也是一个不可忽视的因素，其象征意义更具历史传承价值。这一图像出现在史射勿墓中，并不是偶然的，而是与古代建筑紧密关联。这种图像元素，最早出现于两汉宫殿建筑的藻井上，并且在敦煌地区晋墓的藻井结构中亦有出现[21]。史射勿墓所绘莲花图像，虽然没有相应的藻井结构与之对应，但是莲花的厌火属性并没有改变，依然与某种规格较高的建筑存在着一定的关联性。因此，莲花所代表的图像元素，同样从另一角度揭示出史射勿墓壁画的历史价值之所在。

2.2 艺术价值

史射勿墓壁画的艺术价值，主要体现在画面人物定位布局、朴素的建筑艺术形式和具有象征意义的莲花这一特殊图像，以及在实现墓葬空间结构与世俗生活对应方面有着突出成就与贡献。具体体现在以下几个方面。

一是在美术史研究中具有极高的价值。仅从史射勿墓壁画绘画风格来看，虽然线条生硬、略显粗放，不及北齐墓葬壁画线条细腻流畅，但是在绘画艺术中具有承上启下的独特地位，尤其是删繁就简、紧扣世俗生活主题，并与墓葬空间结构完美结合的布局形式，为后来墓葬壁画布局奠定了一定的基础。

二是画面写实艺术风格突出，在隋代墓葬壁画中占有重要地位。史射勿墓壁画在艺术风格上最为突出的特点，就是通过艺术化的形式，表现了迁徙内地的粟特人在文化理念上的演进与嬗变。因此在整体布局、图像构思、壁画与墓葬空间结构关系的处理方式上，达到了艺术表现形式与当时社会生活习俗以及丧葬理念上的和谐统一。这充分表现出绘画创作者独特的审美能力和艺术创造力。但是，在绘画技巧上，用笔较为简单，以率真朴实的写实能力，使部分画面人物与真人大小基本等同，并且通过长线条的变化，来表现人物的外在形象以及服饰特点。在画面色彩处理方式上，采取大面积平涂晕染的方式进行设色，使画面色彩较为平淡，缺乏色彩变化带来的层次感。尽管史射勿墓壁画绘画艺术水平不及北齐墓葬壁画，与同时期陕西潼关税村隋墓壁画也有一定的差距，但因隋代墓葬壁画留存数量极少，史射勿墓壁画成为研究隋代绘画艺术的典型代表，在隋代墓葬壁画中具有极为重要的地位。

三是整体画面以表现执刀武士及侍女人物为主要内容。目前，共残存有16位形态各异的男女人物，在这些画面人物的描绘方式上，善于运用对比构图的艺术手法来表现不同的人物神态。如果将其与北周李贤墓壁画加以比较，不难发现李贤墓画面人物神态更显呆滞，线条缺少变化，体姿生硬，完全体现出两种不同风格的画风。这充分说明隋代绘画风格经过南北磨合、东西交融以后，初步表现出渐变转折的艺术特点。

2.3 科学价值

隋代史射勿墓壁画科学价值是基于对其墓葬环境研究的基础上，以壁画制作工艺研究为切入点，通过画面图像信息的梳理分析，从不同侧面对当时生产力水平和科学技术水平进行全面揭示。隋代史射勿墓葬壁画所蕴藏的巨大的科学价值，离不开壁画所依附的墓葬建筑材料的基本性能以及制作工艺的研究，这也是该墓壁画科学保护的前提。

首先，隋代史射勿墓葬壁画制作工艺较为简单，但这并不代表史射勿墓葬壁画制作是草率而为的，反而体现出墓葬建筑本身修筑考究，壁面无须特殊处理即可作画。这一现象正好说明人类对自身埋葬环境有着科学的认知，而且这种认知正好对“五音堪舆法”选择坟茔的科学性进行了验证。由此可见，隋代史射勿墓葬壁画在制作理念上，完全符合因地制宜、就地取材的特点。这一方面对隋代史射勿墓葬壁画不做地仗层的根本原因进行了科学解答，另一方面对史姓粟特人墓葬集中葬于同一墓地的原因进行了科学回答。

其次，隋代史射勿墓葬壁画图像因素所包含的科学价值极为丰富，在所有图像因素中，最具代表性的图像就是墓葬第二过洞上方所绘制的莲花图案。该图案因其与古代建筑物之间的特殊关系，不但将墓葬空间结构与木构建筑有机地联系在一起，而且充分利用了莲花特有的厌火属性，来确保古代木构建筑不受火灾的侵害，这完全揭示出中国古代传统建筑与自然环境和谐统一的特点。

3 隋代史射勿墓葬壁画的社会价值

隋代史射勿墓葬壁画的社会价值，是对其核心价值的有效补充。主要包括教育价值、社会经济价值、学术研究价值以及保护、展示利用价值等。史射勿墓壁画揭取以后，虽然使其所处的自然环境已经发生了根本性的变化，但是自身所蕴藏的潜在的社会价值并没有发生改变，依然对核心价值具有补充作用，并且通过保护、展示利用，能将其教育价值、社会经济价值体现出来。由此可以看出，史射勿墓葬壁画所涵盖的教育价值、经济价值等寓于保护、展示利用以及科学研究价值之中。

3.1 教育价值

史射勿墓葬壁画所展现出来的文化内涵极其丰富，是在保护研究过程中，对其科学研究的总体认识。尤其是壁画本身所具有的艺术特色、时代特色、民族特色以及画面内容所表现出来的直观、生动、形象的特点，对反映当时的社会形态、生产方式、君权思想、宗教观念、科学技术、生活习俗等方面有着其他遗存无法比拟的作用。因此，史射勿墓葬壁画经过科学揭取以后，更具展示利用的客观条件。特别是史射勿墓葬壁画经过再修复以后，不但对为数不多的隋代墓葬壁画科学保护起到示范作用，而且通过画面内容的直观形象与文献记载的相互印证，为我们观察历史变化、研究民族融合以及固原在丝绸之路上的地位等方面提供了新的视角。正是史射勿墓葬壁画所具有的“证史”与“补史”的双重作用，对发挥史射勿墓葬壁画的教育价值提供了最有效的途径。

一是隋代史射勿墓葬壁画图像资料，以最直接的方式反映了当时的社会意识形态、思想观念等精神层面的内容。如果将这些内容纳入到特定的时间和空间范围之内，并结合墓主人的民族属性、自身经历以及图像资料在墓葬中的本质含义等进行综合研究，就会发现史射勿墓葬壁画具有十分重要的历史教育意义，完全可以将其视作对汉民族文化认同的典型范例。

二是史射勿墓葬壁画虽然是围绕死者而制作的图像资料，但是所具有的象征意义，仍然与历史背景有着密切的关联。从宏观方面来看，脱离不了当时政治、经济、文化的影响。从壁画制作目的来看，脱离不了绘画创作者对当时社会文化、生活习俗的深刻理解和认识，更离不开墓主人对中原汉民族文化的认同。因此，史射勿墓葬壁画在其画面主题以及图像资料的象征意义方面，所表现出来的精神价值，对发挥其教育作用具有一定的积极意义。

三是墓葬壁画图像资料与画面主题所呈现出来的浓郁的审美价值，相比文献记载而言，更能直观形象地对当时的社会文明程度做出科学准确的认识。因此，通过史射勿墓葬壁画的科学保护，能够使其潜在的艺术美学价值凝固于壁画的物质构成材料之中，这对促进社会文明，充分发挥壁画艺术的美学教育具有极其重要的作用。

总体来看，史射勿墓葬壁画所体现出来的教育价值，是建立在对其物质构成材料和艺术形态内涵特征充分了解和对其科学保护、研究的基础上的，以尊重墓葬壁画的核心价值为前提，在不改变特定历史、文化环境的前提下，对墓葬壁画内涵特征的保护和凝练。

3.2 学术研究价值

隋代史射勿墓葬壁画所展现出来的学术研究价值，并不只是表现在画面图像的构图形式、布局方式以及壁画与墓葬空间建筑关系等方面，而是蕴藏着极为丰富的内容。首先画面图像是以北方地区较为普遍通行的墓葬建筑壁面为载体进行制作，而且这种载体相对于一些石质葬具、模印画像砖等其他载体而言，绘画面积较大，画面所表现出来的叙事特征突出等特点。结合壁画主题特征不难看出，隋代史射勿墓葬壁画在叙事方式上，完全摒弃了粟特民族的宗教信仰以及灵魂观念，而是以表达墓主人政治生活为中心，并在此基础上对其社会地位和死后灵魂观念进行了阐释。其次画面图像的一些最基本元素，对研究当时人物服饰变化、文物典章制度、画面图像的演变关系等提供了最直接的依据。如果把画面图像的叙事特征与墓志等相关文字记载结合起来考察，可以看出墓主人所具有的民族属性仅仅只是一个具有象征意义的符号而已。另外，隋代史射勿墓葬壁画的学术价值还体现在其时空关系明确，能为构建墓葬壁画研究体系提供标尺。

3.3 社会经济价值

社会经济价值是文化遗产价值体系的有机组成部分，是衡量文化遗产保护利用状况的一项重要内容。隋代史射勿墓葬壁画揭取以后，主要通过综合价值资源的合理配置，使其由“静态”的保护，转化为“动态”的展示利用。在这一过程中，史射勿墓葬壁画虽然不能产生最直接的经济价值，但却能够产生巨大的社会效益。因此，史射勿墓葬壁画所具有的社会经济价值的长效性，对促进丝绸之路预备目录之一的“固原南郊隋唐墓地”，成功申报世界文化遗产起到一定的促进作用。此外，通过展示利用这一有效途径，不但能够提升收藏单位的影响力，而且还能将史射勿墓葬壁画所表现出来的情感价值融入当代社会价值体系当中，并通过教育价值的激励作用，使人们从多个层面了解固原历史文化遗产。

4 评估结论

针对隋代史射勿墓葬壁画的特点和保存现状，通过核心价值和社会价值（普遍性价值）的初步评估，我们就会得出“史射勿墓葬壁画综合价值的体现，完全建立在科学保护基础之上”这样一个最基本的结论。史射勿墓葬壁画的价值主要体现在以下几个方面：

一是史射勿墓葬壁画开辟了入华粟特人墓葬壁画绘画风格转变研究的新视野。尽管墓主人史射勿为入华的粟特人，但是其墓葬壁画完全脱离粟特美术图像特征，采用汉地传统的墓葬壁画样式。史射勿墓葬壁画的发现拓宽了汉地传统墓葬壁画墓主人族属的认知。史射勿墓葬壁画是固原地区受汉地传统墓葬壁画影响的典型代表，也是该地区粟特美术东渐过程中，摒弃粟特本土民族美术图像特色的孤例。因此，隋代史射勿墓葬壁画图像的转变，使其成为一部被物化了的民族融合发展史，是民族交往过程中所形成的人类共同的文明成果。

二是史射勿墓葬壁画所展现出来的独特的记忆价值，对史姓家族墓地申报丝绸之路世界文化遗产提供了非常重要的支撑作用。隋代史射勿墓葬是固原南郊隋唐墓地史姓家族墓葬中唯一一座壁画墓。通过史射勿墓葬壁画所表现出来的特殊的记忆价值，将其与 5 座史氏墓葬所蕴含的巨大的文化遗产价值有机地结合在一起，共同构成了深受中原汉民族文化影响，并且又具有浓郁的粟特民族葬俗的文化遗产。因此，以隋代史射勿壁画墓为代表的史姓粟特人家族墓地，所积淀的深厚的历史文化内涵，集中体现了粟特民族文化与汉民族文化在固原交汇融合的历史进程，应当从世界文化遗产的高度去认识和评价。由于固原南郊隋唐时期的史姓家族墓地，不论是从遗产地所蕴含的文物价值来看，还是从学术研究价值来看，与其他世界文化遗产一样，都具备核心价值、普遍性价值、保护研究价值、开发利用价值等。因此，将其上升为世界文化遗产，是对史射勿墓葬壁画特殊的记忆价值的认可。

三是以隋代史射勿壁画墓为代表的史姓家族墓地比较集中，墓葬分布具有一定的规律，充分揭示出了流寓在固原的粟特人在墓葬营造理念上的深刻文化内涵。对于这一问题，已有学者进行了深入考证与研究，墓地环境的选择也可与文献记载相互印证。因此，以隋代史射勿壁画墓为代表的史姓家族墓葬群，体现出史姓粟特人在其葬制方面所具有的“独特性”。这种“独特性”对粟特民族的发展历史起到极为重要的见证作用。由此可见，只有在科学剖析和不断深入挖掘史射勿墓葬壁画普遍性价值的前提下，才能将当时的社会文化生活和史姓粟特人家族墓地与背景环境之间的关系完整地揭示出来，从而使史姓家族墓地与其背景环境构成一个相对完整的粟特民族文化内涵的储存地和展示利用地。

虽然影响文化遗产价值评估的因素十分复杂，我们所得出的结论也比较简单，但是这并不影响文物保护与其自身价值的体现，也不能否定隋代史射勿墓葬壁画科学保护的必要性。反而是价值评估结论，对推动史射勿墓葬壁画保护修复项目的实施具有极为重要的支撑作用。

总之，史射勿墓是为数不多保存相对完整的隋代粟特壁画墓，是研究流寓固原的粟特人思想观念、丧葬习俗不可多得的宝贵资料。史射勿墓葬壁画反映的文化融合、交流互鉴是其历史价值、科学价值、艺术价值、教育价值、记忆价值、社会价值的基础。

参考文献

[1] 陕西省考古研究院. 陕西潼关税村隋代壁画墓发掘简报. 文物, 2008, (5): 4-31.

[2] 山东省博物馆. 山东嘉祥英山一号隋墓清理简报——隋代墓室壁画的首次发现. 文物, 1981, (4): 28-33, 97-98.

[3] 安阳市文物考古研究所. 河南安阳市置度村八号隋墓发掘简报. 考古, 2010, (4): 48-57, 105-109.

[4] 陕西省文物管理委员会. 陕西三原县双盛村隋李和墓清理简报. 文物, 1966, (1): 27-42.

[5] 张正嶺. 西安韩森寨唐墓清理记. 考古通讯, 1957, (5): 57-62, 14-16.

[6] 山西省考古研究所, 太原市文物管理委员会. 太原隋斛律徹墓清理简报. 文物, 1992, (10): 1-14, 97, 99-100.

[7] 咸阳市文物考古研究所. 咸阳隋代萧绍墓. 文物, 2006, (9): 39-44.

[8] 陕西考古研究院. 西安南郊隋李裕墓发掘简报. 文物, 2009, (7): 4-20.

[9] 中国科学院考古研究所. 西安白鹿原墓葬发掘报告. 考古学报, 1956, (3): 33-75, 141-148.

[10] 韩孔乐, 韩兆民. 宁夏固原北魏墓清理简报. 文物, 1984, (6): 46-56, 104-105.

[11] 韩兆民. 宁夏固原北周李贤夫妇墓发掘简报. 文物, 1985, (11): 1-20, 97-100.

[12] 原州联合考古队. 北周田弘墓. 文物出版社, 2009: 71-111.

[13] 宁夏文物考古研究所. 宁夏固原九龙山隋墓发掘简报. 文物, 2012, (10): 58-65.

[14] 罗丰. 固原南郊隋唐墓地. 文物出版社, 1996: 55-62, 彩图版一八, 黑白图版四九, 插图一〇七.

[15] 罗丰. 固原南郊隋唐墓地. 文物出版社, 1996: 87-96, 彩图版二一, 黑白图版六九, 插图六六, 1.

[16] 罗丰. 固原南郊隋唐墓地. 文物出版社, 1996: 87-96, 彩图版二二, 黑白图版七〇, 插图六六, 2.

[17] 罗丰. 固原南郊隋唐墓地. 文物出版社, 1996: 55-72, 黑白图版五二, 插图四三, 13.

[18] 罗丰. 固原南郊隋唐墓地. 文物出版社, 1996: 55-72, 黑白图版五二, 插图四三, 13.

[19] 张庆捷, 畅红霞, 张兴民, 李爱国. 太原隋代虞弘墓清理简报. 文物, 2001, (1): 27-52.

[20] 罗丰. 固原南郊隋唐墓地. 文物出版社, 1996: 3-30.

[21] 吴礽骧. 略谈河西晋墓壁画中的莲花藻井. 陇右文博, 2004, (2): 43-45.

第四章　隋代史射勿墓葬壁画揭取与修复研究

墓葬壁画因其长期处于地下封闭环境之中，极易受到植物根系、微生物以及可溶盐的作用，使画面出现脱落、漫漶不清等不可逆转的病害。特别是对于史射勿墓这类无地仗层的壁画而言，画面所依附的黏土层因其结构疏松、黏结性能较差，在地下潮湿环境中极易坍塌，从而使画面错位甚至整体剥落。除此以外，在考古发掘过程中，壁画所处的平衡状态一旦被打破，在环境温湿度剧烈变化的情况下，除会加剧颜料晶体结构中结晶水、结合水的散失，使画面晦暗不清之外，还可加剧可溶盐的迁移，使画面层酥粉现象加剧。同时大气环境中的气态污染物，如氮氧化物、二氧化硫、臭氧等，以最直接的方式参与到温湿度变化体系当中，通过一系列机理十分复杂的化学反应，对画面颜料组织结构造成极大的破坏。

基于墓葬壁画自身构成材料的脆弱性以及易受环境影响的特点，在一般情况下，基本采取揭取转移的办法进行保护。但是国内也有少数墓葬壁画采取原址保护的方法，如高句丽王陵因其为世界文化遗产地，对分布在吉林省集安市的24座高句丽壁画墓进行了原址保护[1]；山西太原北齐徐显秀墓葬壁画因其布局方式对隋唐壁画墓具有重要影响，同样采取了原址保护的方式进行保护[2]。国外最为典型的案例是1972年在日本奈良发现的高松冢古墓葬壁画。该墓在原址保护最初几十年间取得了成功，曾经是国际墓葬壁画原址保护的范例，但是自2005年开始，壁画表面霉菌爆发，无法抑制，最终放弃了原址保护，不得不采取揭取的办法进行异地保护[3]。通过以上实例可以看出，墓葬壁画揭取转移保护相比原址保护更具环境温湿度、颗粒污染物、气态污染物、光辐射和微生物可控的优势，在一般情况下，基本采取揭取转移的方法进行保护。隋代史射勿壁画完全是基于以上原因，采取了揭取转移的方法进行保护。

1　墓葬壁画揭取方法概述

壁画作为墓葬建筑的有机组成部分，与墓葬空间结构和建筑形式密不可分。因此在进行墓葬壁画揭取方法研究时，不能将其与墓葬建筑形式割裂开来单独进行讨论，而是要作为一个有机整体，从墓葬建筑形式和壁画制作工艺两个方面进行考察，这不仅能够拓宽壁画概念的实际范围，而且还有助于壁画揭取方法的梳理研究，尤其是对选择合适的揭取方法，减少壁画揭取过程中各种病害叠加带来的破坏具有重要的现实意义。

1.1　壁画与墓葬结合关系

对于壁画墓而言，壁画与墓葬建筑之间的结合方式，不仅取决于壁画自身制作工艺，而且还与墓葬建筑形式紧密关联。首先从壁画与墓葬空间结构的结合方式来看，不论是土洞墓还是砖石墓，通过绘制画面图像的方式对墓葬空间进行装饰，基本是北方壁画墓普遍通行的一种做法。但是对于砖石墓而言，情况较为特殊，除通过绘制壁画的方式进行墓葬空间装饰以外，还可通过模印图像、刻绘图像的艺术形式进行墓葬空间装饰。如甘肃嘉峪关发现的东汉晚期画像砖墓，墓室四壁通过三平一横的方法进行墓室砌筑，并以每块砖的横立面作为一个画像单元进行图像绘制[4]。河南邓县学庄发现的南朝前期画像砖墓，所有画像图案都是经过预先模印成型，并待墓室营造完毕后再行涂彩，使模印图像更富立体感[5]。除此以外，河南南阳杨官寺汉画像石墓[6]，在石料上用阴刻凹雕出各种图案，然后与其他石材一起砌筑出墓室，雕刻的图像兼备装饰墓葬的作用。河南南阳陈棚汉代彩绘画像石墓[7]，在营造方式上较为特殊，预先将画面图像雕刻成型，然后按照画面内容，分别镶嵌在砖砌墓室相应位置，同样实现了装饰墓葬空间作用。

通过以上壁画墓营造方式的对比可知，绘制类壁画与墓葬空间结合方式较为简单，壁画组成材料仅仅只是画面图像表现形式的一种载体，并不构成墓葬空间建筑的主体材料。其他形式的墓葬图像，如画像石、画像砖、模印拼镶砖画以及线刻画像等，它们既是画面图像的载体，又是墓葬空间建筑的主体材料。虽然二者在艺术表现形式和制作工艺等方面，具有较大的差异性，但是对墓葬装饰的理念以及所要表达的思想内涵则是完全一致的。因此，墓葬壁画概念的实际使用范畴十分宽泛，既包括绘制类壁画，又包括其他形式的图像艺术。

1.2 墓葬壁画揭取方法概述

根据画面图像与墓葬空间结合方式以及壁画制作工艺研究可知，影响墓葬壁画揭取的因素较多，除壁画自身组成材料、墓葬建筑形式、墓葬主体建筑与壁画之间的结合方式之外，最根本的因素还是取决于壁画制作工艺。对于绘制类壁画而言，墓葬主体建筑表面往往凹凸不平，无法直接绘制壁画。在一般情况下，均需对其表面进行处理，使其表面光滑平整，才能符合作画的要求。因此，绘制类壁画按照墓葬建筑形式，主要分为砖石墓壁画与土洞墓壁画两种。

对于砖石墓而言，因其主体建筑材料表面无法通过刮铲的方式使其表面光滑平整，唯一有效的方式就是通过涂抹草拌泥等材料，使其表面光滑平整，然后才能进行作画，这就是砖石墓普遍具有地仗层的主要原因。土洞墓因其主体建筑材料易于处理，只需进行简单修整，然后刷涂一层白灰层即可符合绘制壁画的要求，这当是土洞墓普遍没有地仗层，仅仅只有一层白灰层的主要原因。

相对于绘制类壁画墓而言，其他艺术形式的墓葬壁画，如画像石、画像砖、模印拼镶砖画以及线刻画像等不同形式的墓葬壁画，因其自身组成材料、制作工艺等方面的特殊性，在揭取方法上相对较为简单，画面层无需进行过多的人为干预，只要将其从墓葬建筑的相应位置中拆除下来，就可以达到异地转移保护的目的。绘制类壁画因其自身组成材料较为脆弱，一般情况下很难满足原址保护的要求，因此需要采取特殊的方法进行处理，才能达到揭取转移保护的要求。但是在绘制类壁画中，砖石墓壁画因地仗组织结构完备，相对于无地仗层的壁画而言，更易揭取。因此，无地仗层壁画是所有不同类别的壁画中，揭取难度最大、风险最高的一类壁画。

无地仗层壁画揭取工作始于20世纪50年代。比较典型的案例是西北文物清理队队长茹士安先生，为了保护陕西省咸阳市底张湾工地所发现的墓葬壁画，在没有任何先例可借鉴的情况下，在对壁画制作工艺进行深入研究的基础上，按照壁画制作过程中是否具有地仗层，分别采取了“木箱套取法”和“胶布粘取法”，对墓地所发现的壁画进行了成功揭取[8]，开创了我国墓葬壁画揭取的先例，受到时任文化部文物局局长郑振铎先生的肯定和重视。自茹士安先生开创了上述两种墓葬壁画揭取方法以后，经过文物科技保护工作者不断改进和完善，并将现代科学分析技术引入墓葬壁画的现场清理和保护工作[9]，基本形成了一套完整的壁画揭取方法，主要包括木箱套取法、胶布粘取法、拆取法、锯取法、整体搬迁法、局部揭取与整体搬迁相结合等方法。

2 隋代史射勿墓葬壁画揭取研究

20 世纪 80 年代初期，北周李贤墓发现以后，固原地区基本拉开了墓葬壁画揭取工作的序幕。李贤夫妇合葬墓作为传统的长斜坡墓道的单室土洞墓，壁画制作工艺极其简单，属典型的无地仗层壁画。由于此类壁画揭取难度大，在充分考虑画面加固的基础上，采取“框套法”对墓葬壁画进行了揭取[10]。

1987 年发掘的隋代史射勿墓葬，同样为长斜坡墓道的单室土洞墓，在其墓道、过洞、天井、甬道和墓室内所分布的壁画，制作工艺与北周李贤夫妇合葬墓壁画完全相同，均属无地仗层壁画，因此在揭取方法上，仍然按照李贤墓壁画所采用的“框套法”进行了揭取。因当时的各类文献及文物档案等资料很少涉及隋代史射勿墓葬壁画揭取与修复等方面的研究、记录，为了进一步研究隋代史射勿墓葬壁画揭取过程中壁画损害机制、画面加固材料的作用机理等问题，在走访调查的基础上，结合北周李贤墓壁画揭取研究的相关文献，对隋代史射勿墓葬壁画的揭取与室内修复进行了回顾性研究，以此来填补隋代史射勿墓葬壁画揭取与修复研究的空白。

2.1 揭取前准备

在清理隋代史射勿墓的墓道、天井、过洞的过程中，为使墓道、天井两壁以及过洞上方所发现的壁画不受环境温湿度变化的影响，在其表面保留大约 10cm 厚的黏土层，然后进行墓室清理。墓室因早年被盗扰，东北两壁完全塌毁，仅存西壁南侧壁画相对完整，故采取大揭顶的方式进行发掘。当墓室清理至西壁南侧发现壁画痕迹以后，仍然在其表面保留大约 10cm 厚的黏土层，待全部发掘清理工作完成后，立即进行画面清理。

2.2 画面清洗

壁画清理工作主要利用宽度为 2.5cm 的平头手铲，首先竖向铲去外侧黏土，使壁画表面的黏土厚度保持在 1.5cm 左右，然后利用平头铲再横向轻轻铲除多余的黏土。待全部黏土层清理完毕后，确定一小块区域，缓慢清理出画面，以便再次确定画面所保留黏土层的厚度。当黏土较厚时，同样利用平头铲轻轻铲除黏土，而且每次铲除宽度保持在 0.5～1cm 之间，然后逐步扩大铲除范围，待全部生土层清理至接近画面时，然后改用竹签缓慢进行清理，清理完毕的部分漏出画面以后，用羊毛软刷轻轻刷去表面浮土。

2.3 画面检查

壁画表面覆盖的黏土清理完毕后，对画面进行仔细检查，对于未清理干净，并且与画面结合较为紧密的泥土，利用 2A 溶液（50% 的乙醇水溶液）浸润后，用竹签轻轻剔除，直至画面层所结合的黏土全部剔除干净后，用羊毛刷轻轻刷去浮土，然后进行拍照和临摹记录。

2.4　照相记录

拍照之前，对每幅壁画按其所在位置进行编号，然后进行拍照记录，以便为后期修复提供参考依据。

2.5　画面临摹

临摹前，按照壁画大小，将透明度较好的塑料薄膜裁剪成四周大于壁画边沿 10cm 的长方形，并在塑料薄膜表面均匀涂抹一层滑石粉，将其固定在壁画表面，然后利用毛笔进行勾线描绘。塑料薄膜涂抹滑石粉以后，不但能够降低塑料薄膜的光滑度，还能提高墨汁的吸附能力，使勾画出来的画面线条更加流畅清晰。

经过勾线描绘的塑料薄膜置于拷贝台上进行拷贝。拷贝前，先将高丽纸置于工作台上，将黄土和白粉按照一定比例加水调配成做旧液，用软毛刷将其刷涂在高丽纸表面，使其色调与壁画底色相同以后，置于室外阴凉通风处自然晾干，然后将做旧的高丽纸平铺在塑料画稿上，利用炭条再把画面图像描绘到高丽纸上，最后对照壁画进行仔细临摹，使各部分细节与壁画完全一致。

2.6　壁画支撑材料研究

壁画揭取前，为了降低壁画揭取过程中的各种风险，首先对壁画支撑体土壤性能进行了分析研究。

研究结果显示，壁面支撑体土壤属“粉砂中壤质黄绵土”。土壤颗粒物组成以细砂粒（0.25～0.05mm）和粉粒（0.05～0.005mm）为主，细砂粒和粉粒占总量的 60%，总孔隙率为 50%～65%。因此，这种性质的黄绵土，具有吸水性强、黏结性能较差的特点，竖立面极易出现崩塌。

2.7　画面加固

由于壁画所依附的黏土材料竖向力学性能较差，因此对进行画面加固是保证壁画成功揭取的首要条件。画面加固材料必须具有良好的渗透性和可逆性，并且不会改变画面颜料层的组织结构才能保证壁画被成功揭取。针对以上要求，选用聚乙烯醇缩丁醛（PVB）作为画面加固材料。

画面加固前，将预先配置的三种不同浓度的聚乙烯醇缩丁醛（PVB）乙醇溶液（表 4-1），用宽度 6cm 的软毛刷，自上而下分别进行刷涂。每次刷涂完毕后，用无烟炭火进行烘烤，让加固剂缓慢干燥。烘烤时，温度不能过高，否则溶剂挥发过快，会使聚乙烯醇缩丁醛在未成膜前析出，从而导致壁画表面发白，并且会降低加固效果。

表 4-1　聚乙烯醇缩丁醛（PVB）乙醇溶液配比及涂刷次数

比例	聚乙烯醇缩丁醛（PVB）	无水乙醇（99%）	涂刷次数
2%	10g	500ml	3 次
5%	25g	500ml	3 次
10%	50g	500ml	2 次

2.8 分块划线

画面层经过加固后，用 10% 的聚乙烯醇在其表面黏贴 2 层纱布，并按照画面内容和画幅大小，进行分块划线，并绘制好分块划线图，注明每幅壁画的长度与宽度，为木框制作提供依据。

2.9 木框制作

墓葬壁画表面加固工作完成后，木质框架设计是否合理，是决定壁画能否成功揭取的关键因素。因此在进行木框制作时，按照每幅壁画实际测量的结果，将四根宽度为 8cm、厚度为 5cm 的木条组成能够拆卸的活动式方框，然后将两根直径为 0.8cm 的钢筋拉杆通过螺母固定在木框两端，使木框结构更加稳定（图 4-1）。

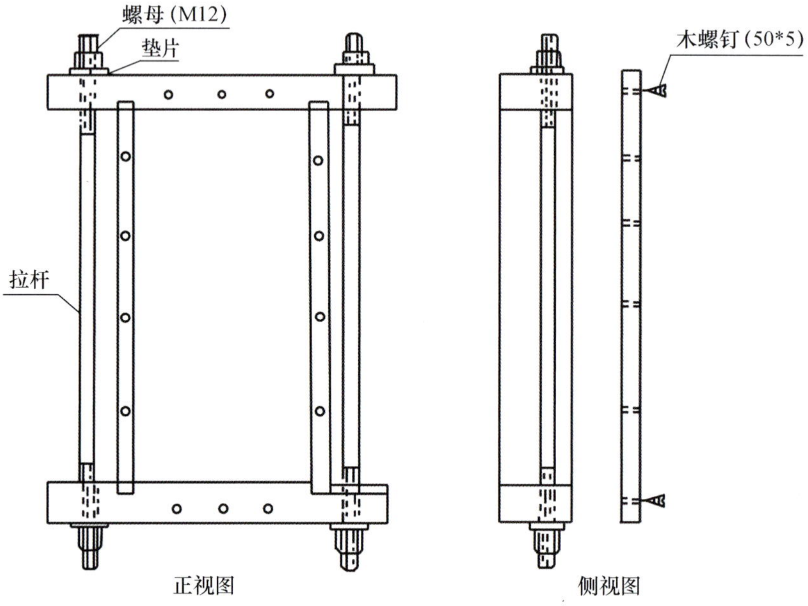

图 4-1　木框制作示意图

木框制作工作完成后，按照木框的实际大小，用 2cm 厚度的木板制作活动盖板。为了增加盖板的强度，在其表面用木螺钉横向固定两根木条，然后在其反面铺设一层厚度为 1cm 的棉垫，再用纱布进行覆盖，防止壁画揭取、运输过程中对画面造成损伤。

2.10 壁画揭取

揭取前，首先对画面加固、画面纱布黏贴情况进行全面检查，确认画面安全性符合揭取要求后，按照预先标识的分块切割线，沿着壁画四周向壁面纵深方向开挖沟槽，沟槽宽度以能够轻松嵌进木框为宜，然后将制作好的木框套进画面四周开挖的沟槽内，同时将铺设有棉垫的盖板用木螺钉固定在木框外表面。为防止壁画揭取过程中，自然下滑对壁画造成损坏，在木框下面开挖的沟槽内用木块或砖块进行支垫，并用木棒在盖板外立面进行支护，然后从左右两侧同时用平头铲挖去壁画背面的黏土，使其与墙面剥离，然后移除支护木棒，将木箱轻轻放下，铲除背面多余的黏土，使其与木箱平齐后，用木螺钉固定好另外一块盖板。

3 隋代史射勿墓葬壁画揭取后修复研究

壁画揭取后，选择小型货车进行转移运输。在运输过程中，为了减小震动，在车厢内平铺一层细沙或黄土，然后将画面朝下，单层摆放运回室内进行修复。

3.1 铲除背面黏土

装箱运回的壁画置于修复台上，画面朝下，然后拆除盖板及木框，使壁画背面的黏土全部裸露在外。由于隋代史射勿墓葬壁画揭取后，存放时间较长，壁画背面黏土十分干燥、坚硬。为了便于铲除背面黏土，在其表面均匀喷洒蒸馏水，让其缓慢渗透至距画面 0.3cm 左右，待其处于半干燥状态时，用平头铲逐层铲除，最后保留 0.3cm 厚的黏土作为过渡层。

3.2 过渡层加固

壁画背面所保留的黏土过渡层厚度仅为 0.3cm，并且结构疏松，此时画面层处于十分脆弱的状态，极易受到外力作用而破碎。因此，用软毛刷将 5% 的聚醋酸乙烯酯（PVAc）乳液均匀的在壁画背面刷涂两遍，对其进行渗透加固。

3.3 补做地仗层

虽然过渡层经过加固处理以后，能使其结构强度有所提高，但是仍然难以对画面起到应有地保护作用。为此，利用“聚醋酸乙烯酯（PVAc）乳液—石膏—细沙—白水泥”所组成的混合材料，进一步对原始黏土层进行加固。加固前，首先将浸泡处理的熟石灰膏、羊毛、白水泥、细沙按比例搅拌均匀，加入 1∶1 的聚醋酸乙烯酯（PVAc）水溶液，经过充分搅拌使其呈黏度较大的面团状，然后利用平头铲将制作好的混合材料均匀涂抹在过渡层上面，其厚度控制在 1.5cm 左右。

3.4 支撑体制作

利用“聚醋酸乙烯酯（PVAc）乳液—石膏—细沙—白水泥”混合材料制作的地仗层，仍然具有酥脆、多孔、容易断裂的特点，很难确保画面层安全。在此基础上，进一步利用 E-44 环氧树脂和 3015 聚酰胺树脂作为支撑体制作材料，对补做地仗层进行加固（表 4-2）。

地仗层加固前，首先将玻璃纤维布裁剪成大小合适的长方形，然后用油工铲在地仗层背面均匀刷涂一层环氧树脂，将玻璃纤维布平铺于环氧树脂胶黏剂上面，并用油工铲从中间开始向四周刮平，使其与地仗层紧密贴合。待环氧树脂完全固化后，如此反复三次，使其厚度达到 0.3cm 左右，最后在玻璃纤维外表面，再刷涂一层环氧树脂，使其表面光滑平整。

表 4-2　环氧树脂黏结剂配置比例表

成 分	剂量	性质
E-44 环氧树脂	100g	环氧值较高，平均为 0.44（0.41～0.47），黏度较低，交联度较大，固化后脆性较大
3051 聚酰胺树脂	30g	能够提高环氧树脂固化度和柔韧度
501 活性稀释剂（环氧丙烷丁基醚）	10g	能够降低环氧树脂的黏度，参与环氧树脂固化反应，成为环氧树脂交联网络的组成部分
丙酮	5g	稀释剂
乙二胺	6g	无色透明黏稠状液体，有氨臭味，能够提高环氧树脂的固化度

3.5　画面修复

壁画背面加固工作完成后，将壁画翻转过来使画面朝上，缓慢揭取纱布。在揭取过程中，如果纱布与画面结合较为牢固、难以揭取，则可蘸取沸水擦拭纱布表面，使其与画面分离。

画面敷贴的纱布揭取完毕后，对画面再次进行清洗，并对局部出现起甲、开裂以及黏结不实之处，用 5% 的聚醋酸乙烯酯（PVAc）乳液进行渗透或者注射加固。

3.6　壁画边框制作

选用干燥不易变形，并且木质较硬的木材，按照壁画大小，制作成宽度为 6cm，厚度为 3cm 的长方形框架，然后将修复完成的壁画镶嵌于木框内，并在背面用木螺钉固定好底托背板。

4　对壁画“空白揭取”实验的再认识

“框套法”是基于墓葬壁画制作工艺简单，支撑体土壤结构疏松而采取的一种揭取方法。如果将“框套法”与“木箱套取法”工艺流程进行简单对比不难发现，“框套法”是对传统“木箱套取法”工艺的继承和发展。但是利用“框套法”进行无地仗层壁画揭取时，需要对画面层进行充分加固。隋代史射勿墓葬壁画正是基于这一原因，利用不同浓度的聚乙烯醇缩丁醛（PVB）加固材料，对画面进行多次加固，从而使画面加固材料不断富集于壁画表面，形成一层聚乙烯醇缩丁醛（PVB）薄膜。

1996 年，中日原州联合考古队在进行北周田弘墓壁画揭取时，郑克祥同志进行了两项非常重要的实验[11]，一项是“空白揭取”实验，另一项是“画面层揭取”实验。这两项实验对我们重新认识隋代史射勿墓葬壁画揭取加固，提供了非常重要的依据。

空白揭取实验是在没有图像的区域，选择一块与壁画大小相同的长方形，按照表 4-1 所列举的画面加固材料配比和刷涂次数，对所选择的空白区域进行加固，然后利用“框套法”直接进行揭取。实验结果表明，所选择的空白区域经过加固后，不再粘贴纱布加固层，对其揭取壁画没有任何影响。这说明画面颜料所依附的黏土材料自身结合相对紧密，木质框架对壁画起到加固作用的同时，通过画面加固材料表面张力的叠加效应，使黏土层结构由松散状态转变为紧密的状态，从而提高了画面层抵御外力的能力。

“画面层揭取法”在其本质上，就是利用聚乙烯醇缩丁醛（PVB）黏结强度高、成膜效果好的特点，将画面颜料层及其白灰层，从结构疏松的黏土层壁面上整体粘附到加固层表面，然后将其缓慢剥离支撑体的一种揭取方法。显而易见，这种揭取方法，只是将画面图像从一种材料表面转移到另一种材料表面。从表象来看，这种做法似乎已经达到了画面图像揭取转移的目的，但是在其本质上，完全切断了画面图像与墓葬主体建筑之间的联系，从而使其失去原有的历史环境信息。

通过以上两种方法的对比可知，隋代史射勿墓葬壁画在揭取过程中，由于未进行画面加固渗透实验，致使加固材料配置浓度以及刷涂次数明显缺乏科学依据。因此，在进行画面加固时，表面刷涂的加固材料并没有渗透到黏土层内部，而是随着刷涂次数的增加，完全富集于壁画表面。这不但对画面层起不到应有的加固作用，反而改变了画面颜料固有的结合方式，致使加固材料与画面的结合能力，远远大于画面颜料固有的结合能力，这势必对壁画带来不可逆转的破坏。由此可见，对画面加固材料的筛选，必须在不改变画面颜料固有结合方式的基础上，根据壁画制作工艺及其材料组成方式，通过前期对比试验进行选择，才能从根本上解决渗透性能较差、黏结性能过高等因素对壁画带来的潜在危害。

参考文献

[1] 中国文化遗产研究院, 吉林省文物局, 吉安市文物局. 文物保护科技专辑Ⅲ——高句丽墓葬壁画原址保护前期调查与研究. 文物出版社, 2014: 38.
[2] 武文光. 北齐徐显秀壁画墓原址保护述论. 石窟寺研究, 2015, (01): 444-448.
[3] 李永辉. 从原址保护到转移保护 日本高松冢古墓壁画的保护之路. 世界遗产, 2015, (Z1): 260-263.
[4] 嘉峪关市文物清理小组. 嘉峪关汉画像砖墓. 文物, 1972, (12): 24-30, 37, 31-36, 38-41, 81-83.
[5] 柳涵. 邓县画象砖墓的时代和研究. 考古, 1959, (5): 255-261, 263.
[6] 河南省文化局文物工作队. 河南南阳杨官寺汉画象石墓发掘报告. 考古学报, 1963, (1): 111-139, 171-174.
[7] 河南南阳市文物考古研究所. 河南南阳陈棚汉代彩绘画像石墓. 考古学报, 2007, (2): 233-266.
[8] 茹士安. 介绍我们处理古墓壁画的一些经验. 文物参考资料, 1955, (5): 77-79.
[9] 汪丽娟, 李玉虎, 裴继芬. 西安长安区韩家湾M29 墓壁画现场清理及保护. 文物保护与考古科学, 2012, 24 (2): 22-25.
[10] 徐毓明. 北周李贤墓壁画的揭取和修复新技术. 文物保护与考古科学, 1990, (1): 26-31.
[11] 原州联合考古队. 北周田弘墓. 文物出版社, 2009: 130.

第五章　隋代史射勿墓葬壁画保存环境调查

馆藏壁画病害的产生是多种因素综合叠加的结果。既包括揭取过程中，对壁画原有结构改变带来的损害[1]，又包括修复前后病害的延续以及修复材料蜕变所产生的各种病害[2]。因此，对于揭取修复后的墓葬壁画而言，不论是原发性病害还是继发性病害，不但与揭取方法、修复方法、修复材料以及壁画结构的稳定性有关，而且还与其保存环温湿度变化、光照、有机挥发物（VOC）、颗粒污染物、微生物等有着密切关系。

隋代史射勿墓葬壁画揭取修复后，由于保存环境温湿度变化剧烈，而引起的结构性形变、画面凹陷、画面裂隙、画面加固层起甲开裂等病害，已经严重威胁到壁画的生存安全。最为突出的是画面加固层起甲开裂所带来的危害，已经直接影响到壁画历史价值、艺术价值和科学价值。如果不及时对隋代史射勿墓葬壁画的各种病害采取科学有效的方法进行综合治理，画面加固材料将会在各种环境因素的协同作用下进一步劣化，最终导致画面颜料层随着画面加固材料的劣化而脱落。

为了研究隋代史射勿墓葬壁画病害与保存环境之间的关系，利用无线传感器网络技术（WSN 技术）、无线传感器技术和智能信息处理技术等，分别对室外空间环境的空气温湿度、降雨量、风向、风速、光照、紫外线和室内小环境的温湿度、光照、紫外线、VOC、二氧化硫、二氧化碳、颗粒污染物等进行实时监测，并通过对监测数据的综合分析，研究壁画病害与保存环境之间关系，为修复技术路线的研发和后期保护修复提供数据支撑。

1　馆藏环境监测系统的组成及特点

文物保存空间环境监测系统是基于博物馆可移动文物保存环境的特殊需求，利用无线传感器网络技术（WSN 技术）、传感器技术、嵌入式计算技术、现代网络技术、无线通信技术、分布式智能信息处理技术等，对文物保存环境的基本指标进行实时在线监测和质量评估的自组网络系统。主要由数据采集监测终端（传感器）、系统网络中继、数据接收网关、互联网和监测数据中心网络设备以及软件平台组成（图 5-1）。

无线传感器网络技术是目前文化遗产保存环境监测领域所运用的一项新兴技术。相对于传统有线通信方式而言，具有部署简单、短延时、高安全、高容量、自组网、不受自然条件限制的特点。无线传感器网络技术所具有的自组网特性，对于新增加的环境监测节点，无需通过增加有线通讯线缆来进行数据传输，更不需要对后期通信线缆进行维护，完全避免了传统有线通信方式的弊端。相对于单点手工作业或通过有线通信方式进行数据传输，无线传感器网络技术不需要人工定期前往节点巡视抄录数据，而是通过终端软件平台系统即可轻松获取每个节点的数据和工作状态。另外，通过区域环境数据统计、区域数据对比统计、区域数据稳定性对比统计、区域监测指标峰值变化、环境监测指标波动范围的对比分析，不但为研究壁画病害与保存环境之间的协同关系提供了科学依据，而且为进一步优化壁画库房保存环境，阻止或延缓壁画病害的进一步蔓延提供科学依据。

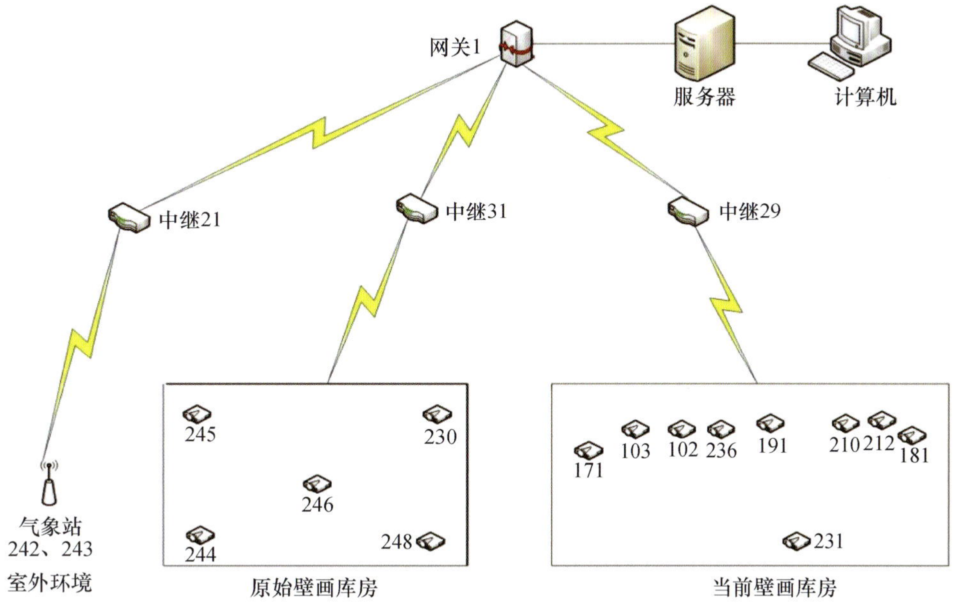

图 5-1 环境监测网络系统拓扑图

1.1 环境监测终端

文物保存环境监测系统终端（传感器）是一种对环境监测指标自动感知，并以电信号或其他信号形式对监测数据进行智能化处理的高灵敏度、高精度监测仪器。为了研究隋代史射勿墓葬壁画病害与保存空间环境因素之间的关系，利用无线传感技术，分别对室外空间大环境和壁画库房空间小环境各项指标进行实时在线监测。但是室外空间大环境监测传感器，相对于室内空间环境监测传感器而言，在其工作性能上具有一定的特殊要求。一是通过超声波技术，对光照传感器、紫外传感器进行高度集成，并对室外空间环境空气温度、相对湿度、露点、大气压强、风速、风向、风力、降雨量、光照、紫外线 10 种环境监测指标进行自动监测与汇总，并实时在线传输。二是在具备防雨、防尘、防雷功能的条件下，对室外空间环境有较高的适应能力，特别是在极端环境天气条件下，能够稳定、有效地感知空间大环境的各项监测指标。

室内环境监测传感器，按照文物保存空间环境监测指标要求，主要分为温度、湿度、二氧化碳、二氧化硫、有机挥发物（VOC）、光照、紫外线 7 种基本环境指标传感器。在工作性能方面，一是要求各类传感器自身制作材料在使用中不会散发污染物；二是要求对空间环境微观因素感知灵敏、功耗低、无需经常更换电池；三是考虑到文物保存空间环境温湿度不平衡的问题，为了达到多点监测的目标，将温湿度这两个最基本的监测指标，与二氧化碳、二氧化硫、有机挥发物（VOC）、光照、紫外线、粉尘 6 种基本环境指标进行高度集成，不但要能够涵盖室内空间微观因素的各项监测指标，而且在满足数据传输、处理、存储、显示、记录和对比分析要求的同时，还能减少监测终端布点过多的问题。

1.2 壁画库房环境监测传感器的布设

隋代史射勿墓葬壁画揭取修复后，因其保存空间环境经过两次较大的变动，而且变动前后库房环境微观因素的各项指标差异性较大。为了全面了解壁画病害与保存环境之间的关系，分别对壁画原始库房和当前库房环境的各项基本指标进行了实时在线监测（表 5-1）。

表 5-1 壁画库房空间环境监测传感器布设对照表

库房名称	温湿度	光照	紫外	CO_2	SO_2	VOC	粉尘	QCM
原始壁画库房	/	244	245	246	248	230	/	/
当前壁画库房	102、103	171	181	191	/	210、212	231	236

注：表中数据为传感器编号

原始壁画库房由于空间较小，主要布设有光照、紫外线、二氧化碳、二氧化硫和有机挥发物（VOC）5 种环境指标监测传感器，而且每种传感器分别对温湿度监测指标进行了高度集成，监测结果同时涵盖了室内空间环境温湿度变化情况。当前壁画库房相对于原始壁画库房空间大，为了减小空间环境温湿度监测指标的离散性，除布设二氧化碳、有机挥发物（VOC）、光照、紫外线等集成有温湿度基本监测指标的传感器以外，另外还增设了环境温湿度、粉尘监测传感器以及 QCM 空气质量自动评估传感器，以此来扩大保存环境中温湿度监测指标的涵盖范围以及增加室内空气洁净程度的对比分析。原始壁画库房与当前壁画库房传感器布设情况，分别见图 5-2 和图 5-3。

图 5-2 原始壁画库房监测传感器分布图

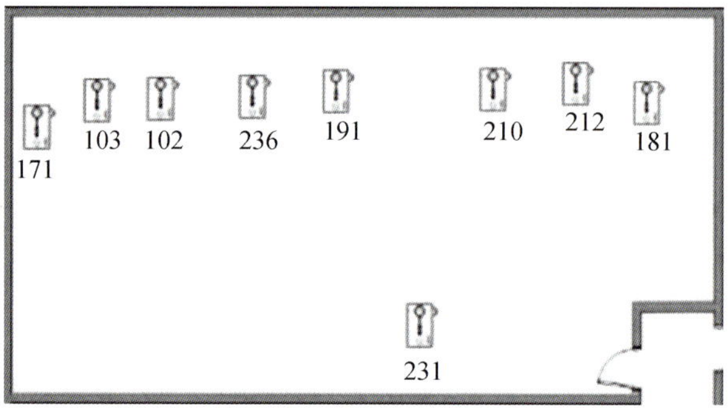

图 5-3 当前壁画库房监测传感器分布图

2 室外空间环境监测系统

由于室外空间环境对室内文物保存环境具有重要的影响，为了对比研究室内文物保存环境各项监测指标与室外空间环境之间的关系，重点对室外空间环境大气压强、空气温度、相对湿度、露点、风速、风向、风力、降雨量、光照、紫外线等 10 种气象环境指标进行在线实时监测。

2.1 室外超声波气象站

室外超声波气象站是利用无线传感技术，通过高度集成的超声波气象传感器，将所感知到的风速、风向、风力、温度、湿度、露点温度、大气压强、降雨量等八种气象信息以及光照传感器采集到的太阳辐射（可见光）信息、紫外传感器所采集的太阳紫外辐射（UVAB）信息，按照一定规律转变为电信号或其他信号形式输出的高精度、高灵敏度环境监测设备。主要由超声波气象传感器、光照传感器、紫外传感器、传感器模块、主控模块、室外吸盘天线和太阳能供电系统等组成（图 5-4）。

图 5-4 小型室外超声波气象站

2.2 室外超声波气象站布设要求

由于室外超声波气象站是一种能够自动感知室外空间环境综合指标的高精度设备，易受周围建筑物的影响。为了提高室外小型气象站监测结果的可靠性，在布设位置的选择上，要求小型气象站四周相对开阔。根据固原博物馆建筑物相对密集的特点，将其安装于北侧文物库房楼顶，以保证监测结果能够全面准确地反映室外空间环境的真实情况。为使超声波小型气象站不受水汽、冰冻、雾气等因素对监测结果的影响，要求内置的气象传感器具备加热功能，适时对风速、风向、风力、降雨量进行温度补偿修正，以保证监测数据的精确性。另外，为了保证室外超声波气象站监测数据的连续性，除利用太阳能供电以外，通过外接电源使供电系统相互形成补偿机制，以此保证小型室外超声波气象站能够不间断地连续工作。

2.3 室外空间环境监测数据传输与记录

室外超声波气象站主要通过超声波与空间环境介质的物理作用所产生的超声效应，对室外空间环境各项指标进行监测，但是所监测到的空间环境指标信息均为非电量信号。为了实现监测指标信号的转变与传输，在室外小型气象站主控模块工作逻辑的协调下，传感器模块驱动各种环境指标监测传感器，按照一定的频率进行数据采集与处理，使室外空间环境传感器所采集的数据，进一步在主控模块的控制下转变为电信号，然后通过无线传输的方式，经中继设备传输到网关设备，最后在软件平台进行数据还原处理，使室外空间环境监测结果以全数字化的形式进行存储。

3 壁画保存环境温湿度监测数据离散性分析

馆藏环境监测数据基本涵盖了室内外环境各项监测指标，其中温湿度是博物馆环境监测体系中两项最基本的监测指标。经过长期在线监测，储存记录的大量原始数据，为研究馆藏壁画保存环境温湿度变化提供了依据。但是伴随而来的问题是，如何对大量的监测数据进行处理，才能更好地评价壁画保存环境的稳定情况，并采取相应措施对其进行有效调控。徐方圆等[3]在对常规温湿度评价方法比较研究的基础上，针对温湿度适宜性、温湿度合格率和温湿度分布图，构建起了馆藏环境温湿度波动指数评价方法。马江丽等[4]将 K 线理论引入到温湿度评估体系中，通过 K 线图四要素的剥离和借鉴，为文物保存环境温湿度监测数据的处理建立了环境数据分析模型，为文物保存环境质量评估提供了一种直观的探讨方案。冯丽萍等[5]通过计算温湿度监测数据离散度和离散系数，对其“稳定适宜”程度进行综合量化评估，以此来反映温湿度分布和季节性波动情况。高句丽墓室壁画微环境监测数据分析[6]，主要以年度、季度和月度为统计周期，采用常规直方图和曲线图，对其风速、风向、降雨量、温度、相对湿度以及室内二氧化碳浓度等主要监测指标的变化趋势进行对比分析。侯文芳等[7]通过敦煌莫高窟第 217 窟微环境温湿度监测数据最大值、最小值和均值变化趋势的对比研究，分析了库存文物保存微环境现状及变化规律，为进一步研究壁画病害成因提供了条件。

3.1 评估原则

为了更好地挖掘馆藏环境监测数据，形成有效、直观的分析手段，根据文物保存环境监测数据评估研究来看，虽然常规直方图和曲线图以直观的形式反映了不同阶段监测数据的变化趋势，但是对于多点位监测的大量数据而言，很难在同一坐标系下，对其变化趋势进行比较分析。一般情况下，通过计算平均值的方式将其归集到同一坐标系下，对其波动性进行比较分析，但是算术平均值因其能够掩盖温湿度耦合结果的空间分布形态和波动方向，因此归集到同一坐标系下温湿度的监测数据的平均值，仅仅只是反映了温湿度耦合结果的平面变化趋势，并不能真实反映各个监测点位温湿度耦合结果的空间变化趋势。

相对于监测数据算术平均值的评估方式而言，箱线图因其能够对复杂体系进行描述，并且无需计算平均值就能对原始监测数据的集中趋势、离散程度和分布形状进行比较分析。因此，在进行隋代史射勿墓葬壁画保存环境监测数据离散性分析时，按照馆藏文物保存环境“稳定适宜”的原则，仍然采用离散度这一指标，对其稳定性和波动情况进行量化评估。

“稳定适宜”性指标在其本质上，就是对其保存环境进行有效控制的最佳“目标值”。由于馆藏文物组成材料差异性较大，不同质地文物对其保存环境的适宜性指标不同，也就是对其保存环境进行控制的目标值不同。严格来讲，馆藏文物保存环境控制性指标，应该对不同质地的文物，通过相应的科学实验进行验证，但是这种验证往往存在很大困难，甚至无法进行。

目前随着科学技术的发展，通过一些特殊的理论计算方式，解决了部分馆藏文物对其保存环境适宜性较差的问题。隋代史射勿墓葬壁画通过构建有限元模型的方式，首先建立起本构方程，然后通过本构方程计算馆藏环境温度变化与其应力变化的关系，很好地解决了壁画保存环境适宜性指标的问题，从而为其稳定性评估提供了科学依据。

3.2 评估方法

隋代史射勿墓葬壁画保存环境的稳定性，主要以馆藏文物保存环境温湿度“稳定适宜”的指标作为标准，通过计算馆藏环境监测数据和其目标值的离散性对其进行评估。在统计学中，通常利用标准差来衡量一组数据样本值与其均值之间的离散程度，亦即通过计算各单位标准值与其平均值离差平方的算术平均数的平方根，来衡量该组数据的离散程度，计算方式如下：

$$\sigma=\sqrt{\frac{\sum_{i=1}^{n}(x_i-\mu)^2}{n}} \qquad （式 5-1）$$

其中，n 为一组数据 x_1、$x_2 \cdots\cdots x_i$ 的个数，μ 为该组数据的平均值，σ 表示离散程度。

式 5-1 虽然很好地解决了一组数据离散性评估的问题，但是计算结果仅仅只是反映了一组数据每个样本值与其均值之间的离散情况。由于均值能够掩盖每个监测数据波动的实际情况，因此计算结果并不符合评估原则的要求。为了能够准确反映壁画保存环境温湿度监测数据波动的实际情况，只需将式 5-1 中的均值转化为馆藏壁画保存环境温度与相对湿度所要控制的目标值即可。

如果用 T_i 表示温度监测数据的样本值，T_0 表示馆藏环境温度目标值；H_i 表示相对湿度监测数据的样本值，H_0 表示相对湿度目标值，S_T 与 S_H 分别表示文物保存环境温度离散度和相对湿度离散度，则可以分别得到以下两式：

$$S_T=\sqrt{\frac{\sum_{i=1}^{n}(T_i-T_0)^2}{n}} \quad (式 5\text{-}2)$$

$$S_H=\sqrt{\frac{\sum_{i=1}^{n}(H_i-H_0)^2}{n}} \quad (式 5\text{-}3)$$

以上两式，分别反映了某一时段温度与相对湿度监测数据基于目标值的离散度，但是温度离散度 S_T 与相对湿度离散度 S_H 因其量纲与目标值完全不同，无法在同一坐标系下对两种监测数据的离散度进行对比分析。为了能够对比分析同一时段温度与相对湿度监测数据的离散性，首先需要消除温度离散度 S_T 与相对湿度离散度 S_H 量纲不统一的问题。在一般情况下，通过计算温湿度监测数据标准差与其目标值比值的方法，则会使温湿度监测数据的离散度由一个具有量纲的相对值转化为无量纲的相对比值，这一比值即为离散系数。

如果温度监测数据的离散系数用 CV_T 表示，相对湿度离散系数分用 CV_H 表示，温湿度离散系数计算方式分别如下：

$$CV_T=\frac{\sqrt{\frac{\sum_{i=1}^{n}(T_i-T_0)^2}{n}}}{T_0} \quad (式 5\text{-}4)$$

$$CV_H=\frac{\sqrt{\frac{\sum_{i=1}^{n}(H_i-H_0)^2}{n}}}{H_0} \quad (式 5\text{-}5)$$

在以上两式中，CV_H 和 CV_T 越大，表示某一时段内温湿度监测数据的距离目标值的代表性越大，温湿度耦合效应对馆藏环境的影响程度越大。反之，离散系数越小，温湿度监测数据距离目标值的代表性较小，表示温湿度耦合效应对馆藏环境的影响程度越小。

离散系数作为衡量两种或多种不同样本数据无量纲的一个比值，完全可以对其波动情况进行比较。如果在同一坐标系下，将温度与相对湿度目标值的交叉点视作目标点，将温湿度测度数据每个值的交叉点视作离散点，显然目标点与离散点之间的距离代表了温湿度监测数据的离散度。两点之间的距离越大，表示其离散度越大，反之，离散度越小，表示监测数据更为集中。

如果用 L 表示温湿度监测数据的离散度，将同一坐标系下离散点温湿度监测数据 T_i、H_i 与温度目标值 T_0、H_0 分别与代入式 5-1，则会得到下式：

$$S=\sqrt{\frac{\sum_{i=1}^{n}[(T_i-T_0)^2+(H_i-H_0)^2]}{n}} \quad (式 5\text{-}6)$$

式 5-6 代表了某一时段温湿度基于目标值的差异程度。

在进行温湿度监测数据离散度计算时，由于温度与相对湿度的目标值以及波动范围不同，如果以温湿度目标值为圆点，以温湿度临界值（馆藏文物能够接受的温湿度最大波动值）与圆心之间的距离为半径，所形成的圆能够涵盖所有监测数据。

4 温湿度目标值与临界值

隋代史射勿墓葬壁画有限元模型计算结果显示，当保存环境温度处于 20±2℃时，壁画各部分形变及应力变化最小，亦即壁画受温度单一因素的影响程度最小。由此可见，隋代史射勿墓葬壁画保存环境最佳温度应为 20℃，所能接受的临界温度应为 20±2℃。

相较温度变化对馆藏隋代史射勿墓葬壁画所引起的应力破坏而言，相对湿度主要通过层间吸水作用，除了能够引起壁画原始组成材料发生膨胀与收缩破坏之外，最主要的还是能够引起环氧树脂支撑体老化降解破坏。由于这两种破坏形态，很难将其作为边界条件纳入到有限元模型计算范畴，对其目标值和临界值进行计算。因此，仍然以当前壁画库房实际设定的 45% 作为相对湿度的目标值，以 45%±5% 作为临界值对其离散度进行评估。

综上，在壁画馆藏环境温湿度目标值与临界值确定的情况下，只需在同一坐标系下，计算温湿度波动值在横坐标和纵坐标方向所构成的直角三角形斜边长度，即可求得温湿度离散度稳定性的标准。

如果将温度与相对湿度目标值所形成的交点用 L_1 表示，将温度与相对湿度临界值所形成的交点用 L_2 表示，那么 L_1 与 L_2 之间的距离 L 就是馆藏隋代史射勿壁画所能接受的温湿度最大离散度。

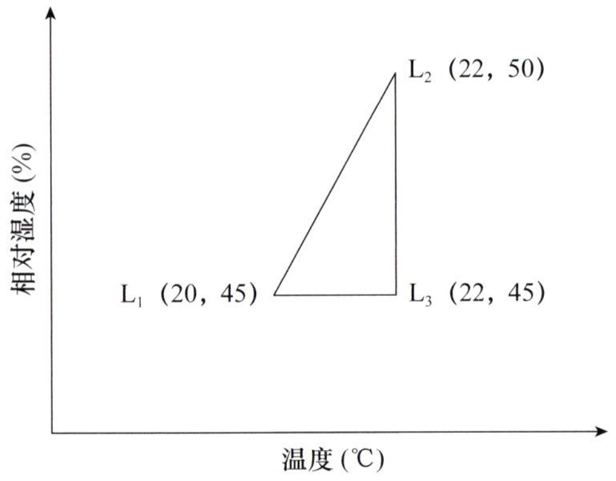

图 5-5　同一坐标系中温湿度目标点与临界点分布图

根据图 5-5 可知，在目标点 L_1 和临界点 L_2 以及 L_1 和 L_2 延长线所组成的直角三角形中，底边 L_1L_3 的长度显然为馆藏壁画所能接受的最大临界温度的 2 个单位，另一直角边 L_2L_3 的长度则为馆藏壁画所能接受的最大相对湿度临界值的 5 个单位，也就是其长度分别为 2 和 5。经计算隋代史射勿墓葬壁画所能接受的温湿度最大波动范围为 5.39。

离散度计算结果虽然准确反映了温湿度耦合结果对馆藏壁画的影响程度，但是并不能表达温度与相对湿度两项监测指标中，究竟是哪一种环境指标是导致壁画保存环境监测数据离散度出现较大差异性的主要因素，还需借助箱线图进行具体分析。

5 室外空间环境温湿度变化趋势分析

根据现有馆藏壁画保存条件，影响室内环境温湿度波动的因素主要有两个方面：一是室外环境季节性气候变化对室内环境的影响；一是温湿度控制系统对室内环境的影响。通过室外空间环境温湿度监测数据变化趋势分析，不仅有助于了解室外空间温湿度季节性变化规律，而且有助于了解室外空间环境对室内空间环境影响程度，尤其是能为研究室内保存环境温湿度波动与壁画病害之间的关联性问题提科学依据。

5.1 室外空间环境温度变化趋势分析

室外空间作为一个开放性大环境，无法按照“稳定适宜”的指标对其进行量化评估。为了直观地表示室外空间环境温湿度监测数据的波动情况，利用箱线图能够准确表现一组数据集中趋势和分布形态的特点，结合当地气候特征，以月度监测数据为单元，在对其原始监测数据的分布形态和波动趋势对比分析的基础上，对长期变化趋势进行分析。

通过图 5-6 可知，从 1 月到 12 月，室外空间环境温度总体先呈缓慢上升趋势，然后呈缓慢下降趋势。其中，1～2 月份以及 11～12 月份，这两个时段室外温度最低，并且箱子较短，监测数据较为集中，说明室外温度波动不大，低温持续时间较长。3～5 月份这一时段，室外温度呈逐步上升趋势，箱子长度有所增加，说明监测数据的离散性有所增大，其中 4 月份，室外温度监测数据离散性最大，导致其离散性较大的主要原因，应是受当地极端低温气候影响。经过进一步调查发现，4 月份室外温度最大值与最小值相差 31.8℃。7 月份室外温度最高，监测数据相对集中，室外温度波动不大；8 月份室外温度略有下降，但是监测数据最为集中，室外温度波动最小，说明这一时段室外环境仍然处于温度较高的状态。

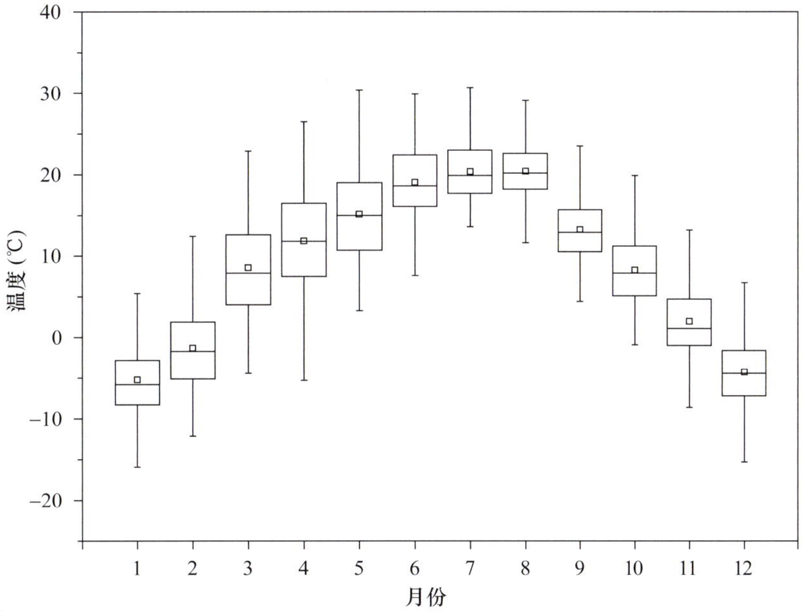

图 5-6　2018 年室外空间环境温度变化趋势

总之，从室外空间环境温度长期变化趋势来看，当地气候特征较为特殊，与气象学所规定的季节具有明显的差异。春季室外温度较低，3～5 月份极端低温天气发生的频次较高。秋季，室外温度下降速度较快，低温天气持续的时间较长。由此可见，室外空间环境以高温持续时间较短，低温影响持续时间较长为主要特征。

5.2　室外空间环境相对湿度变化趋势分析

室外空间环境相对湿度，同样无法按照“稳定适宜”的指标对其进行定量评估。为了表示室外相对湿度中长期变化趋势，仍然以每月相对湿度原始监测数据为单元，在对其监测数据分布形态和波动性进行分析的基础上，重点对其长期变化趋势进行分析。

通过图 5-7 可知，室外空间环境相对湿度监测数据离散性整体较大，最为突出的是 1 月份、5 月份、6 月份和 10 月份，这四个时段室外空间环境相对湿度监测数波动性最大。2 月份、7 月份、8 月份和 12 月份，这四个时段室外空间环境相对湿度监测数据相对集中。其中，7 月份与 8 月份相对湿度最大，箱子最短，说明波动性最小。经过进一步调查发现，导致 7 月与 8 月室外空间环境相对湿度较高的原因，主要与室外空间环境降雨量较大有关。

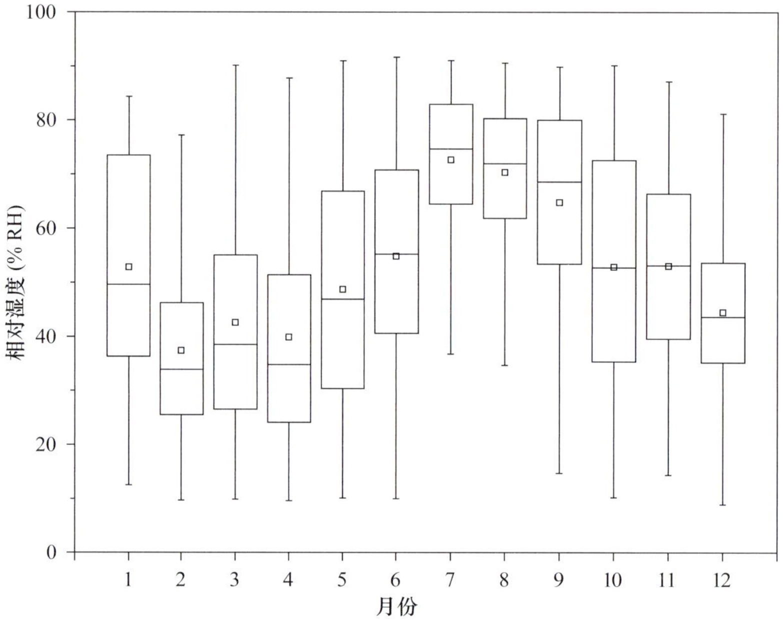

图 5-7　2018 年室外空间环境相对湿度变化趋势

总体来看，室外空间环境相对湿度分布具有明显的季节性特征。冬、春两季室外相对湿度整体较低，并且持续时间相对较长。夏、秋两季室外空间环境相对湿度较高，波动性较小，高湿环境持续时间相对较长，对室内环境影响最大。

6　室内空间环境温湿度变化趋势

室内空间相对于室外空间环境而言，属于密闭型空间环境。因此，在进行温湿度变化趋势评估时，不仅要对室内温湿度变化趋势进行分析，而且还要按照“稳定适宜”的指标，通过原始壁画库房和当前壁画库房温湿度监测数据离散系数的大小进行定量分析。

在进行室内空间环境温湿度监测数据离散性分析时，针对监测点位多、数据量庞大的特点，以室内环境温湿度“稳定适宜”的目标值为标准进行评估。根据史射勿墓壁画保存环境温湿度评估原则，室内环境温度与相对湿度的目标值与其临界值，应分别为 20±2℃与 45%±5%。

6.1　原始壁画库房室内温度变化趋势

根据图 5-8 可知，原始壁画库房室内温度变化趋势与室外空间环境温度变趋势差异性不大，整体先呈缓慢上升趋势，后呈现阶梯式下降趋势。2～4 月份这一时段，箱子长度整体较长，室内温度监测数据

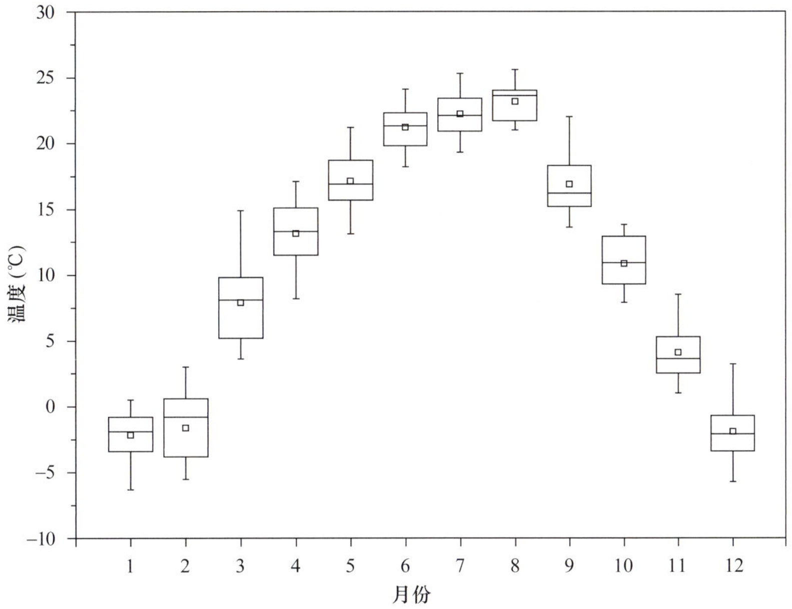

图 5-8　2018 年原始壁画库房室内空间环境温度变化趋势

离散性整体较大，有 50% 的监测数据大于其均值，说明室内温度上升较快，但是基本在目标值以下进行波动。其中，3 月份室内温度波动性最大，主要是受室外极端低温影响较大的结果。6～8 月份这一时段，箱子整体较短，说明室内温度监测数据波动性较小，基本在其目标值上下波动。其中。8 月份室内温度最高，波动性最小，整体在其目标值之上波动，说明室内温度较高，对馆藏壁画有较大影响。

总体来看，原始壁画库房室内温度变化受室外空间环境影响较大，主要以低温持续时间较长，稳定适宜的温度持续时间较短为主要特征。造成原始壁画库房室内环境温度较低的原因，一方面与其建筑物本身保温效果较差、木质门窗变形严重，封闭不严有关；另一方面还与室内环境温度未进行主动调控有关。

6.2　原始壁画库房室内相对湿度变化趋势

通过图 5-9 可知，原始壁画库房室内相对湿度变化趋势与室外空间相对湿度变化趋势基本一致，只是监测数据相对室外环境更为集中，波动性更小。其中，7～8 月份室内空间环境相对湿度最大，监测数据离散性最小，基本在目标值之上较大范围波动，对馆藏壁画影响最大。9 月份相对湿度虽然有所下降，但是波动相对增大，并且波动范围依然在目标值之上。10 月份是室内相对湿度波动性最大的一个时段，最大值与最小值之差达到了 47.7%。究其原因，主要是原始壁画库房封闭性较差，受室外环境影响较大所致。

总体来看，原始壁画库房高湿环境主要发生在夏季和初秋这一时段，其余时间室内相对湿度基本在其目标值上下线波动，对馆藏壁画的影响并不突出。

6.3　当前壁画库房室内温度变化趋势

根据图 5-10 可知，当前壁画库房室内温度变化趋势，与室外环境及原始壁画库房室内空间环境温

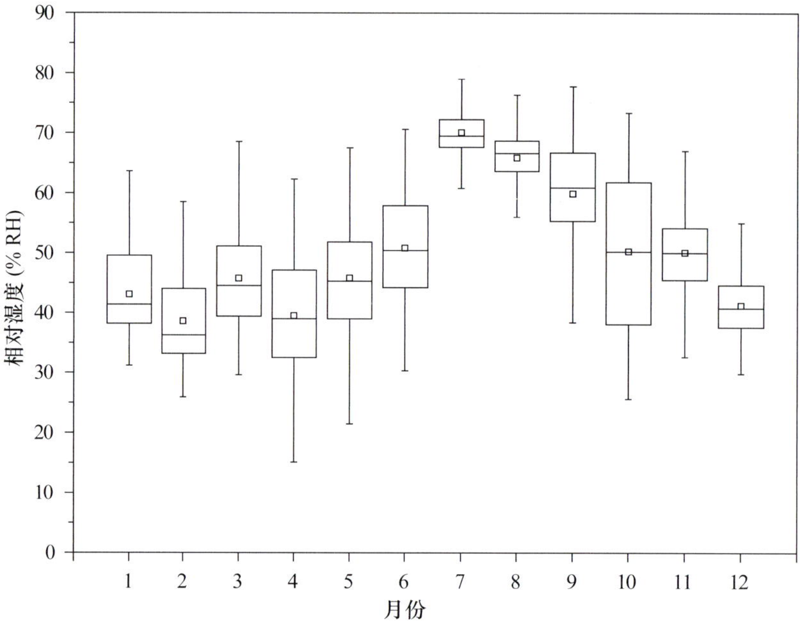

图 5-9　2018 年原始壁画库房室内空间环境相对湿度变化趋势

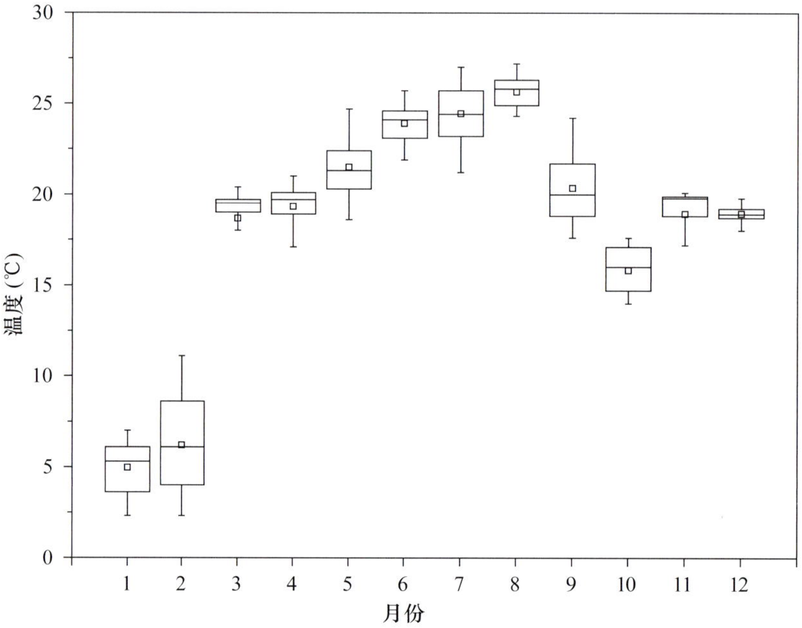

图 5-10　2018 年当前壁画库房室内空间环境温度变化趋势

度变化趋势差异较大。当前壁画库房室内温度整体高于原始壁画库房，但是 1～2 月份这一时段，室内温度最低，变化趋势与原始壁画库房室内温度变化趋势基本一致，特别是 2 月份室内温度波动性最大，最大值与最小值之差为 10.8℃。经过进一步调查发现，导致室内温度偏离目标值较大的原因，一是室内供热系统无法抵御室外环境对室内环境的影响；二是温湿度调控系统对室内环境温度补偿并未达到目标要求。

6～8 月份室内温度较高，室内温度基本在目标值之上波动。其中，8 月份室内温度最高，波动性最小，距离目标值的差异最大。除此以外，12 月份室内温度监测数据最为集中，波动性最小，完全达到了“稳定适宜”的控制要求。其余时段，室内温度基本在目标值上下波动，对馆藏壁画的影响不大。

6.4　当前壁画库房室内相对湿度变化趋势

根据图 5-11 可知，当前壁画库房室内空间环境相对湿度长期变化趋势，与原始壁画库房室内空间环境相对湿度变化趋势基本一致，只是波动性整体低于原始壁画库房。1～5 月份，室内环境相对湿度整体波动性不大，并且波动范围基本在目标值上下波动。7～9 月份室内相对湿度最大，整体在目标值以上波动，其中 9 月份室内相对湿度有所下降，但是波动性随之增大。10 月份室内相对湿度波动性最大，最大值与最小值之差达到了 36.6%。室内环境相对湿度波动性较大显然是受室外环境影响的结果。12 月份室内相对湿度远远低于目标值，并且波动性很小，此时室内空间十分干燥。

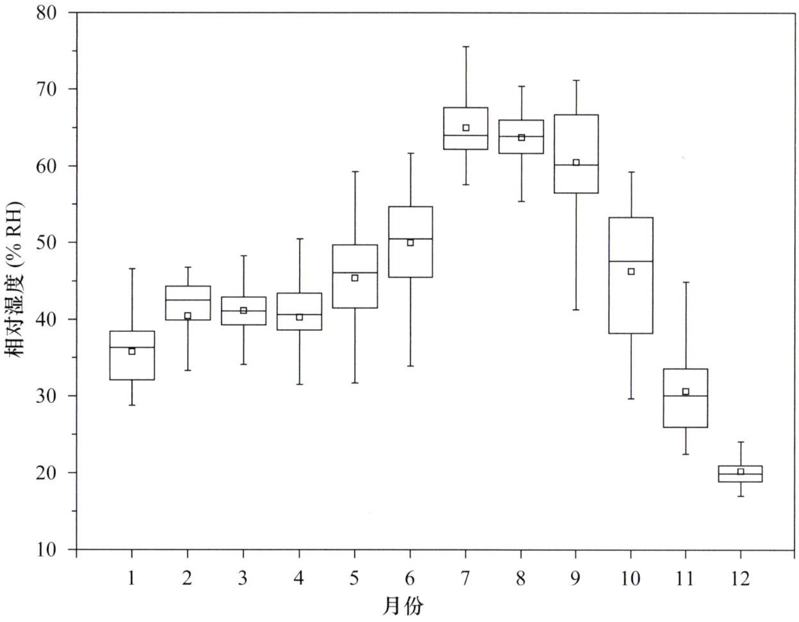

图 5-11　2018 年当前壁画库房室内空间环境相对湿度变化趋势

总体来看，当前壁画库房室内环境在冬春两季相对稳定，基本在目标值上下波动，对馆藏壁画的影响不大；夏季与秋季相对湿度较大，整体在目标值之上波动，并且持续时间较长，脉冲式波动对馆藏壁画具有较大影响。

6.5　室内空间环境温湿度离散性对比研究

根据室内外空间环境温湿度变化趋势分析可知，原始壁画库房与当前壁画库房受室外环境的影响程度不同。为了进一步对比分析隋代史射勿墓葬壁画在新旧库房保存期间，室内温湿度波动对馆藏壁画的影响程度，分别对原始壁画库房 5 个监测点位和当前壁画库房 7 个监测点位相对湿度监测数据的离散度进行了计算。结果显示，不同监测点位温湿度离散系数略有差异，这说明室内空间温湿度分布并不平衡，为此以各点位离散系数的均值，作为新旧库房室内温湿度波动性评估标准，计算结果见表 5-2。

表 5-2　新旧壁画库房室内空间环境温湿度离散系数统计表

库房 / 月份	原始壁画库房			当前壁画库房		
	S	CV_T	CV_H	S	CV_T	CV_H
1	23.30	1.117	0.148	19.56	0.771	0.267
2	23.87	1.088	0.218	16.36	0.699	0.189
3	14.71	0.619	0.177	9.53	0.125	0.205
4	13.86	0.362	0.263	10.88	0.059	0.240
5	9.79	0.204	0.173	8.16	0.173	0.164
6	11.55	0.096	0.253	7.61	0.226	0.163
7	25.31	0.138	0.559	15.54	0.249	0.327
8	21.74	0.169	0.477	14.93	0.288	0.306
9	18.27	0.185	0.398	12.63	0.096	0.277
10	16.78	0.467	0.310	13.11	0.457	0.209
11	18.10	0.801	0.187	20.70	0.098	0.458
12	23.01	1.101	0.148	30.05	0.026	0.668

注：S 代表温湿度基于目标值的离散度；CV_T 代表温度监测数据离散系数；CV_H 代表相对湿度监测数据离散系数

6.5.1　原始壁画库房室内温湿度离散性分析

根据图 5-12 可知，原始壁画库房室内环境温湿度基于目标值的离散度均大于 5.39。如果按照升序方式对其进行排序，则有：5 月份<6 月份<4 月份<3 月份<10 月份<11 月份<9 月份<8 月份<12 月份<1 月份<2 月份<7 月份。

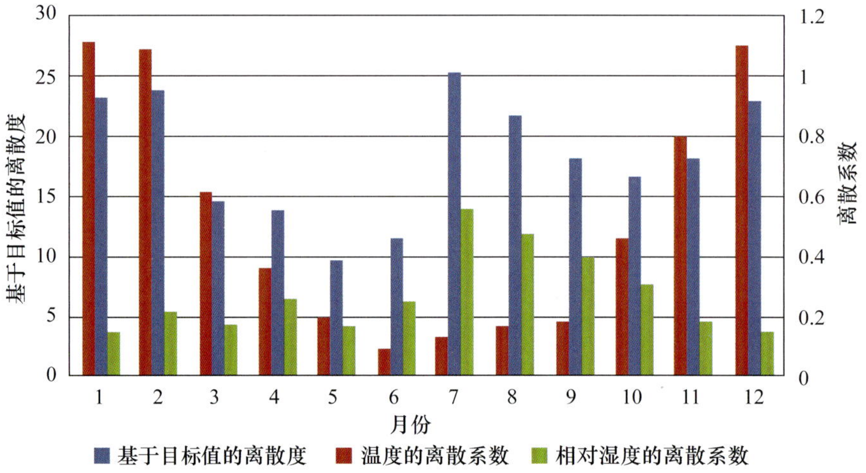

图 5-12　原始壁画库房室内空间环境温湿度离散系数对比分析

通过排序结果不难看出，5月份室内环境温湿度监测数据距离“稳定适宜”的目标值最小，室内空间环境温湿度波动性相对其他时段而言，对馆藏壁画的影响程度最小，但是这一时段基于目标值的离散度并未完全达到稳定适宜的目标值的要求，只是相较其他时段，温湿度离散度距离目标值之间的差距相对较小，其差距依然为4.4的差距。7月份室内温湿度基于目标值的离散度最大，距离“稳定适宜”的目标值离散度的差异性达到了19.92，相对其他时段而言，对馆藏壁画的影响程度最为严重。

通过对比温度与相对湿度离散系数大小可知，7月份室内相对湿度离散系数远高于温度的离散系数，说明室内相对湿度波动性过大，是导致室内空间环境温湿度监测数据与其目标值差距最大的主要原因。具体结合温度与相对湿度湿度变化趋势来看，这一时段室内温度离散系数小于相对湿度的离散系数，并非代表室内温度较低，而是说明室内温度监测数据的分布形态更为集中，持续处于高温状态。由此可见，这一时段原始壁画库房室内环境温度最高，相对湿度最大，对馆藏壁画的影响程度最大。其他时段，按照箱线图变化趋势以及距离目标值离散度的排序方式，将其划分为若干时段具体分析如下：

1～3月份和11～12月份这两个时段，室内温度离散系数均大于相对湿度离散系数，说明室内温度波动性过大，是导致基于目标值离散度较大的主要因素。结合图5-7可知，除2月份室内温度监测数据较为分散以外，其余时段室内温度监测数据分布形态较为集中，但是分布范围远大于馆藏壁画所能接受的临界温度，从而导致不同时段基于“稳定适宜”的目标值的差异性分别达到了17.91、18.48、12.71、17.62。由此可见，这两个时段，室内环境受室外环境的影响程度较大，馆藏壁画所受到的影响主要以低温引起的破坏为主，相对湿度对馆藏壁画的影响并不突出，亦即相对湿度的波动范围均在其临界值范围之内。

3～4月份这一时段，虽然室内温度有所上升，但是室内环境对馆藏壁画的影响呈现出不同特点。3月份温度离散系数大于相对湿度的离散系数，4月份则是相对湿度的离散系数大于温度的离散系数。结合箱线图变化趋势来看，3月份室内相对湿度波动范围基本处于“稳定适宜”的目标值这一范围之内，室内温度则距离目标值的差异性较大。4月份室内温度相较3月份有所上升，距离目标值的差异性相对变小，但是仍然未达到“稳定适宜”的目标值这一要求。室内空间环境相对湿度波动性相对较大，距离目标值的差异性相较3月份更大，这是导致3月份与4月份室内温湿度对馆藏壁画影响因素不同的主要原因。

6月份室内温度离散系数最小，说明温度监测数据更为集中，但是并不代表室内温度波动性最小。结合箱线图变化趋势来看，50%的监测数据处于均值以上的水平，但是室内高温环境对温湿度目标值的波动性影响不大。室内空间环境相对湿度监测数据分布形态较为分散，并且距离“稳定适宜”的目标值差异性较大。由此可见，这一时段在室内温度较高，相对湿度对馆藏壁画具有较大影响。

8～10月份室内环境基于目标值的波动性逐步减小，由16.35和12.88，最终转变为11.39，但是室内环境对馆藏壁画的影响方式并不相同。8～9月份这一时段，温度与相对湿度的离散系数变化趋势呈相反态势，亦即为相对湿度的离散系数均大于温度的离散系数，显然这两个时段以室内空间环境相对湿度距离目标值的差异性较大为主要影响因素，但这并不代表室内环境温度对馆藏壁画没有影响。结合箱线图变化趋势不难发现，8月份室内温度最高，箱子最短，说明室内温度监测数据更为集中，相对湿度相较7月份虽然有所下降，但监测数据的分布形态依然较为集中，室内环境持续处于高温高湿状态，对馆藏壁画影响十分突出。10月份室内温度和相对湿度均有所下降，但是相对湿度监测数据分布范围更大，离散系数大于温度的离散系数，说明这一时段室内环境相对湿度波动性过大，是影响温湿度基于目标值离散度的主要因素。具体结合箱线图变化趋势来看，10 月份室内环境主要以相对湿度脉冲波动的方式对馆藏壁画带来较大影响。

综上，隋代史射勿墓葬壁画在原始库房保存期间，室内温湿度距离“稳定适宜”的目标值差异性较大，不同时段温湿度对馆藏壁画的影响方式以及影响程度不同。冬春两季，相对湿度对馆藏壁画的影响不大，主要以室内环境温度较低持续时间较长为主要影响因素。夏季和初秋这一时段，也就是 7～9 月份，室内温度最高，相对湿度最大，持续时间最长，对馆藏壁画带来最大影响。

6.5.2　当前壁画库房室内温湿度离散性分析

根据图 5-13 可知，当前壁画库房室内环境温湿度监测数据，基于目标值的离散度明显低于原始壁画库房，但是波动性仍然大于 5.39。如果对当前壁画库房不同时段基于目标值的离散度，按照升序方式进行排列，则为：6 月份＜5 月份＜3 月份＜4 月份＜9 月份＜10 月份＜8 月份＜7 月份＜2 月份＜1 月份＜11 月份＜12 月份。

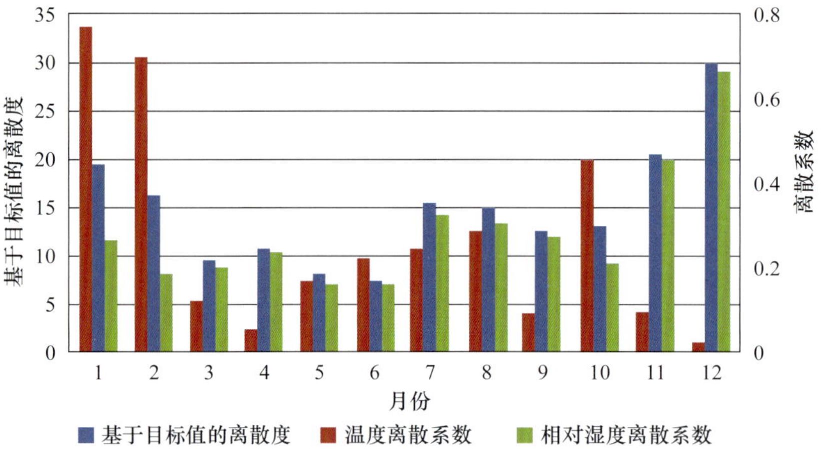

图 5-13　当前壁画库房室内空间环境温湿度离散系数对比分析

排序结果显示，6 月份室内空间温湿度监测数据距离“稳定适宜”的目标值最小，说明这一时段，室内空间环境温湿度波动对馆藏壁画的影响程度最小。除此之外，5 月份室内温湿度监测数据基于目标值的离散度，虽然略高于 6 月份，但是温度与相对湿度的离散系数十分接近，并且二者距离其目标值的差异性不大。结合这一时段箱线图变化趋势不难知道，室内环境温度与相对湿度波动范围仍然处于临界值之内。因此，5 月份室内空间环境温湿度波动对馆藏壁画影响不大，仍然使其能够处于“稳定适宜”的环境之中。

12 月份室内空间温湿度监测数据基于目标值的波动性较大，距离“稳定适宜”的目标值差异性达到了 24.66。导致基于目标值波动性较大是由于室内温度监测数据的离散系数与相对湿度的离散系数差异性过大所致。结合温度与相对湿度箱线图变化趋势可知，这一时段室内温度与相对湿度箱体均处于很短状态，说明室内空间环境温度与相对湿度监测数据分布十分集中，其中温度监测数据处于正态分布，并且分布范围完全达到了目标值的要求。相对湿度监测数据分布形态也是十分集中，但是距离目标值的差异性较大，室内空间环境十分干燥，对馆藏壁画有较大影响。其余时段，按照箱线图变化趋势以及距离目标值离散度的排序方式，将其划分为若干时段进行分析。

1～2 月份，温度监测数据离散系数与相对湿度监测数据离散系数差异性较大，是导致室内空间环境基于“稳定适宜”的目标值的波动性较大的主要原因，其差异性分别达到了 14.17、10.97。具体结合温湿度变化趋势来看，1 月份室内温度虽然较低，但是 50% 以上的监测数据处于均值以上水平，相对湿度较“稳定适宜”的目标值低，并且离散性较大，具有脉冲式波动的特点，这主要与其露点较低有关。2 月份室内温度虽有所上升，但是箱体较长，说明监测数据较为分散，距离“稳定适宜”目标值的差异较大。相对湿度离散系数相较 1 月份有所减小，监测数据分布形态较为集中，距离“稳定适宜”的目标值差异较小，对馆藏壁画的影响程度较低。总体来看，1～2 月份，室内空间受室外环境的影响较大，温湿度调控系统对室内温度补偿能力有限，馆藏壁画受低温环境影响最为突出。

3～4 月份，温湿度基于“稳定适宜”目标值的离散度相对较小，分别为 4.14、5.49，但是相对湿度的离散系数高于温度监测数据的离散系数，显然室内相对湿度波动性过大，是主导温湿度基于目标值波动性较大的主要因素。结合温湿度变化趋势是来看，3 月份与 4 月份室内温度上升较快，在其变化趋势上箱体较短，说明监测数据分布较为集中，并且距离“稳定适宜”的目标值差异性不大，对馆藏壁画影响程度较小。这一阶段，室内空间相对湿度监测数据离散系数差异性不大。从监测数据分布形态来看，3 月份相对湿度基本呈正态分布，4 月份波动性虽有所增大，但是 75% 的监测数据处于相对湿度临界值范围之内。总体来看，3～4 月份室内空间相对湿度基本处于合理水平，对馆藏壁画影响不大。

7～8 月份，室内空间环境温度与相对湿度均处于最高水平，并且温湿度监测数据距离目标值的波动性较大，分别达到了 10.15 和 9.54。通过对比不同时段温湿度离散系数的差异性可知，相对湿度离散性较大是导致其波动性较大的主要原因。具体结合温湿度变化趋势来看，7 月份室内温度以及相对湿度离散性均大于 8 月份，但是 8 月份室内温度最高，监测数据分布形态更为集中，距离目标值的差异性更大。室内空间环境相对湿度变化趋势略有差异，7 月份室内相对湿度距离目标值的差异性高于 8 月份，但是 8 月份室内温湿度离散系数的差异性小于 7 月份。由此可见，7～8 月份，虽然馆藏壁画都处于高温、高湿环境之中，但是 7 月份和 8 月份相对湿度对馆藏壁画的影响方式也有一定的差异性。7 月份相对湿度呈现出脉冲波动的特点，8 月份则以相对恒定的状态对馆藏壁画持续影响。总体来看，当前壁画库房在这一时段，受室外环境影响较大，并且温湿度主动调控系统对室内空间环境调控能力有限，保存环境温湿度距离“稳定适宜”的目标差异较大，馆藏壁画受室内温湿度波动影响程度极为严重。

9～10 月份，室内空间环境受温湿度影响方式不同。9 月份，相对湿度离散系数大于温度离散系数，说明室内空间相对湿度波动性过大是导致其距离目标值波动性较大的主要原因。10 月份则是温度离散系数远高于相对湿度离散系数，显然室内温度波动过大是导致基于其目标值差异较大的主要因素，其差异分别达到了 7.24 和 7.72。具体结合温度与相对湿度变化趋势来看：9 月份室内温度有所下降，距离“稳定适宜”的目标值差异性相对较小，但是监测数据较为分散，波动性较大；10 月份室内温度监测数据较为集中，波动性较小，但是距离“稳定适宜”的目标值差异性相对较大。相对湿度监测数据分布形态也具有一定的差异性，9 月份相对湿度波动性较小，但是距离目标值的差异性较大，主要表现形式是 75% 以上的监测数据处于馆藏壁画所能接受的临界值之上；10 月份室内空间相对湿度有所下降，但是波动范围更大，仍然有 50% 的监测数据处于馆藏壁画所能够接受的临界值之上。总体来看，9 月份和 10 月份这两个时段馆藏壁画所受的影响方式具有一定的差异性，9 月份，温度较高，湿度较大，对馆藏壁画具有较大影响；10 月份随着室内温度的下降，露点较低，相对湿度以脉冲式变化所引起的结露现象更为突出。

综上，隋代史射勿墓葬壁画在当前库房保存期间，室内温湿度距离稳定适宜的目标值差异性较大，不同时段温湿度对馆藏壁画的影响方式以及影响程度不同。春季相对湿度对馆藏壁画的影响不大，主要以室内环境温度较低、持续时间较长为影响壁画的主要因素。夏季和初秋这一时段，也就是以 7～9 月份，室内温度最高，相对湿度最大，持续时间最长，对馆藏壁画影响较大。

7 结论

通过室内空间环境温湿度离散系数对比分析可知，隋代史射勿墓葬壁画在新旧库房保存期间，温湿度波动性变化对其带来的影响具有不同特点。

原始壁画库房受室外环境影响较大，室内空间温湿度变化明显呈现出季节性波动的特点。冬春两季室内温度过低，并且持续时间较长，对馆藏壁画的影响较大，而相对湿度对馆藏壁画影响则不大。7～9 月份，室内温度与相对湿度均处于较高水平，并且距离“稳定适宜”得目标值差异性较大，此时，馆藏环境温湿度波动对隋代史射勿墓葬壁画均具有较大影响。

当前壁画库房受室外环境的影响程度明显小于原始壁画库房，但是 1～2 月份，受室外环境影响，室内空间温度较低，低温环境对隋代史射勿墓葬壁画具有一定影响，此时，相对湿度距离目标值的差异性不大，对馆藏壁画的影响程度相对较低。夏季室内环境受室外环境影响较大，室内温度与相对湿度均处于最高水平，容易导致馆藏壁画发生湿热膨胀破坏。秋季室内温度与相对湿度均有所下降，但是波动性依然较大，尤其 10 月份，室内相对湿度波动性过大对馆藏壁画的影响极为突出，主要是以结露的形式使馆藏壁画处于馆藏环境之中。冬季室内空间环境温度处于“稳定适宜”的状态，也就是温度距离目标值的差异性不大，但是，此时室内空间环境极为干燥，相对湿度距离“稳定适宜”的目标值具有较大差距，馆藏壁画受干热膨胀的影响极为突出。

导致室内环境质量差异较大的原因主要有以下几个方面：

一是原始壁画库房建设时间较早，木制门窗变形严重，封闭性较差，并且壁画存放方式极为简单，基本裸置于室内。当前壁画库房建筑本身保温性能较高，封闭性较好，室内配置有密闭性壁画储藏专用柜架，并且利用恒温恒湿机组对室内空间环境进行主动调控，这是导致新旧库房室内环境具有较大差异性的主要原因。

二是根据当前壁画库房室内环境质量评估结果来看，温湿度调控系统对室内环境调控能力有限，室内环境受室外环境的影响依然较大，室内温湿度波动性变化特点基本与当地气候变化一致。

三是馆藏壁画不论是在原始壁画库房存放期间，还是在当前壁画库房存放期间，在 7～9 月份这一时段，都会受到严重湿热膨胀的影响。而初秋之际，随着露点的下降，高湿环境所引起的结露现象对馆藏壁画的影响较为突出。

综上，根据室内空间环境质量评估结果，当前库房室内温湿度距离稳定适宜的目标值依然具有较大的差异性，应通过对现有温湿度调控设备进行改造升级，不断加大主动调控和被动调控力度，使室内空间环境温湿度波动范围处于馆藏壁画所能够接受的临界范围之内，防止各类续发病害所带来的破坏。

参考文献

[1] 铁付德. 西汉梁国王陵柿园墓揭取壁画的损坏机制及保护研究. 北京科技大学博士学位论文, 2004.

[2] 铁付德, 孙淑云, 王九一. 已揭取壁画的损坏及保护修复. 中原文物, 2004, (1): 81-86.

[3] 徐方圆, 吴来明, 解玉林, 白宁. 文物保存环境中温湿度评估方法研究. 文物保护与考古科学, 2012, (S1): 6-12.

[4] 马江丽, 徐方圆, 金定可. 利用K线图分析馆藏文物保存环境中温湿度研究. 文物保护与考古科学, 2019, 31 (3): 127-131.

[5] 冯丽萍, 雷淑. 基于离散程度的博物馆馆藏环境温湿度中长期评估方法. 文物保护与考古科学, 2016, 28 (1): 85-91.

[6] 中国文化遗产研究院, 吉林省文物局, 吉安市文物局. 文物保护科技专辑Ⅲ——高句丽墓葬壁画原址保护前期调查与研究. 文物出版社, 2014: 101-153.

[7] 侯文芳, 薛平, 张国彬, 张正模, 王旭东. 莫高窟第217 窟微环境检测分析. 敦煌研究, 2007, 105 (5): 93-97.

第六章　隋代史射勿墓葬壁画数字化信息提取

通过史射勿墓壁画揭取方法、修复方法以及保存环境的研究，使我们对壁画各类病害及其成因有了初步的认识和了解，但是传统的文物绘图、照相、摄影、画面临摹以及文字记录等手段，限于多种因素的制约，无法准确记录史射勿墓壁画的空间、色彩及病害信息，特别是对于环境因素引起的三维空间形变特征、形变量及一些不规则的几何纹理信息等，无法用二维图像信息准确记录，这势必对修复技术路线的研发以及文物本体修复研究带来一定的困难。

为了解决传统信息记录对馆藏壁画病害无法定量评估的问题，通过高清正射影像、高精度三维数字化技术，对壁画整体形态、色彩信息等进行记录，并利用三维数字化后期信息，对史射勿墓的壁画进行虚拟修复、病害信息提取与量化、边框形变、壁画表面深度及形变特征进行了测量与分析，同时建立可视化壁画信息数据平台，为研究史射勿墓壁画的病害机理，提供了精准、详实的科学依据。

1　壁画数字化保护概况

三维扫描技术是 20 世纪 90 年代发展起来的非接触、高精度、快速获取被拍摄物体三维数据的新型技术。目前在文物保护信息提取与记录工作中，已经进行了大量的研究与应用，特别是地面三维扫描技术日趋成熟，为壁画研究与保护修复工作奠定了基础。2000 年敦煌研究院首先利用三维激光扫描技术，对莫高窟第 220 窟壁画进行了三维数字化的应用研究[1]。在此基础上，又通过近景拍摄的方法，对莫高窟第 45 和 196 窟壁画进行了三维数字化测量，获取了真实比例的图像信息，为研究壁画病害机理的演变和病害治理提供了新的途径。

2007 年首都师范大学三维空间信息获取与应用教育部重点实验室针对西藏大昭寺壁画出现的脱落、开裂、变形等病害，利用三维激光扫描技术，不但成功获取了壁画材质信息，而且通过重构出的真实的三维模型[2]。为壁画图像色彩及病害信息提供了精确的空间位置数据，为壁画病害标注、病害演化趋势分析和壁画虚拟修复提供了精准的数据支持。

目前，随着数字化技术的不断完善与进步，三维扫描技术已拓展到文物保护的各个领域。广西花山岩画受自然环境因素的影响，岩画出现崩落掉块、片状脱落、画面颜料褪色、岩石裂隙、渗水、溶蚀、表面颗粒物覆盖等病害。利用三维激光扫描技术所形成的数据模型及后期处理结果，获取真实准确的病害形态信息，为岩画保护提供了准确的原始形貌数据[3]。山西大同云冈石窟在自然环境作用下，洞窟崩塌、风化现象十分严重，在没有全面系统的洞窟调查和测绘的情况下，为了解决文物保护所面临的难题，通过三维激光扫描所获取的点云数据拼接以及三维模型的纹理映射，获取了高浮雕石窟寺造像表面三维数据的几何纹理信息[4]，为研究石窟造像形貌特征的变化和进一步的文物保护发挥了巨大的作用。洛阳孟津唐墓通过三维激光扫描技术，将所获得的墓葬空间结构的海量点云数据进行拼接，经模型化处理以后，不但成功实现了文物遗址的虚拟重构与再现，而且通过三维模型与文物遗址现状的对比分析，揭示出文物遗址的变化情况，为研究文物本体变化趋势的原因和制定保护方案提供了真实准确的三维数据[5]。

馆藏壁画在信息提取与记录工作中，虽然已经做过大量的工作，奠定了壁画研究与保护的基础，但是基本仍然采取传统的摄影、绘图、文字描述、透明方格、CAD 等方式进行壁画信息提取与记录，三维扫描数字化技术的应用相对滞后，可借鉴的实例不多。因此，探索壁画三维形貌和病害特征的记录，已成为馆藏壁画保护领域极为重要的研究内容。

2000 年陕西历史博物馆壁画中心，针对唐代韦曲、韦洞墓壁画的男吏图以及章怀太子墓壁画出现的画面空鼓、断裂、支撑体严重变形等病害，在进行病害综合评估与调查记录时，为了解决传统的二维平面图像难以体现受损壁画的三维形貌特征的问题，在西北工业大学陕西省语音与图像处理重点实验室的协助下，利用三维激光扫描技术获取了壁画现状原真性空间数据，使文物原真性的三维数据从物理空间转化为数据空间，不但为研究壁画支撑体变形原因和保护修复提供了重要的科学依据，而且为馆藏壁画病害信息记录提供了新的途径[6]。

2011 年陕西历史博物馆在开展“馆藏壁画病害调查研究”时，选取了 55 幅具有代表性的唐墓壁画作为研究对象，并从中选取懿德太子墓壁画 B82、杨玄略墓壁画 B263、张去逸墓壁画 B330 三幅壁画，利用三维扫描技术对壁画病害形貌特征的数据空间进行了全面记录，并且通过三维扫描点云数据精确的测量结果，建立起了永久的数字档案，为壁画病害成因分析和进一步制定保护修复方案，提供了有力的数据支持[7]。

2014 年西安市长安区大兆街道郭新庄村唐代韩休墓发掘后，甬道及墓室壁画保存状况较好，特别是墓室东侧所绘山水图，是目前西安地区唐代墓葬中发现的唯一一屏山水图。经过对墓葬空间环境进行实时监测，并对壁画制作材料、结构及工艺进行全面调查分析后，研究者认为壁画不宜原址保存。因此，利用三维扫描技术，对甬道和墓室壁画几何纹理进行了数字化记录，通过点云数据后期拼接所形成的三维数字模型，不但准确还原了壁画原始的空间位置关系，而且对壁画开裂、酥碱、霉斑、起甲、局部脱落、泥垢污染、烟熏等病害的形貌特征进行了准确记录，为壁画病害标注、揭取、整体搬迁、病害变化趋势分析和后期保护修复提供了三维数据的空间支撑[8]。

通过以上实例可以看出，三维扫描所获取的馆藏壁画原始形貌空间数据，不仅对壁画病害形态能够进行完整地记录与永久保留，而且还能够应用到馆藏壁画病害原因分析、病害标注以及壁画揭取前后形态变化的对比分析研究中。因此，基于三维扫描空间数据在馆藏壁画信息提取中具有其他手段无法替代的优势，针对隋代史射勿墓壁画修复材料失效起甲、画面凹陷、支撑体变形等病害，利用三维扫描技术及高清正射影像，对隋代史射勿墓葬壁画的病害形态空间数据进行了提取，为文物本体修复和推动馆藏壁画三维数字化的应用起到了示范作用。

2　隋代史射勿墓葬壁画数字化信息采集与记录

全面开展壁画信息记录工作，是馆藏壁画保护修复的基础要求，但是馆藏壁画揭取后，在脱离原有支撑体的状况下，往往需要进行画面加固、地仗层补做、支撑体制作等多项干预，病害类型相较揭取前更为复杂，既包括了壁画在原址状态下的各种病害，又包括了揭取、搬迁、修复材料以及保存环境所引起的各种病害。因此，馆藏壁画病害类型的多样性和复杂性，决定着壁画在修复之前，不仅要对其历史背景、揭取方法、修复方法等进行调查研究，还要对壁画病害形态和病害成因进行科学研究，才能为制定科学的保护修复方案提供学术支撑。由此可见，开展馆藏壁画历史信息调查和记录，对科学认识壁画病害产生的原因，有针对性地开展保护修复具有非常重要的现实意义。

2.1 传统信息记录方法

按照《古代壁画现状调查规范》（WW/T0006—2007），隋代史射勿墓葬壁画信息记录，主要围绕基本概况、价值评估、历史调查和现状调查四个方面展开。基本概况、价值评估和历史调查，主要通过绘图、摄影、文字等传统手段进行记录。但是对于现状调查，传统手段显然无法满足壁画揭取修复后，在保存期间出现的起甲开裂、凹陷、裂隙、支撑体变形等三维空间病害调查的需要。因此，需要利用现代科技手段对壁画保存现状和病害成因进行科学记录，才能对隋代史射勿墓葬壁画病害成因及其发展趋势做出科学评价。

2.1.1 基本概况

基本概况主要以墓葬空间建筑赋予壁画的内涵特征为主要内容，重点对墓葬自然环境、墓葬建筑结构、壁画与墓葬空间结构的关系、壁画布局特点、画面题材的演变及其内涵特征的研究进行记录。

2.1.2 价值评估

价值评估主要结合文献资料、考古研究等，通过壁画艺术特点、构图方式、制作工艺以及隋代史射勿墓葬壁画在绘画史中所具有的地位，对徙居固原境内的粟特民族的物质生产、生活方式、思想观念、风俗习惯、宗教信仰、民族融合等价值记忆所展现出来的民族个性特征的研究进行记录。基本内容主要包括核心价值和社会价值两个方面，其中核心价值主要包括历史价值、科学价值和艺术价值，而社会价值主要包括教育价值、学术研究价值、社会经济价值三个方面。

2.1.3 历史调查

历史调查重点对隋代史射勿墓葬壁画揭取前保存状况、揭取历史、保护修复历史、修复后保存状况和保存环境等方面的研究进行记录。

揭取前保存状况调查，主要对墓葬地理位置、墓葬环境（自然环境、人文环境）、墓葬建筑形式、壁画分布形态、壁画与墓葬结合方式、支撑体制作材料、病害类型、病害特征、画面临摹方法以及壁画拍摄等信息进行记录，为壁画再次干预提供对比分析的依据。

揭取历史调查，重点对揭取人、揭取时间、揭取方法、画面加固方法以及壁画揭取过程中所使用的材料、工具等信息进行详细记录。

保护修复历史调查，主要对壁画修复人员、修复时间、病害类型、病害标注、测绘情况、画面加固材料、地仗补做材料、支撑体制作材料、修复材料等相关历史信息进行调查研究。调查结果对研究壁画病害成因，特别是对研究修复材料与病害的关系问题，具有十分重要的科学价值。

保存环境调查，主要包括壁画揭取前原址保存环境和揭取修复后馆藏保存环境两个方面。隋代史射勿墓葬壁画原址空间环境调查，主要通过对当事人走访调查和文献流程，重点对墓葬空间环境进行全面了解。揭取修复后壁画保存空间环境，重点围绕温湿度、光照、紫外线、粉尘、有机物挥发气体（VOC）、氮氧化物、硫化物、臭氧（O_3）等，利用无线传感网络技术（WSN 技术），通过在线实时监测，并通过代表性监测指标的统计分析，对研究保存环境与壁画病害成因的关系能够提供详实的数据支持。

2.1.4　现状调查

“现状调查”这一概念，始于1989年敦煌研究院与美国盖蒂保护研究所的合作项目，主要将壁画保存环境监测与评估、壁画病害分布与病害机理、壁画制作材料和工艺分析、修复材料筛选等科学规范的理念应用于敦煌壁画，初步构建起了壁画保护的现状调查体系[9]。在此基础上，经过文物保护科技工作者对壁画保护实践的探索和积累，最终使其形成了完整的框架体系。2008年国家文物局颁布的《古代壁画现状调查规范》，对壁画调查的基本内容、方法和程序进行了规范。主要包括本体调查和病害调查两部分[10]。

本体调查是利用代科学分析技术，在对隋代史射勿墓葬壁画组成材料、结构、制作工艺等进行分析研究的基础上，进一步利用三维扫描技术、数字高清拍摄、多光谱拍摄、紫外荧光拍摄等现代分析技术，对画面颜料、修复材料、壁画绘制工艺以及壁画本体形态变化等信息进行记录。

病害调查，主要通过图示、拍照、显微观察等形式，在对病害类型进行记录的基础上，通过病害原因以及壁画病害统计数据的分析研究，为壁画病害程度和不同类型病害的稳定性评估，提供较为完备的基础信息。

2.2　馆藏壁画精细化数据采集

目前对壁画病害现状信息提取与记录方法，大致分为传统手绘记录和数字化计算机记录两种技术类型。传统壁画病害调查方法主要有透明方格法和CAD法。透明方格法就是将1mm网格的透明网格纸铺设在被测壁画表面，通过统计方格数的办法进行病害面积的测算。对于病害区域内不完整的方格，每两个方格折算为一个方格，然后两者相加再乘以方格所代表的面积，即可得到病害区域面积。CAD法是在计算机上利用Auto-CAD绘图软件绘制病害区域并计算病害面积，然后利用Excel电子表格进行分类统计汇总[11]。显而易见，传统信息采集方法在壁画现状调查中，明显存在着工作量大、精度不高、人为因素较多的特点。

传统信息记录方法，虽然为壁画病害前期调查提供了详细的学术依据，但是仅仅依靠文字记录和二维平面图像记录，无法对壁画本体病害的几何纹理信息进行完整记录，特别是对于隋代史射勿墓葬壁画出现的画面凹陷、弯曲变形等病害，传统信息记录方式无法满足三维空间病害信息提取的要求。因此在传统信息记录的基础上，针对壁画材质脆弱、画面易受人为或自然因素损害的特殊性，为使壁画病害测量能够达到精细化记录的要求，利用三维扫描技术获取的高清正射数字影像的纠正与镶嵌，并按照一定幅度范围裁剪后生成的正射高清影像，对史射勿墓壁画表面深度、形变特征、自然裂隙等细节进行了精确测量，测量结果完全可以达到地图几何精度。这无疑对传统信息采集过程中，几何纹理信息提取精度不高的缺陷是一个有益的补偿。

通过上面的讨论可以看出，传统信息记录方式与三维扫描数字化信息记录，两者各有其特点。三维扫描数字化记录虽然具有快速、无接触、高精度、数据信息丰富和分层管理的特点，特别是许多新的研究成果在壁画研究与保护工作中成功应用以后，人们往往会有种错觉，误以为数字化记录完全可以代替以前的传统记录手段。因此，在壁画信息采集工作中，往往会忽视传统的信息记录方式，从而导致壁画历史信息记录不够全面，无法准确认识和把握壁画内涵特征，最终导致壁画的历史原真性在保护修复过程中难以完整地表现出来。

2.3 馆藏壁画数字化面临的问题

通过对壁画信息提取与记录方法的总结可知，先进的数字技术在壁画本体和病害记录方面具有测绘数据全面准确、无遗漏，点位和精度分布均匀，人为误差小，非实体接触便可达到壁画信息提取目的等特点。这些特点充分反映出数字化技术在壁画保护工作中具有不可估量的优势，但是在壁画三维数字化工作中，目前仍然还面临不少问题。

一是随着壁画信息提取与记录方法的进步，需要运用新的理论和方法推进壁画保护工作的进一步发展。当前敦煌莫高窟壁画数字化研究与应用广泛开展，在数字遗产领域影响最大，对壁画数字化信息记录起到了示范引领作用，但是馆藏壁画在数字化应用方面，目前处于起步阶段，可供参考的实例不多，壁画病害信息调查仍然以传统手工记录为主，这不利于充分挖掘特定历史、文化环境下的壁画内涵特征。

二是现代信息技术和图像处理技术日新月异，除了目前广泛应用的三维数字化技术外，其他壁画信息提取与记录的工作方法也是层出不穷。尽管各种技术有许多相似性，但是由于缺乏统一的数字化标准，一方面在壁画数字化记录工作中，各种数字化技术执行的标准无法统一，造成同一领域数字化技术之间无法兼容，给壁画研究、保护和展示利用带来了技术壁垒；另一方面在壁画数字化采集及其记录工作中，因三维扫描技术的基础来源和特点不一，不同研究机构在壁画数字摄影、病害调查、虚拟修复等方面表现出不同的优势，使壁画在数字化过程中产生不同的效果[12]。因此，针对数字遗化所面临的问题，目前亟待建立起符合馆藏壁画保护的三维空间数字化标准。

三是在馆藏壁画扫描过程中，由于系统本身不确定因素的影响，会产生一定的噪音数据，而噪音数据会影响建模的精度。另外，三维扫描目前只能获得物体的位置信息，对于物体表面的纹理特征，在大多数情况下，还无法自主实现壁画病害信息地提取、管理、分析和储存等操作，仍然需要辅助大量的手工工作才能完成，从而使壁画数字化过程的成本较高、周期较长。

四是三维扫描获得的数据为“海量数据”，数据处理技术难度较大，特别是高分辨率扫描仪导致数据文件较大，普通计算机运行困难。除此以外，对于一些大型曲面壁画，三维扫描获取数据难度大，文物保护专业人员不易掌握；而三维扫描技术人员由于缺乏文物保护的专业知识，数据处理结果与实际需求存在着较大的偏差。

五是在数字化技术应用方面还存在一定的困难。首先是对壁画图像分辨率误差的控制，需要借助其他辅助系统，才能在提高壁画图像清晰度的同时，使整个数字化系统表现出良好的效果。其次是图像色彩的纠正与误差控制往往受到壁画表面加固层的影响，数字图像色彩与实际图像色彩之间会存在误差，出现色彩失真的现象，需要通过后期图像色彩误差纠正和色彩补偿来调整，才能使壁画数字化结果更加符合实际需求。另外，受到三维扫描技术的限制，目前尚不能对于高反光以及透明材质的文物进行三维扫描，只能通过其他的三维重构技术完成文物模型的创建工作。

3 隋代史射勿墓葬壁画数据采集准则

在深入对比分析传统壁画信息采集技术和数字化信息采集技术的基础上，针对隋代史射勿墓葬壁画病害复杂、多样的特点，为了保证壁画病害数字化信息数据的真实性、完整性和精密度，在进行数据采集之前，根据壁画几何图像数据和纹理映射信息的要求，合理设计数据采集方案，制定符合实际需求的信息提取准则，选择合适的扫描仪器以及不受外界光线干扰的扫描环境，是获取壁画原真性病害数据的首要条件。隋代史射勿墓葬壁画在其表面出现的起甲开裂、颜料层脱落、画面覆盖、画面裂隙、支撑体变形等病害，已经不再是一个简单的二维平面形态，而是一个多种病害相互交织的具有三维细节特征的表面。因此，在进行壁画数据采集时，以记录壁画表面原始病害三维形态纹理信息、色彩信息，并获取真实尺寸纹理的三维数字模型作为壁画数据采集的主要内容。

根据隋代史射勿墓葬壁画现状调查要求，壁画信息提取主要包括数字正射影像和高精度三维数据的获取。数字正射影像图能够比较完整地记录壁画表面的色彩信息，而三维数字化技术所采集的点云纹理信息，经过模型化处理以后，不但能够还原壁画的原貌，对壁画病害的细部特征的表达更为直观，尤其是对壁画病害类型及病害范围等信息地提取，提供了精准的数字化条件。鉴于隋代史射勿墓壁画具有极高的历史价值、科学价值与艺术价值，在数字化信息采集过程中，针对壁画材质脆弱、画面易受人为或自然损害的特殊性，首先在确保文物安全的情况下，为了获得真实、完整和精密度高的几何图像数据和点云纹理数据，制定了一些必须遵循的准则。

3.1　数据完整性准则

三维数字化获取的壁画阵列式几何数据为“海量数据”，为了保证大量的几何信息、影像数据的完整性，首先在进行外业数据采集过程中，如果出现死机、断电等意外情况时，须重新进行扫描；其次进行内业数据处理时，在不降低所提取信息质量的前提下，需要对所采集的数据进行合理优化，尽量排除三维扫描数据的冗余部分，使其在保证数据连续性的同时，尽量减小数据文件的大小，并使用通用的数据格式，以保证数据文件的可操作性。

3.2　数据精密度准则

根据现状调查，隋代史射勿墓葬壁画在其表面所分布的大量细小的凹凸及弯曲变形，使壁画表面不再属于二维平面，而是属于无数非规则曲面构成的表面。因此在信息采集工作中，为了提高壁画数据的精密度，首先要通过外部因素（壁画表面颜色、壁画倾斜度、扫描环境、圆心定位等）的控制来保证数据的精密度，其次要通过内部误差（仪器校验、测量距离、扫描角度、内外置相机标定和聚焦能力对构建模型的影响）的控制来保证数据的精密度。另外在数据处理过程中，尽量减少人为因素所带来的误差，才能使采集到的数据准确记录壁画的色彩信息和形貌特征。

3.3　仪器校验准则

所采用的仪器设备在采集数据前，需返厂标定精度，并由厂家出具精度证明文件。

3.4　数据真实性准则

通过三维扫描所获得的各类信息和数据，必须客观、真实地反映壁画本体现状，避免人工干预，为壁画病害原因分析、病害演化、数字修复和保护研究工作提供良好的基础。

4 高清正射影像信息采集

数字正射影像图（Digital Orthophoto Map，简称 DOM）是利用数字高程模型经过逐像元进行投影差改正、镶嵌、裁剪生成的影像数据。虽然三维扫描点云数据所建立的三维模型，能够精准地表达壁画的原貌，但是无法真实记录壁画的颜色信息。因此仅靠扫描仪自身所获得的影像数据，无法满足壁画影像信息以及形貌特征的基础要求，还需要合理设置数码相机辅助拍摄，才能使其形成高清晰度、高精度和真实色彩的数字影像图。

4.1 原理

高清数字正射影像不同于普通二维平面图像，它所包含的信息远比普通图像丰富，具有不变形、可读性强的特点。与此同时其还具有地图级的几何特性和影像特征。因此，通过高清正射影像记录壁画真实的颜色信息，是获取壁画原始形貌特征的重要方法之一。

目前高清正射数字影像采集设备主要分为两类，一类是大平台扫描仪设备，另一类是通过架设数码相机，经分区块采集后，利用电脑拼接，完成整个数字化采集过程[13]。大平台扫描设备虽然技术比较成熟，但是由于受到画幅尺寸的限制，在馆藏壁画信息提取中意义不大。因此，隋代史射勿墓葬壁画主要利用分区块采集的方法进行原始信息提取。具体以隋史射勿墓壁画执笏侍从图（FL03645）为例，对高清正射影像信息提取过程进行讨论。

首先对壁画进行区域划分，将壁画整体划分为若干个区域（图 6-1，1），所划分区域的长宽比例与全画幅数码相机传感器尺寸比例保持一致（约 3∶2），各区域之间重叠度在 40% 以上，然后搭建滑轨与支架，并根据划分区块大小设定采集距离，首次采集时记录当前环境下的色卡信息，以便后期校色。

为了保证数字化成果的测量精度，在壁画表面上选取 18 个控制点进行影像精度和形变控制（图 6-1，2），同时在壁画原始画面上选取 8 个基准点进行壁画基准面拟合，作为壁画正射影像基准平面，分幅影像采集完成后，将影像进行拼接，从而获取壁画的完整高清正射影像。

4.2 设备与器材的选择

4.2.1 相机

由于在进行壁画数字信息采集时，照片输出的分辨率越大，照片清晰度越高。因此，在对隋代史射勿墓葬壁画进行数字化信息采集之前，为了减小高清矩阵拍摄的差异性，保证每张照片的精度不低于 300DPI，数码相机必须具有全手动功能、快门遥控功能，并配有大容量存储卡。综合考虑以上因素，利用 Nikon D810 全画幅（135 画幅）数码单反相机进行拍摄，并且采用 RAW＋JPEG 格式记录原始数据。

4.2.2 镜头

由于定焦镜头成像素质量突出，故一般采用定焦镜头采集壁画照片，并且要求最大程度减小照片

1. 区域划分示意图　　2. 控制点示意图

图 6-1　执笏侍从图（FL03645）区域划分及控制点示意图

的镜头畸变。通常情况下，50mm 定焦镜头以其几乎无畸变的优异特性、极高的成像素质量成为壁画数字化照片采集的首选[14]。因此，在对隋代史射勿墓葬壁进行画数字化照片采集时，为了减小壁画镜头畸变对照片的影响，采用尼康（Nikon）AF-SVR105mm f/2.8GIF-ED 镜头进行拍摄。

4.2.3　云台

云台是安装、固定照相机的支撑设备。在进行拍摄时，选用的是 Manfrotto 410 专业齿轮式固定云台，它能够调整照相机水平和俯仰角度，而且当照相机达到最佳工作姿态后还能进行锁定，从而保证了壁画数字化照片采集过程中，重叠度能够达到 50% 以上。

4.2.4　三脚架

为了减少壁画数字化照片采集的残影，提高壁画数字化影像精度，根据史射勿墓葬壁画垂直高度，要求三脚架全部展开高度不低于 175cm。

4.2.5 色卡

在进行数字化采集时，壁画表面会受到不同光源色温的影响，所采集的照片往往会偏离正色彩，特别是隋代史射勿墓葬壁画表面加固材料较厚，反光性较强，数字化影像与实际色差较大。为了还原壁画的颜色，使用 X-rite 公司生产的 Color Checker Passport 专业校色卡（图 6-2、图 6-3），并配合使用同名的 Color Checker Passport 软件进行后期校色处理。

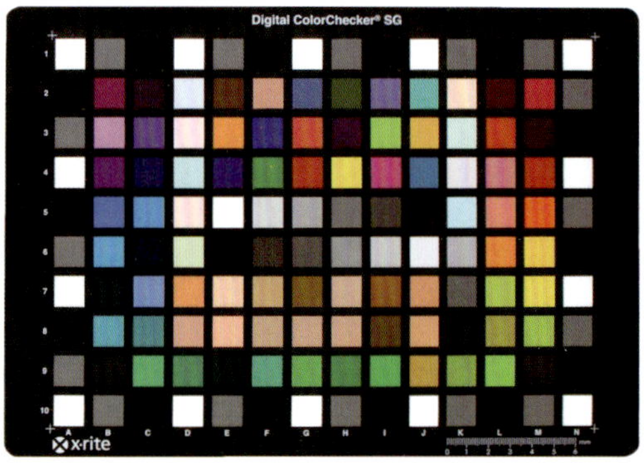

图 6-2　数码 SG 色卡

图 6-3　18% 灰卡

4.2.6 摄影灯

为了降低壁画数字化影像噪点，减少后期处理的工作难度，在进行壁画影像采集时，合理使用摄影灯能够保证光线柔和均匀，不会因壁画表面反光所产生的光斑影响照片采集质量。本次拍摄时采用型号为 D65，功率为 18W，色温为 6500K，并且带有光罩的摄影灯提供标准光源。同时，为了保证色温稳定，在对隋代史射勿墓葬壁画进行数字影像拍摄时，使用了同一型号的辅助光源。

4.2.7 二维滑轨

在壁画信息采集过程中，为了保证画面重叠度一致，减少因手持相机而产生的画面抖动、残影，二维滑轨首先要求保持水平，使相机滑动平顺；其次滑轨长度要与壁画的尺寸相适合，避免因长度不够而多次滑动造成壁画数字影像精度的降低。

4.3 摄影要求

4.3.1 影像标准

一级：采样分辨率不低于 300DPI，每米至少包含 11811 个像素，每平方米至少包含 1.39 亿个像素。

二级：采样分辨率不低于 150DPI，每米至少包含 5905 个像素，每平方米至少包含 3487 万个像素。

三级：采样分辨率不低于 75DPI，每米至少包含 2593 个像素，每平方米至少包含 872 万个像素。

4.3.2 摄影工作要求

① 应准确表现壁画本体现状；

② 应准确反映壁画色彩纹理信息；

③ 应清晰表现壁画表面病害残损信息。

4.4　壁画照片采集流程

隋代史射勿墓葬壁画采用高清矩阵数字摄影进行精确提取时，为了提高壁画信息采集的精度，同时考虑到壁画面积较大，采取分区块采集的方法进行壁画信息采集，具体流程如下。

4.4.1　拍摄环境的选择

拍摄地点的选择是影响壁画数字照片质量的一个不可忽略的因素，由于隋代史射勿墓葬壁画为馆藏壁画，拍摄地点首先要求室内空间较大，并且不受外界光线的影响；其次根据室内照明色温差距较大的状况，增加了照度稳定、色温稳定、光线柔和的辅助光源来降低噪点，提高壁画数字影像的采集质量。具体拍摄环境条件见表 6-1。

表 6-1　隋代史射勿墓葬壁画拍摄的环境条件

环境条件	内容
拍摄地点	文物保护修复实验室
拍摄环境	搭建摄影平台，布置灯光，摆放色卡标尺，检查用电及设备安全，电缆用胶带固定于地面
拍摄对象摆放	壁画垂直固定于平整的物体或墙体表面，底部距离地面高度不小于 1m
拍摄距离	将立体轨道水平摆放，拍摄距离不小于被摄壁画的宽度（安全距离）
拍摄温度	现场安置温度检测设备，在安全范围允许的情况下开展工作
拍摄湿度	现场安置湿度检测设备，在安全范围允许的情况下开展工作

4.4.2　拍摄流程

采集之前，首先按照水平和垂直方向，分别将每幅壁画分割为大小相同的若干个区块，使每一个区块上下左右重叠度达到 50% 以上，然后调整灯光，使光照方向与壁画形成的夹角大于 45°（图 6-4，1），采集区被泛光均匀照亮，使分割区块内各点亮度差异小于 10%，然后将相机安装在立体轨道上，调整相机位置水平放置，使相机镜头与壁画保持垂直（图 6-4，2），同时设置数码相机参数。

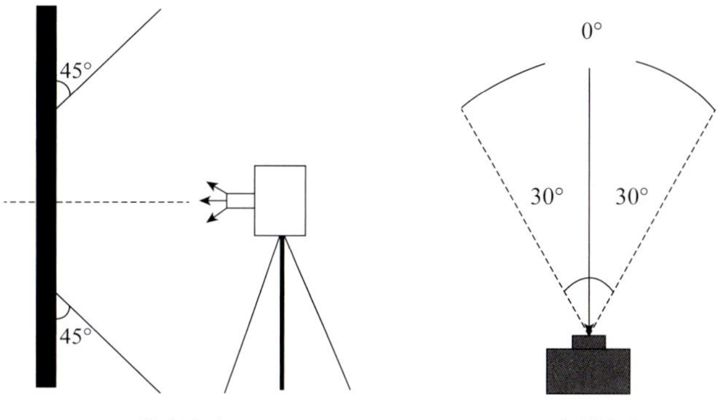

图 6-4　相机拍摄示意图

当数码相机参数以及灯光设定符合要求后，用移轴拍摄模式进行拍摄时，将数码相机设定为包围曝光模式（±3 档），感光度设定为 100，快门速度设定不低于 1/100s，然后在每行每列中间采集区分块，将整幅壁画分为中心采集区块和四个角落区块，按照色卡摆放标准放置色卡，通过 Color Checker Passport 软件校准颜色后移除色卡，最后进行该采集区块数字正射影像的采集。数码相机拍摄参数见表 6-2。

表 6-2　数码相机拍摄参数表

设置内容	拍摄参数	备注
相机拍摄模式	手动模式（M 档）	
图片格式	RAW+JPEG	RAE 位深度不低于 12bit
白平衡	自动	利用相机内置软件自定义
对焦模式	单次 AF	
光圈	f=5.6	确保整幅照片清晰度
感光度	iso=100	为减小采集照片的噪点

由于隋代史射勿墓葬壁画采用亿像素进行拍摄，在具体拍摄时，以壁画左上角为起点，先拍摄一张照片，然后水平向右移动滑轨，使相机的主光轴对准下一采集区块，再次核对数码相机参数，确定好相机与被拍摄画面的角度、距离关系后（拍摄距离不小于壁画宽度），开始拍摄第二张照片，并精确控制两张照片重合度在 50% 以上。之后按照每个采集区编号位置以及事先设定好的采集顺序，采用“S”形路线采集照片，并保证每次镜头在水平和垂直方向上的移动距离相同，同时记录好相机在轨道上移动的距离，根据壁画的宽度计算出相机移动的次数，即为横向拍摄照片的张数，用横向拍摄照片数量乘以纵向拍摄照片数量，即为一幅壁画所需拍摄的照片数量。通过亿像素拍摄方法，拍摄完整的亿像素照片，每平方米拍摄数量可达到 100 张照片。

4.4.3　照片检查与筛选

采取分区块方法，对壁画 DOM 数据采集完成后，首先检查曝光值、清晰度，以及是否有漏拍等情况。对于曝光值不够、清晰度不符合要求的照片，经初步筛选删除后，然后进行分辨率检查。

检查时将数字正射影像图片放大 100%，观测对比周边数字与中心区域数字的精细度，并在观测线上标注符合壁画数字化分辨率的特征点，然后将每一侧的标注点依次连接，使其形成本区域内分辨率合格的取用范围，然后对确定出来的连接区域，使用 PhotoShop 软件进行裁剪，将冗余部分裁除后，对保留部分进行均光处理[15]，最后利用 X-rite 公司的 Color Checker Passport 软件和 Adobe 公司的 LightRoom 软件进行颜色校准。

4.4.4　图像拼接

经过颜色校准后的数字照片，仍然存在不同程度的畸变。在拼接之前，需要对镜头产生的畸变进行矫正，同时对图像几何失真和噪点进行抑制，然后通过图像特征进行配准，最后将配准的照片导入控制软件，生成彩色模型，并渲染出正射影像图，或者经过图像预处理以后，通过特征明显的点，在相邻重叠区域内构成一条拼接线，然后通过控制软件直接进行拼接，即可导出正射数字影像图。

4.4.5　储存和备份

由于隋代史射勿墓葬壁画利用亿像素进行拍摄，而且拼接后的数字正射影像是未经压缩处理的原始图片，亿像素图片大小不低于1Gb，图片尺寸不低于2亿像素，因此属于大型文件格式（PSB格式）。为了节约硬盘资源，每一次拍摄完毕后，第一时间对原始拍摄素材进行备份。备份文件按照时间＋地点＋场景名＋图像原始名称方式进行命名，同时填写拍摄工作表格及存储表格，以便在后期内业处理过程中查询。除此以外，对于输出的亿像素图片除了及时进行备份以外，还通过异机保存两份，同时用1000Gb以上的移动硬盘进行保存，以防数据损坏或丢失。

4.5　影像信息提取结果

通过人为分割区块的方法，对隋代史射勿墓葬壁画进行前期数据采集，不但有效解决了壁画残影、色彩失真、画面畸变、分辨率不足等问题，而且通过非测量数码相机拍摄的二维数字照片制作的三维数字模型和输出的数字正射影像图片，精确反映了壁画表面的病害现状，为实现壁画精确测量和病害信息的提取提供了三维空间数据基础，隋代史射勿墓葬壁画影像信息提取结果见表6-3。

表6-3　隋代史射勿墓葬壁画影像信息采集表

序号	名称	编号	尺寸（px）	像素（亿）	分辨率（DPI）	格式	文件（GB）
1	执笏侍从图	FL03645	29229×10825	3.16	300	TIFF	1.00
2	执笏侍从图	FL03646	28988×11573	3.35	300	TIFF	1.00
3	执刀武士图	FL03647	63301×24146	15.28	300	TIFF	1.65
4	执刀武士图	FL03648	46305×16351	7.57	300	TIFF	1.44
5	执刀武士图	FL03649	42146×16330	6.88	300	TIFF	1.29
6	执笏侍从图	FL03650	36647×14911	5.46	300	TIFF	1.05
7	执笏侍从图	FL03651	40306×15602	6.29	300	TIFF	1.18
8	执刀武士图	GB05502	47131×18406	8.67	300	TIFF	1.75
9	执刀武士图	GB05503	42953×15729	6.76	300	TIFF	1.29
10	执刀武士图	GB05504	43998×17003	7.48	300	TIFF	1.52
11	花卉图	GB05505	37693×16590	6.25	300	TIFF	1.39
12	门楼图	GB05506	23611×18975	4.48	300	TIFF	3.28
13	侍女图	GB05507	22874×22322	5.11	300	TIFF	1.10

4.6　隋代史射勿墓葬壁画数字正射图

通过表6-3可以看出，隋代史射勿墓葬每幅壁画尺寸（px）不尽相同。因此，采用亿像素进行拍摄时，每幅壁画人为分割的区块的数量也不尽一致，亦即数字图像影像样片的数量不同，对数字正射影像样片拼接后，所形成的高清正射数字影像TIFF格式标准文件的大小完全不同。隋代史射勿墓葬壁画数字影像样片及正射影像见图版6～图版14。

5　高精度三维数字化信息提取

针对隋代史射勿墓葬壁画支撑体变形、画面加固层起甲开裂、画面空鼓、凹陷、裂隙等病害对壁画所造成的影响，真实记录此类病害现状，精确获取壁画曲率、支撑体形变量、表面深度、画面裂隙、加固层起甲开裂等病害的原始数据，不仅能为研究壁画病害成因以及病害演变趋势提供数据支撑，还可为壁画后期保护修复提供重要的科学依据。

5.1　三维扫描技术原理

三维扫描是通过记录被测物体表面大量的密集的点的三维坐标、反射率和纹理等信息，来获取大量的点云数据，并可通过点云快速复建出被测目标的三维模型，从而达到壁画病害信息提取、记录与测量的目标。壁画信息提取、记录的方式，主要包括三维激光扫描和结构光三维扫描两种技术类型。

三维激光扫描技术主要利用激光测距原理，通过扫描仪内部的激光发射器发射的激光线经旋转棱镜改变方向后，投射到被测物体的表面。由于被测物体表面的起伏变化和曲率变化，使投射条纹也随之发生变化，被测物体表面反射回来的光线经过感光镜片，然后通过 CCD（图像传感器）接收并记录反射回来的激光线。当被测点的距离信息发生变化时，光斑相对于物镜的位置也发生改变，从而使成像点光电探测器接收面上的位置也发生横向位移（图 6-5）。连续的激光束，在高精度旋转平面镜作用下，通过 CCD 内成像位置及激光光束角度等数据，利用三角测距原理，可计算出被测点的距离或位置坐标关系。

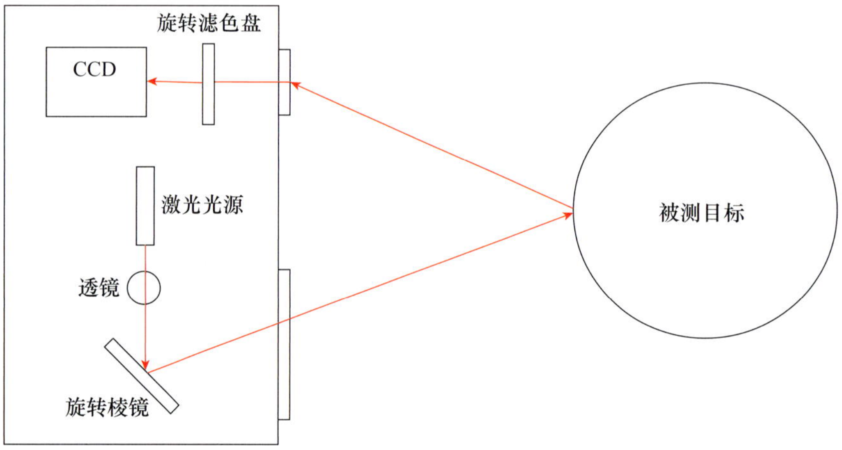

图 6-5　激光三角法测距原理示意图

结构光三维扫描仪采用的是一种结合结构光技术、相位测量技术、计算机视角技术的复合三维非接触式测量技术。它以激光三角法理论为基础，融合了影像技术和图像处理技术，一般由两个高分辨率的 CCD 相机和光栅投影单元组成，利用计算机将编码好的结构光经投影仪投射到物体表面，结构光条纹因受到物体表面形状的调制而产生形变，形变的程度反映了物体表面形状变化的程度，因此利用内置的两个 CCD 相机同步进行照相，经过具有极线约束条件的匹配和前方交会，可以在极短时间内获得物体表面高密度三维数据，最后通过参考点拼接技术，可将不同位置和角度的测量数据自动对齐，从而获得完整的三维扫描结果（图 6-6）。

根据以上讨论可以看出，由于三维激光扫描技术和结构光三维照扫描技术，自身结构及工作原理的不同，在扫描技术的类别上，二者具有不同的特点（表 6-4）。

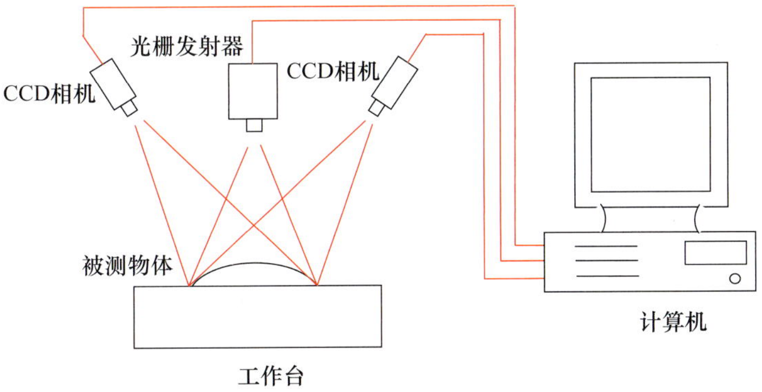

图 6-6 结构光三角法测距原理示意图

表 6-4 三维激光扫描仪与三维扫照相式描仪性能比较

技术类别	点位精度	扫描方式	测量范围	环境要求
三维激光扫描	精度较低	线扫描	大	对环境要求较高
结构光三维扫描	精度较高	面扫描	小	对环境要求较低

5.2 软硬件设备

鉴于馆藏壁画信息采集精度要求高的特点，在对三维激光扫描技术和结构光三维扫描技术特点对比分析的基础上，我们选用结构光三维扫描技术进行壁画数字化信息提取。隋代史射勿墓葬壁画数字化信息提取的主要仪器设备有高精度蓝光三维扫描仪、全数字摄影测量工作站、移动工作站、Nikon D810 单反数码相机等。主要软件有 EScan、Geomagic 等，软硬件配套情况见表 6-5。

表 6-5 三维数字化信息提取软硬件一览表

硬件及配套设施		
序号	硬件名称	参数要求
1	高精度蓝光三维扫描仪	单幅测量精度：0.01～0.02mm 数据拼接精度：0.02～0.04mm 平均采样点距：0.2～0.3mm 单面扫描时间：<5s
2	全数字摄影测量工作站	
3	Nikon D810 全画幅单反数码相机	单幅像素 7360×4912 （约 3600 万像素）
4	三脚架、扫描仪、数码相机	
5	DELL 移动工作站及存储设备	
6	发电机或交流电源	220V

相关软件	
序号	软件
1	三维扫描仪相关驱动软件
2	三维扫描仪相关控制软件
3	文物数字化数据合并、优化软件 Geomagic Studio、RapidformXOR 等
4	文物数字化成果后期处理、转换软件 Zbrush、Autodesk. Maya、Autodesk 3ds Max 等

5.3 壁画三维数字化信息采集流程

隋代史射勿墓葬壁画因其病害类型及病害成因复杂，画面层加固材料较厚，表面凹凸不一，支撑体形变曲率不尽一致等原因，在进行壁画数字化信息采集时，要以最精细、最合理的技术手段和方法进行采集，并完整保留三维数据，进而通过点云或者三维数字模型，对壁画支撑体进行形变测量、壁画表面深度测量、壁画边框形变测量、病害信息提取以及为开展后期虚拟修复提供最准确的三维数据。

5.3.1 三维数字化扫描

隋代史射勿墓葬壁画采用非接触式（拍照式）Shinning 3D OptimScan Ⅱ蓝光三维扫描仪进行数字化信息采集。根据每幅壁画本体特征及后期分析需求，三维扫描主要包括两方面的内容，一是对壁画表面进行三维数字化信息进行采集；二是对部分壁画边框进行三维数字化信息采集。采集结果不仅能为研究壁画表面病害信息提供全面、准确地三维数据，而且能够对研究不同材质的物体在同一环境条件下的形变关系提供科学依据。因此，制定详细的采集方案和采集流程（图 6-7）是精确获取每幅壁画高解析度点云数据的关键。

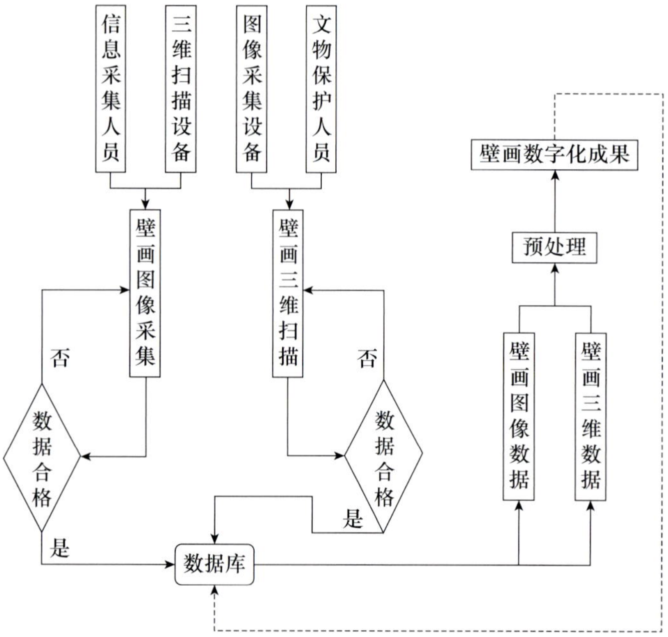

图 6-7 壁画三维数字化信息采集流程图

根据三维数字化信息采集流程，具体以壁画执笏侍从图（FL03645）为例，对隋代史射勿墓葬壁画三维数字化信息采集过程讨论如下。

执笏侍从图（FL03645）壁画长 1.37m、宽 0.53m，面积 0.73m^2。由于单幅壁画面积较大，为了提高数据采集精度，扫描距离固定在 40cm 左右。在这个工作距离下，扫描仪采集的有效景深范围大约为 25cm×18cm，采集范围较小，因此需要多站点扫描，才能获取完整的点云数据。

由于考虑到点云数据拼接的需求，在进行多站点数据采集时，分别在壁画横向边框和竖向边框粘贴好参考点（画面部分不允许粘贴参考点），然后使单次扫描所获得的点云数据必须与周边区域要有一定的重叠，重叠度不低于 30%。这会使单站点扫描的有效面积小于有效取景视野的实际范围，会增加单站点扫描次数，使最终完成的执笏板侍从图（FL03645）壁画扫描总站数达到了 95 站，累积周期达到 90 分钟左右，所采集的三维数据总数据量达到了 7.72Gb。图 6-8 和图 6-9 分别为执笏侍从图（FL03645）单站点三维点云原始数据截图。

图 6-8　执笏侍从图（FL03645）三维点云原始数据 a

图 6-9　执笏侍从图（FL03645）三维点云原始数据 b

5.3.2　三维扫描点云数据拼接

点云数据拼接是将三维扫描所获得的两个或两个以上不同坐标系下的原始点云数据统一到同一坐标下的过程[16]。隋代史射勿墓葬壁画执笏侍从图（FL03645）在三维数字化工作中，所采集到的 95 幅三维点云数据各自具有不同的坐标系，这些数据在未拼接之前，单幅点云数据无法表达壁画完整的几何、纹理信息，因此需要逐幅将不同坐标下的点云数据整合在同一坐标系中，才能构成一幅完整的点云数据。目前现有的点云拼接方式主要有人工辅助自动拼接和无辅助的自动拼接两种方式[17]。根据馆藏壁画执笏侍从图（FL03645）三维点云数据采集情况和技术要求，通过选取特征点的方式进行手动数据配准拼接，拼接精度可以达到 0.03mm。图 6-10 为执笏侍从图（FL03645）三维点云原始数据 a 和执笏侍从图（FL03645）三维点云原始数据 b 拼接示意图。

图 6-10　执笏侍从图（FL03645）三维点云原始数据 a 与执笏侍从图（FL03645）三维点云原始数据 b 拼接示意图

5.3.3 馆藏壁画三维数据后期处理

三维扫描仪所获取的隋代史射勿墓葬壁画点云数据，往往含有杂点、噪声，或者存在采样不均匀、数据缺失、特征丢失等缺陷，需要对三维扫描获取的点云数据进行后期处理，才能降低三维模型处理的复杂程度，提高数据拼接精度和建模质量。

（1）扫描数据去杂、降噪，确保数据平滑

通过多视点进行馆藏壁画三维扫描时，由于受三维扫描系统及外部环境的干扰，所获取的原始点云数据会产生一些杂点、噪点等不良数据。为了提高数据的平滑性，首先利用 Geomagic Studio 软件，对原始点云数据进行过滤，剔除点云数据内部杂点，并通过降噪处理，才能获得良好的壁画点云数据。

（2）点云数据重叠处理与优化

由于点云数据预处理的一个重要环节就是点云数据的配准，但是配准后的点云数据，需要对重叠部分进行裁剪和优化处理，才能降低壁画数字化成果的数据量，有利于后期壁画数据的管理、保存、传输及应用。

（3）点云数据生成网格模型

由于点云数据是海量数据点的集合，在通常情况下，三维扫描所获得的原始点云数据不包含任何拓扑结构信息，因此，需要利用 RapidformXOR 逆向建模软件提供的模型算法，将点云数据实时转化为网格模型，才会有利于壁画直观的观察、利用及研究等工作。

（4）网格模型优化与重生成

点云数据实时转化生成的网格模型，需要经过曲率优化、修复错误等操作，才能最终得到隋代史射勿墓葬壁画的三维网格模型。图 6-11 为壁画执笏侍从图（FL03645）三维点云数据拼接图，图 6-12 为重生成的完整的三维点云数据模型截图。

5.4 隋代史射勿墓葬壁画三维数字化信息采集结果

隋代史射勿墓葬壁画三维扫描获取的点云数据，主要通过 Rapidform 软件进行处理。由于该软件能够实时将点云数据运算出无接缝的多边形曲面，使它对所获取的数据进行处理、拼接，并且能够对模型进行不同效果的转化，也可将数据格式转化 WRP、OBJ、STL 通用格式，其中转化后的 OBJ、STL 文件，可用于 Auto-CAD 或 3Dmax 等软件处理，也可生成不同的表达效果。这些数据格式从不同角度、不同层次对壁画三维形态信息的永久保存、修复与保护、病害分析、病害演变、虚拟保护等工作提供了良好的数据基础，隋代史射勿墓葬壁画三维数字化信息采集结果见附表一。

5.4.1 数据分析结果

由于壁画三维扫描所获取的点云数据，具有直观准确的立体效果，网格模型优化后重生成的三维模型，能够全面反映壁画原貌和病害形态。因此，馆藏壁画三维数字化信息采集结果主要包括以下三个部分。

① 馆藏壁画三维点云代表了扫描对象的一个个“测点”所形成的“点集合”，是三维扫描最原始的成果，通过 Rapidform 软件处理后，所形成的 AC 通用格式文件，可以对原始数据进行保存。

② 馆藏壁画三维点云原始数据，通过 Geomagic Studio 软件对原始点云数据进行过滤，剔除点云

图 6-11　执笏侍从图（FL03645）三维点云数据拼接图

图 6-12　执笏侍从图（FL03645）完整三维点云数据模型截图

数据内部杂点，并通过降噪处理将其转化为通用的 ASC 格式文件进行原始数据保存。

③ 馆藏壁画三维数字化模型，主要通过 Geomagic 和 Rapidform 软件对数据进行处理，可将其转化为 OBJ、STL 两种通用格式，其中 STL 格式只能描述三维物体的集合信息，不支持颜色、材质等信息，是计算机图形应用系统中用于表示三角形网格的一种文件形式。而转化后的 OBJ、STL 文件，可以直接作为三维模型输出的文件，也可以将其输入到 Auto-CAD、3Dmax 等其他图形处理软件中，实现壁画形变、病害标注、量化分析、表面曲率分析、平整度分析、色彩渲染等工作。

5.4.2　数字化信息结果

隋代史射勿墓葬壁画三维扫描原始点云数据极大，达到了 Gb 级别。去杂、降噪后点的“集合”

依然为“海量”数据，达到了1300万个左右。但是三维数字化输出成果，因受壁画尺寸大小的影响，所形成的点云文件（ASC）和模型三角网格文件（OBJ、STL）大小不同。

（1）执笏侍从图（FL03645）三维数字化信息采集结果（图6-13）

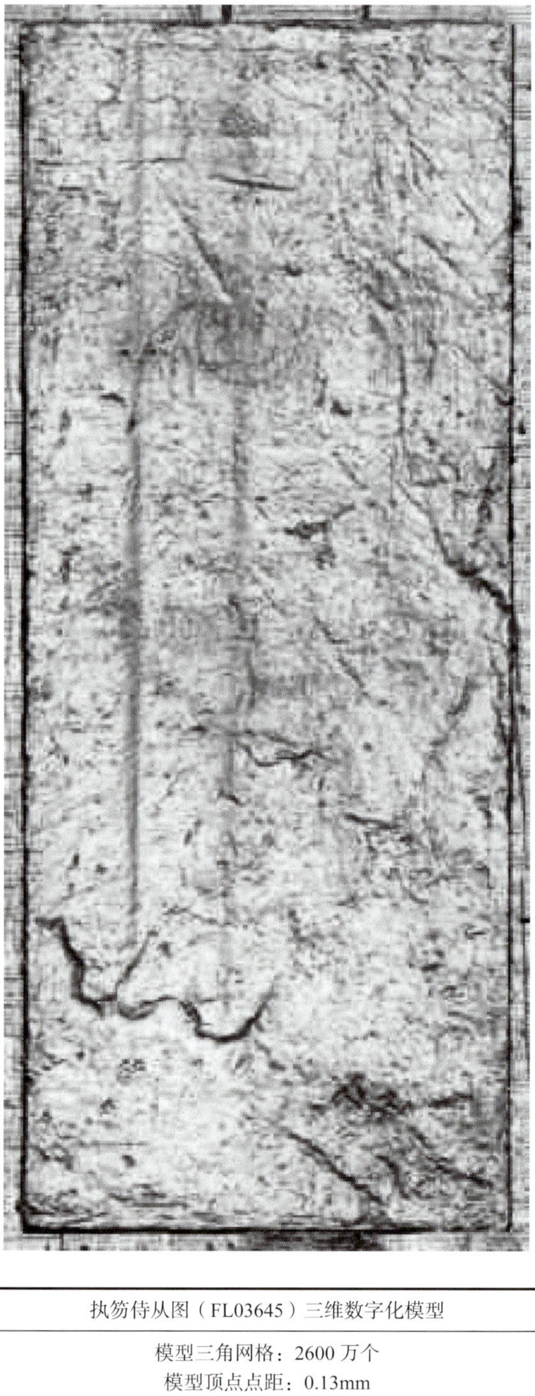

执笏侍从图（FL03645）三维点云数据	执笏侍从图（FL03645）三维数字化模型
点云点数：1300万个 点云点距：0.13mm 点云文件格式：ASC 点云文件数据量：353Mb	模型三角网格：2600万个 模型顶点点距：0.13mm 模型文件格式：OBJ、STL 模型文件数据量：3.47Gb

图6-13　执笏侍从图（FL03645）三维数字化模型截图

（2）执笏侍从图（FL03646）三维数字化信息采集结果（图 6-14）

执笏侍从图（FL03646）三维点云数据	执笏侍从图（FL03646）三维数字化模型
点云点数：1250 万个 点云点距：0.18mm 点云文件格式：ASC 点云文件数据量：339Mb	模型三角网格：2495 万个 模型顶点点距：0.18mm 模型文件格式：OBJ、STL 模型文件数据量：3.33Gb

图 6-14　执笏侍从图（FL03646）三维数字化模型截图

（3）执刀武士图（FL03647）三维数字化信息采集结果（图 6-15）

执刀武士图（FL03647）三维点云数据	执刀武士图（FL03647）三维数字化模型
点云点数：1306 万个 点云点距：0.12mm 点云文件格式：ASC 点云文件数据量：355Mb	模型三角网格：2614 万个 模型顶点点距：0.12mm 模型文件格式：OBJ、STL 模型文件数据量：3.49Gb

图 6-15　执刀武士图（FL03647）三维数字化模型截图

（4）执刀武士图（FL03648）三维数字化信息采集结果（图 6-16）

执刀武士图（FL03648）三维点云数据	执刀武士图（FL03648）三维数字化模型
点云点数：1273 万个 点云点距：0.14mm 点云文件格式：ASC 点云文件数据量：346Mb	模型三角网格：2548 万个 模型顶点点距：0.14mm 模型文件格式：OBJ、STL 模型文件数据量：3.40Gb

图 6-16　执刀武士图（FL03648）三维数字化模型截图

（5）执刀武士图（FL03649）三维数字化信息采集结果（图 6-17）

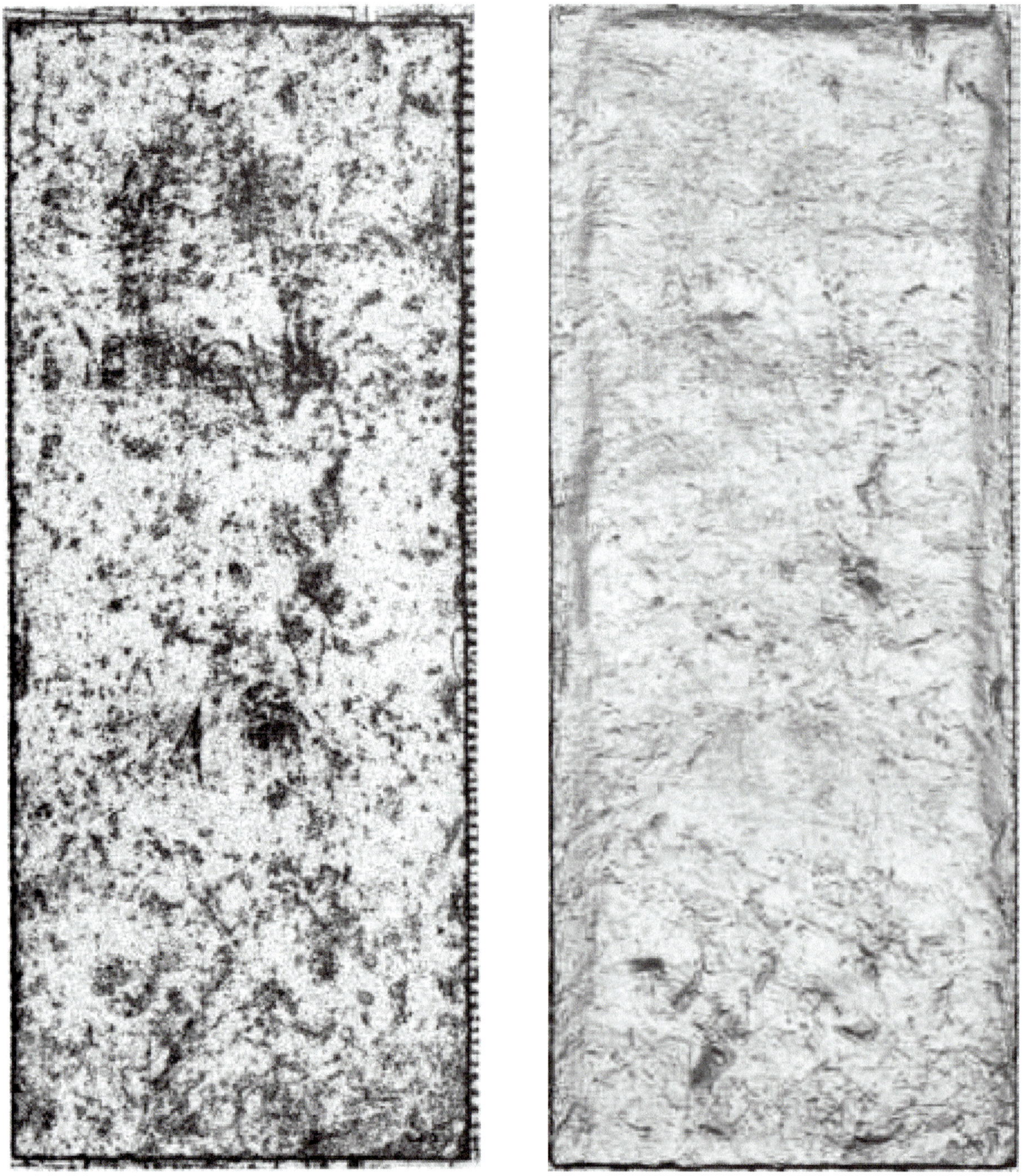

执刀武士图（FL03649）三维点云数据	执刀武士图（FL03649）三维数字化模型
点云点数：1288 万个 点云点距：0.10mm 点云文件格式：ASC 点云文件数据量：350Mb	模型三角网格：2578 万个 模型顶点点距：0.14mm 模型文件格式：OBJ、STL 模型文件数据量：3.44Gb

图 6-17　执刀武士图（FL03649）三维数字化模型截图

（6）执笏侍从图（FL03650）三维数字化信息采集结果（图 6-18）

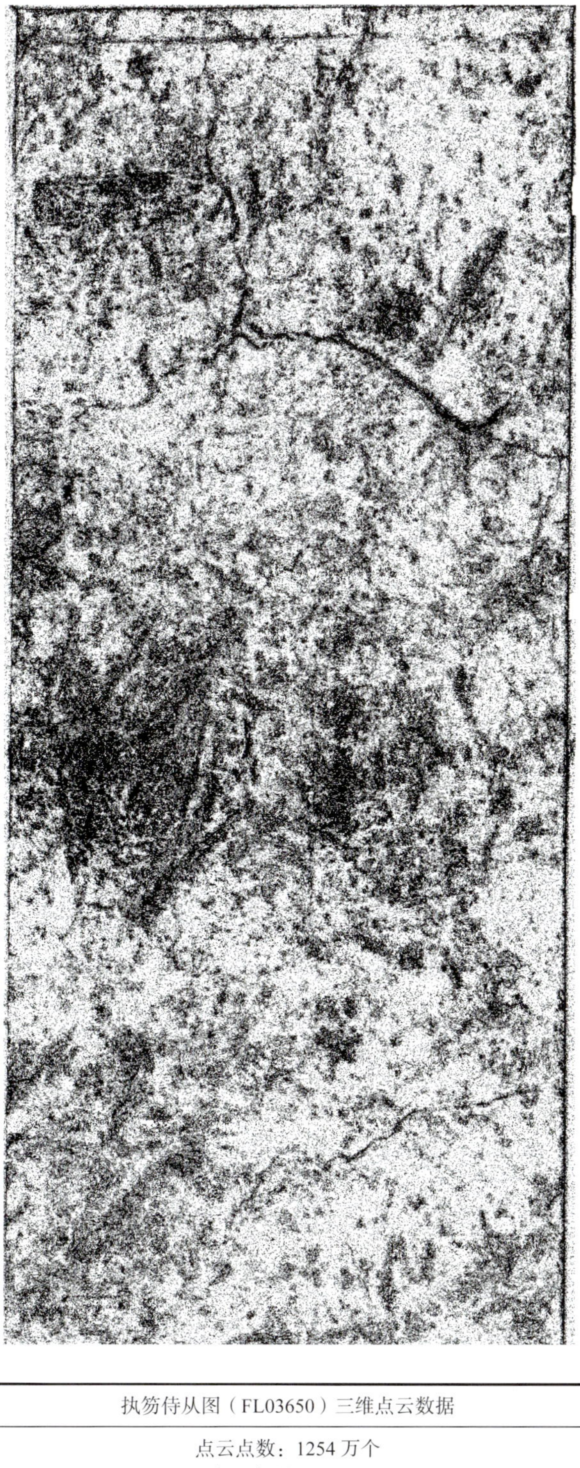

执笏侍从图（FL03650）三维点云数据	执笏侍从图（FL03650）三维数字化模型
点云点数：1254 万个 点云点距：0.1mm 点云文件格式：ASC 点云文件数据量：341Mb	模型三角网格：2510 万个 模型顶点点距：0.1mm 模型文件格式：OBJ、STL 模型文件数据量：3.35Gb

图 6-18 执笏侍从图（FL03650）三维数字化模型截图

（7）执笏侍从图（FL03651）三维数字化信息采集结果（图 6-19）

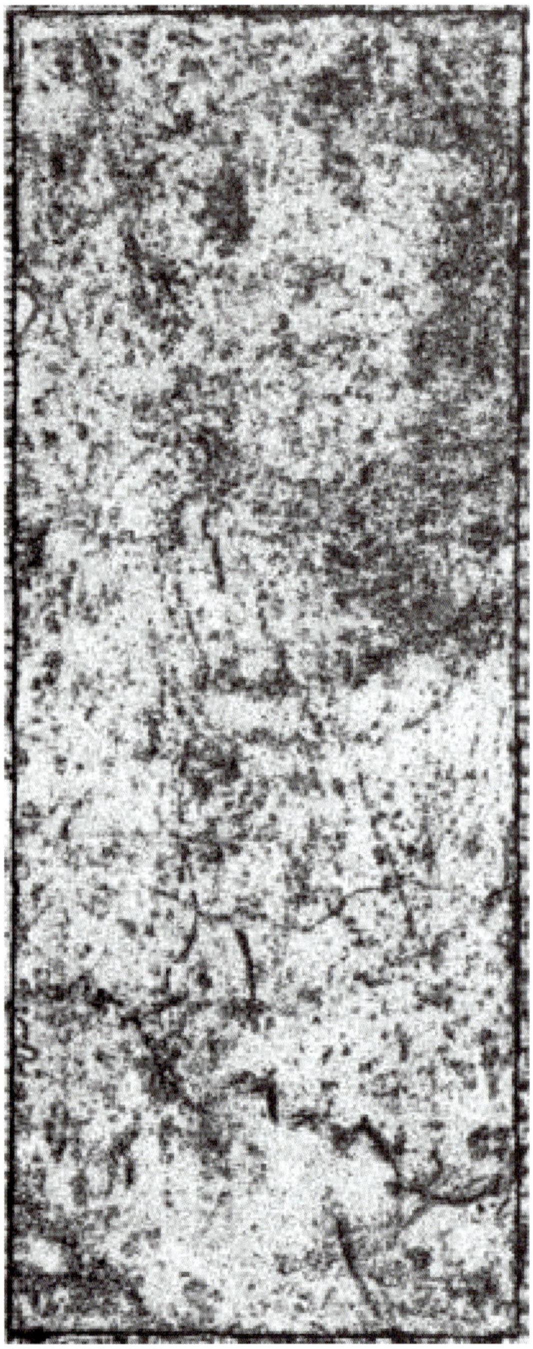

执笏侍从图（FL03651）三维点云数据	执笏侍从图（FL03651）三维数字化模型
点云点数：1240 万个 点云点距：0.17mm 点云文件格式：ASC 点云文件数据量：337Mb	模型三角网格：2480 万个 模型顶点点距：0.17mm 模型文件格式：OBJ、STL 模型文件数据量：3.31Gb

图 6-19　执笏侍从图（FL03651）三维数字化模型截图

（8）执刀武士图（GB05502）三维数字化信息采集结果（图 6-20）

执刀武士图（GB05502）三维点云数据	执刀武士图（GB05502）三维数字化模型
点云点数：1380 万个 点云点距：0.18mm 点云文件格式：ASC 点云文件数据量：375Mb	模型三角网格：2765 万个 模型顶点点距：0.18mm 模型文件格式：OBJ、STL 模型文件数据量：3.69Gb

图 6-20　执刀武士图（GB05502）三维数字化模型截图

（9）执刀武士图（GB05503）三维数字化信息采集结果（图 6-21）

执刀武士图（GB05503）三维点云数据	执刀武士图（GB05503）三维数字化模型
点云点数：1292 万个 点云点距：0.13mm 点云文件格式：ASC 点云文件数据量：351Mb	模型三角网格：2585 万个 模型顶点点距：0.13mm 模型文件格式：OBJ、STL 模型文件数据量：3.45Gb

图 6-21　执刀武士图（GB05503）三维数字化模型截图

（10）执刀武士图（GB05504）三维数字化信息采集结果（图 6-22）

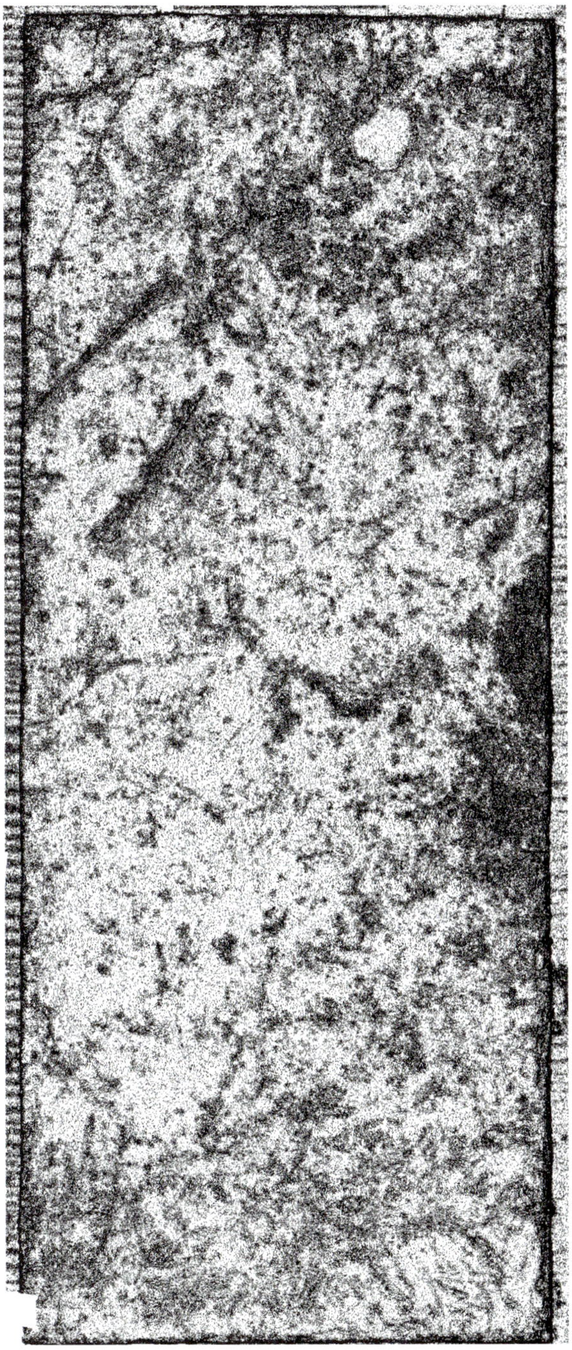

执刀武士图（GB05504）三维点云数据	执刀武士图（GB05504）三维数字化模型
点云点数：1251 万个 点云点距：0.1mm 点云文件格式：ASC 点云文件数据量：340Mb	模型三角网格：2504 万个 模型顶点点距：0.1mm 模型文件格式：OBJ、STL 模型文件数据量：3.34Gb

图 6-22　执刀武士图（GB05504）三维数字化模型截图

（11）花卉图（GB05505）三维数字化信息采集结果（图 6-23）

花卉图（GB05505）三维点云数据	花卉图（GB05505）三维数字化模型
点云点数：1362 万个 点云点距：0.15mm 点云文件格式：ASC 点云文件数据量：370Mb	模型三角网格：2727 万个 模型顶点点距：0.15mm 模型文件格式：OBJ、STL 模型文件数据量：3.64Gb

图 6-23　花卉图（GB05505）三维数字化模型截图

（12）门楼图（GB05506）三维数字化信息采集结果（图 6-24）

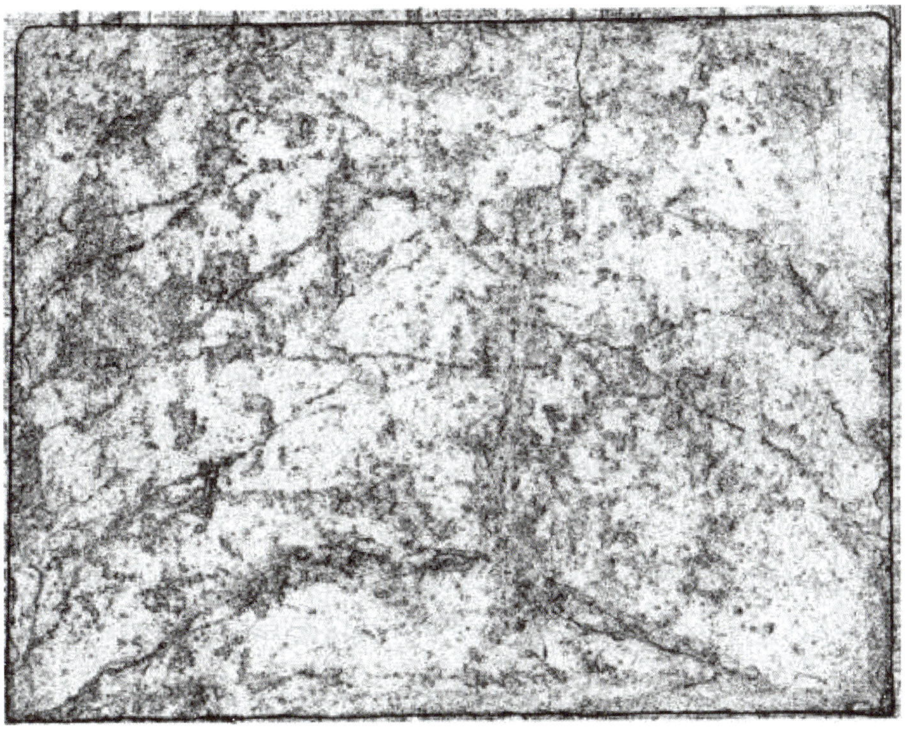

门楼图（GB05506）三维点云数据

点云点数：1306 万个
点云点距：0.15mm
点云文件格式：ASC
点云文件数据量：355Mb

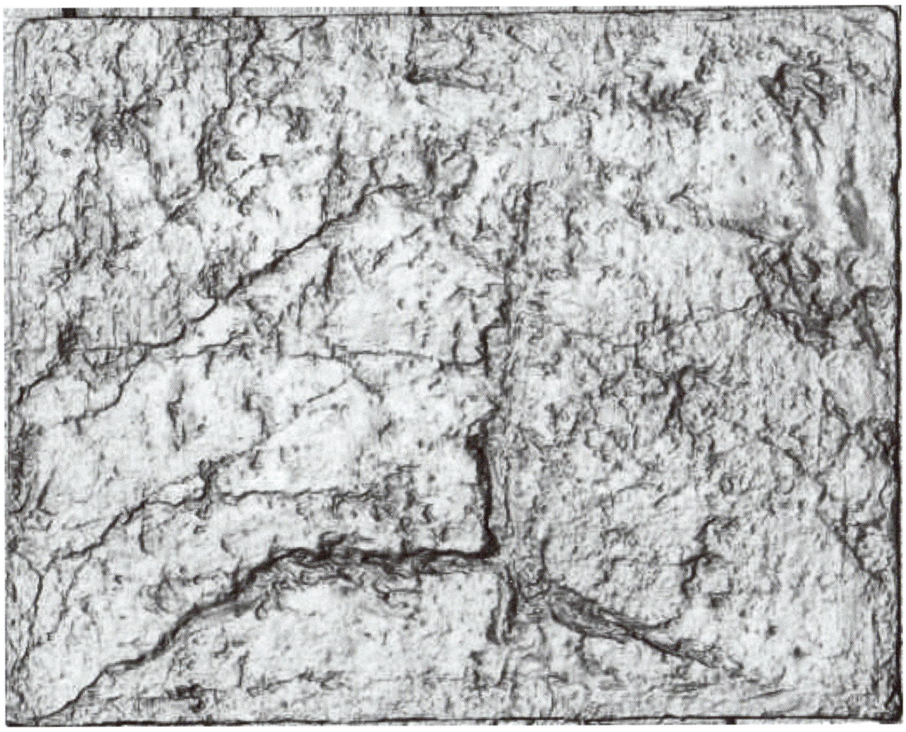

门楼图（GB05506）三维数字化模型

模型三角网格：2615 万个
模型顶点点距：0.15mm
模型文件格式：OBJ、STL
模型文件数据量：3.49Gb

图 6-24　门楼图（GB05506）三维数字化模型截图

（13）侍女图（GB05507）三维数字化信息采集结果（图 6-25）

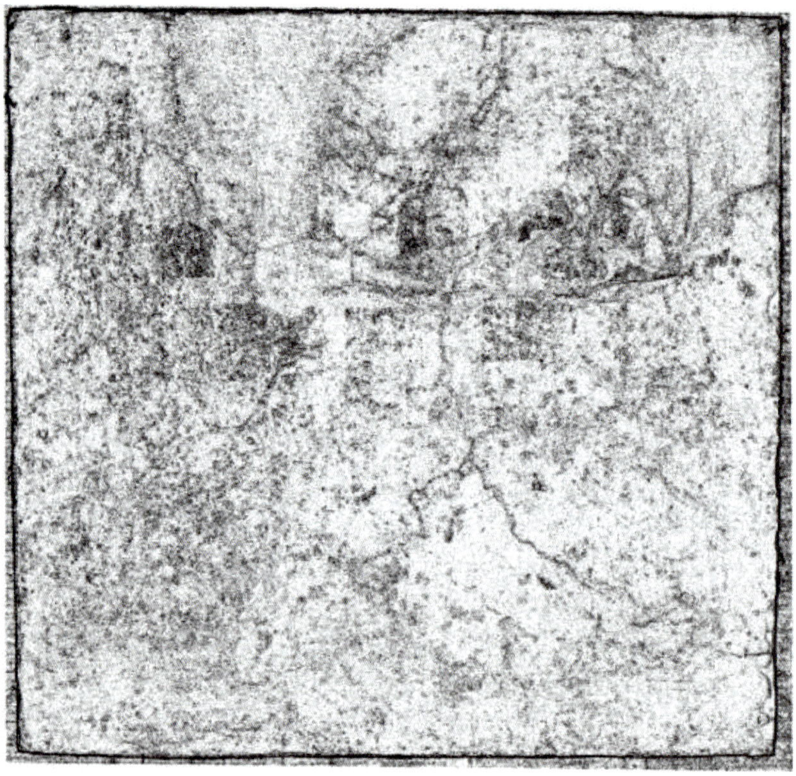

侍女图（GB05507）三维点云数据

点云点数：1288 万个
点云点距：0.16mm
点云文件格式：ASC
点云文件数据量：350Mb

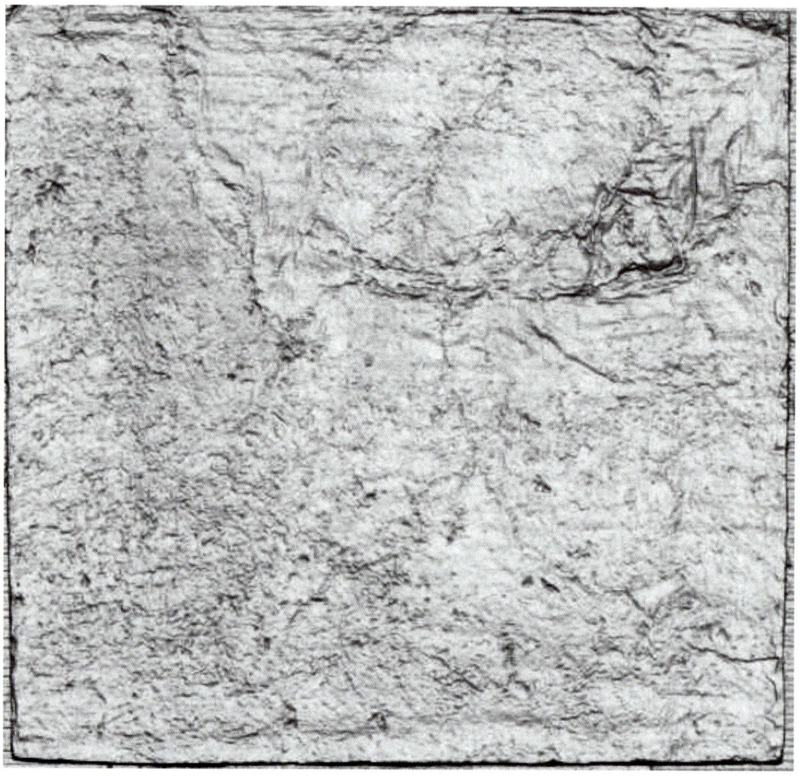

侍女图（GB05507）三维数字化模型

模型三角网格：2578 万个
模型顶点点距：0.16mm
模型文件格式：OBJ、STL
模型文件数据量：3.44Gb

图 6-25　侍女图（GB05507）三维数字化模型截图

6 三维数字化信息后期应用

由于三维扫描所获得的目标物体的点云数据是一种类影像的向量数据，经模型化处理以后，能够获得很高的点位精度，可以直接在点云图中进行空间测量，也可以通过点云数据建立的数字模型，对病害形态进行深入的计算与分析。因此，结合隋代史射勿墓葬壁画保存现状，利用三维扫描数字化后期信息，可以有针对性地进行病害量化分析、表面深度分析、表面曲率与平整度分析、虚拟修复等一系列工作。

6.1 壁画边框形变测量与分析

隋代史射勿墓葬壁画边框因受保存环境的影响，壁画边框发生了不同程度的形变。为了研究同一环境条件下馆藏壁画本体形变与边框形变的关系，并进一步研究壁画表面裂隙、画面开裂、画面凹陷等病害与壁画本体形变的关系，利用三维数字化后期成果进行边框形变特征的测量，是进行壁画病害调查的重要内容之一。

6.1.1 壁画边框形变测量结果

隋代史射勿墓葬壁画揭取修复后，全部采用木质边框装框保存。但是在保存期间，因受保存环境的影响，木质边框发生了不同程度的形变，而且此类变化无法通过肉眼进行观察。因此，利用三维数字化技术进行壁画边框形变特征的测量，为进一步研究壁画本体形变与边框形变的关系提供可靠依据。

由于三维扫描采集到的点云数据，包含了壁画边框的空间结构、坐标及所要进行测量的信息，因此只需将三维扫描后期成果所形成的数字化模型导入 Auto-CAD 等图形绘制软件，在对其进行结构分析的同时，可以直接绘制出壁画边框二维平面图形，然后通过测量二维平面图形的实际角度，计算出实测结果的偏差值，就可以对壁画边框在水平方向的形变程度进行精确测量，测量结果见表 6-6。

表 6-6 隋代史射勿墓葬壁画边框形变测量结果统计表 （单位：°）

序号	壁画名称	壁画编号	左上	偏差	右上	偏差	左下	偏差	右下	偏差	形变程度
1	执笏侍从图	FL03645	90.5	+0.5	90.4	+0.4	90.0	+0.0	89.6	−0.4	+0.5
2	执笏侍从图	FL03646	88.4	−1.6	91.4	+1.4	89.9	−0.1	92.5	+2.5	+2.2
3	执刀武士图	FL03647	90.3	+0.3	91.0	+1.0	90.7	+0.7	91.1	+1.1	+3.1
4	执刀武士图	FL03648	91.2	+1.2	90.6	+0.6	90.9	+0.9	90.3	+0.3	+3.0
5	执刀武士图	FL03649	91.3	+1.3	92.1	+2.1	90.6	+0.6	90.8	+0.8	+4.8
6	执笏侍从图	FL03650	89.6	−0.4	89.2	−0.8	89.3	−0.7	91.6	+1.6	−0.3
7	执刀武士图	GB05502	91.0	+1.0	90.7	+0.7	90.6	+0.6	89.3	−0.7	+1.6
8	执刀武士图	GB05503	89.1	−0.9	92.1	+2.1	89.6	−0.4	89.1	−0.9	−0.2
9	执刀武士图	GB05504	90.8	+0.8	90.7	+0.7	90.0	+0.0	89.9	−0.1	+1.4
10	花卉图	GB05505	90.2	+0.2	92.9	+2.9	94.2	+4.2	89.6	−0.4	+6.9
11	门楼图	GB05506	91.6	+1.6	93.0	+3.0	89.9	−0.1	92.2	+2.2	+6.7
12	侍女图	GB05507	89.5	−0.5	91.3	+1.3	92.5	+2.5	91.9	+1.9	+5.2

6.1.2 壁画边框形变研究

根据壁画边框形变测量结果可知，每一副木制边框均有不同程度的形变，形变程度的大小以实测角度的偏差值来表示。当木质边框四个内角和的总偏差为0°时，说明木质边框未发生形变。从边框实际测量结果来看，只有执笏侍从图（FL03645）、执笏侍从图（FL03650）与执刀武士图（GB05503）三幅壁画的形变程度最小，其中只有执笏侍从图（FL03650）和执刀武士图（GB05503）壁画边框的内角和小于360°，其余壁画边框内角和均大于360°。这种现象充分说明木质边框变形后，已不再保持原来的长方形结构，而是已经成为一个用肉眼无法观察到的多边形。

引起壁画木质边框发生形变的原因，除了与其不稳定的环境因素有关以外，还与壁画本体形变有关。对于壁画本体形态变化，将在壁画病害原因分析中专门进行讨论。壁画木质边框形变特征测量结果见图版15～图版25。

6.2 壁画表面深度与形变分析

隋代史射勿墓葬壁画在不同类型的病害影响下，其表面已不再属于一个简单的二维平面，而是一个具有起伏变化的三维形态的表面。对于这样一个表面来说，它既保留有壁画揭取前的原始形态，又保留有揭取修复过程中，人为因素引起的表面结构变化，同时还包含壁画修复后，保存环境引起支撑体膨胀与收缩而产生的变化。这些物理作用的结果，不但降低了壁画表面平整度，而且还会使画面出现起甲开裂、裂隙和整体形态的变化。因此，进行壁画表面深度分析，不仅可以了解保存环境对壁画材质稳定性的影响程度，而且为壁画后期保护修复过程中壁画表面信息的留存与取舍提供详实的科学依据。

6.2.1 分析方法

目前三维视觉技术是获取壁画表面空间形态变化的主要方法，通过壁画三维数字模型，可以使壁画表面原来无法识别甚至不明显的病害，具有更加可靠的识别效果。但是利用三维扫描所获得的高密度三维数据模型进行壁画表面深度分析之前，为了降低三维数字模型海量数据，首先将三维点云数据由STL格式转化为纯文本格式（TXT），再将纯文本格式转化为CAD格式，然后将导出的点云数据转换成Auto-CAD格式下的点云数据，就可以通过Auto-CAD平台进行分析了。

由于经过Auto-CAD软件平台处理后的点云数据颜色单一，不利于壁画表面深度变化情况地观察与分析，因此在进行结构分析的基础上，首先确定好基准面，然后对不同深度的区域进行色彩渲染并进行深度标注，就会形成完整的壁画表面深度分析图。

6.2.2 分析结果

针对隋代史射勿墓葬壁画揭取后，原始表面数据缺失的现状，为了科学表达壁画表面变化情况，我们用“表面形变率”这一概念来定义各类病害对壁画表面的影响程度。

将揭取后未发生病害之前的壁画表面假定为一个平面，对壁画长度（极高）和宽度（极宽）进行准确测量，然后计算出壁画表面面积，用S_0表示。当壁画表面发生起甲开裂、凹陷、空鼓、裂隙等病害以后，壁画表面积将随之发生变化，通过三维扫描技术就可以精确获取壁画表面面积，用S_Δ表示。

壁画表面面积S_Δ，可以将其视作壁画原始表面面积S_0和壁画病害面积S_i之和。这样就可以用公式6-2计算出每幅壁画表面形变率δ。

$$S_\Delta = S_0 + S_i \quad \text{（式 6-1）}$$

$$\delta=\frac{S_{\Delta}-S_0}{S_0}\times 100\% \tag{式 6-2}$$

虽然上面的计算方法具有一定的假设性，也具有一定的系统误差，但是通过三维扫描点云数据，可以精确界定壁画病害区域，并准确获取病害面积。因此，只要精确获取壁画病害面积，就能够有效消除系统误差，为壁画表面变化的研究提供一种新的方法。

6.2.3 测量结果

壁画表面形变测量结果，客观反映了在相同的环境条件下，壁画表面的形态变化情况。但是影响壁画表面形态变化的因素很多，除环境因素以外，还与每幅壁画修复工艺的差异性有关。

（1）执笏侍从图（FL03645）表面深度与形变分析

在点云数据输出图（图 6-26）中，绿色区域为壁画表面基准面，上部偏左的蓝色区域有明显凹陷，凹陷深度范围约 3.4～6.2mm。深黄色部分左边缘中下位置有明显起甲，起甲范围约 3.2～5.1mm。画面右侧边缘深黄色区域有明显起甲，起甲范围约 1.1～7.7mm。画面下部，即壁画黄色区域，起甲面积较大，起甲范围约 1.8～4.1mm。壁画表面深度与形变分析结果见表 6-7。

表 6-7 执笏侍从图（FL03645）表面深度与形变分析结果统计表

序号	壁画属性	测量结果	备注
1	极高	1361.9mm	
2	极宽	545.0mm	
3	平均厚度	16.1mm	近似平均值
4	最大起甲高度	32.2mm	含壁画厚度
5	平面面积	753136mm^2	
6	表面面积	772525mm^2	
7	表面形变率	2.57%	

（2）执笏侍从图（FL03646）表面深度与形变分析

在点云数据输出图（图 6-27）中，绿色区域为壁画表面基准面，壁画画面偏紫色部分，即壁画左上区域，有部分凹陷，凹陷深度约 7.1～9.8mm。画面中蓝色区域，即壁画左上区域，有轻微凹陷，凹陷深度约 1.3～4.8mm。画面黄色部分，即壁画下部偏左区域，有明显起甲，起甲高度约 4.8～13.2mm。壁画表面深度与形变分析结果见表 6-8。

表 6-8 执笏侍从图（FL03646）表面深度与形变分析结果统计表

序号	壁画属性	测量结果	备注
1	极高	1339.7mm	
2	极宽	584.0mm	
3	平均厚度	15.2mm	近似平均值
4	最大起甲高度	25.7mm	含壁画厚度
5	平面面积	782365mm^2	
6	表面面积	812474mm^2	
7	表面形变率	3.65%	

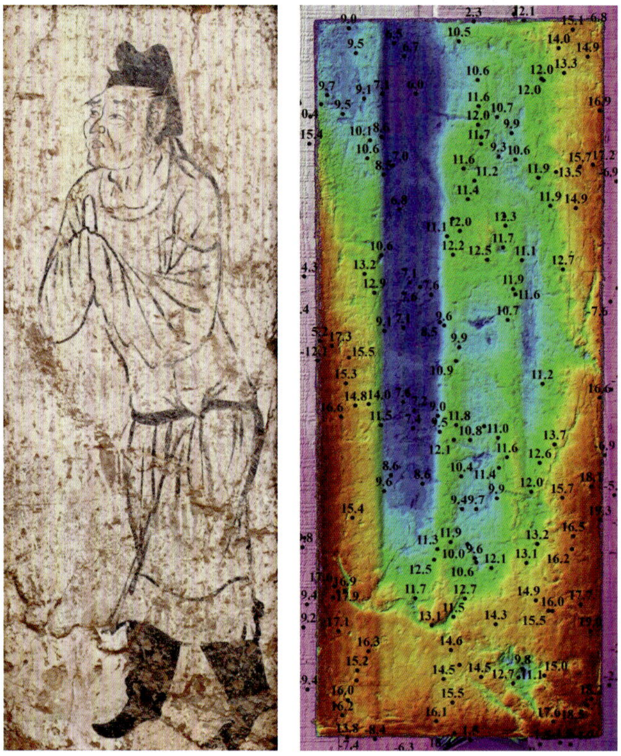

1. 数字正射影像　　2. 表面深度与形变分析结果

图 6-26　执笏侍从图（FL03645）表面深度与形变分析

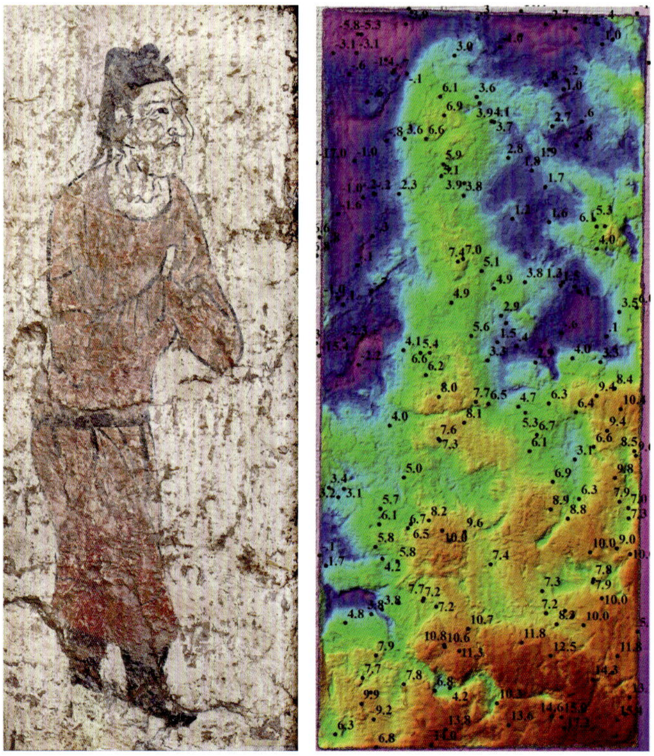

1. 数字正射影像　　2. 表面深度与形变分析结果

图 6-27　执笏侍从图（FL03646）表面深度与形变分析

（3）执刀武士图（FL03647）表面深度与形变分析

在点云数据输出图（图 6-28）中，绿色区域为壁画表面的基准面，在画面黄色部分所表示的区域，即壁画中部偏上区域及部分边缘，有明显起甲，起甲高度约 2.1～13.7mm。画面中蓝色部分，即壁画右下区域，有轻微凹陷，凹陷深度约 3.1～6.8mm。画面紫色部分，即壁画下部偏右区域，有明显凹陷，凹陷深度约 14.3～24.8mm。壁画表面深度与形变分析结果见表 6-9。

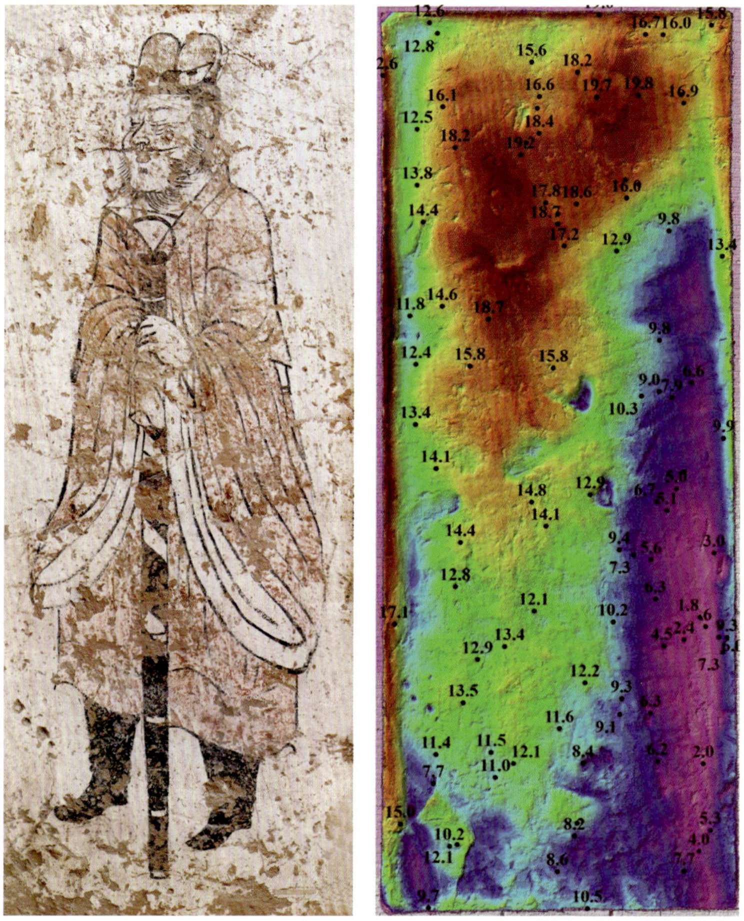

1. 数字正射影像　　2. 表面深度与形变分析结果

图 6-28　执刀武士图（FL03647）表面深度与形变分析

表 6-9　执刀武士图（FL03647）表面深度与形变分析结果统计表

序号	壁画属性	测量结果	备注
1	极高	1762.2mm	
2	极宽	684.2mm	
3	平均厚度	19.2mm	近似平均值
4	最大起甲高度	32.3mm	含壁画厚度
5	平面面积	1205697mm²	
6	表面面积	1248056mm²	
7	表面形变率	3.51%	

（4）执刀武士图（FL03648）表面深度与形变分析

在点云数据输出图（图 6-29）中，绿色区域为壁画表面的基准面，壁画有明显凹陷、裂隙以及起甲。画面蓝色部分，即壁画右上区域，有较明显凹陷，凹陷深度约 0.9～4.1mm。画面蓝色中部偏左区域有轻微凹陷，凹陷深度约 2.5～4.9mm。画面紫色部分，即壁画下部偏左区域，有明显凹陷，凹陷深度约 9.2～19.8mm。画面中黄色部分，即壁画下部偏右区域及壁画边缘区域，有明显起甲，起甲高度约 2.1～16.1mm。壁画表面深度与形变分析结果见表 6-10。

1. 数字正射影像　　2. 表面深度与形变分析结果

图 6-29　执刀武士图（FL03648）表面深度与形变分析

表 6-10　执刀武士图（FL03648）表面深度与形变分析结果统计表

序号	壁画属性	测量结果	备注
1	极高	1700.5mm	
2	极宽	608.1mm	
3	平均厚度	20.0mm	近似平均值
4	最大起甲高度	33.1mm	含壁画厚度
5	平面面积	1034074mm²	
6	表面面积	1056004mm²	
7	表面形变率	2.12%	

（5）执刀武士图（FL03649）表面深度与形变分析

在点云数据输出图（图 6-30）中，绿色区域为壁画表面基准面，壁画有明显凹陷、裂隙以及起甲。画面浅黄色部分，即壁画左上区域，有轻微起甲，起甲高度约 0.6～4.8mm。画面中深黄色部分，即壁画边缘偏左区域，有明显起甲，起甲高度约 4.8～9.3mm。画面紫色部分，即壁画上部偏左边缘区域，有凹陷，凹陷深度约 6.9～9.5mm。画面紫色部分，即壁画下部偏左区域，有明显凹陷，凹陷深度约 9.5～18.4mm。画面浅黄色部分，即壁画下部区域，有轻微起甲，起甲高度约 0.6～4.1mm。壁画表面深度与形变分析结果见表 6-11。

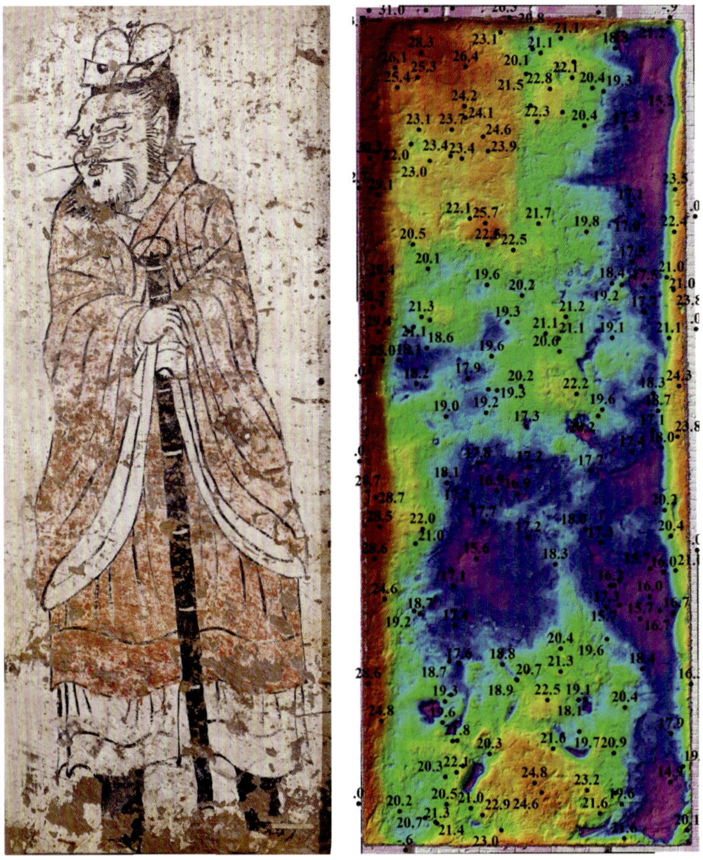

1. 数字正射影像　　2. 表面深度与形变分析结果

图 6-30　执刀武士图（FL03649）表面深度与形变分析

表 6-11　执刀武士图（FL03649）表面深度与形变分析结果统计表

序号	壁画属性	测量结果	备注
1	极高	1723.0mm	
2	极宽	672.2mm	
3	平均厚度	21.5mm	近似平均值
4	最大起甲高度	31.9mm	含壁画厚度
5	平面面积	1158201mm^2	
6	表面面积	1173217mm^2	
7	表面形变率	1.30%	

（6）执笏侍从图（FL03650）表面深度与形变分析

在点云数据输出图（图 6-31）中，绿色区域为壁画表面基准面，壁画有明显凹陷、裂隙、起甲以及人为划痕。画面紫色部分中部区域有轻微凹陷，凹陷深度约 3.6～5.8mm。在画面中紫色部分上部区域有轻微凹陷，凹陷深度约 1.2～3.7mm。画面深黄色部分，即壁画左边缘区域，有起甲，起甲高度约 7.3～17.8mm。画面浅黄色部分，即壁画下部偏右区域，有起甲，起甲高度约 0.9～3.8mm。画面蓝色部分上部区域有轻微凹陷，凹陷深度约 1.1～2.7mm。壁画表面深度与形变分析结果见表 6-12。

1. 数字正射影像

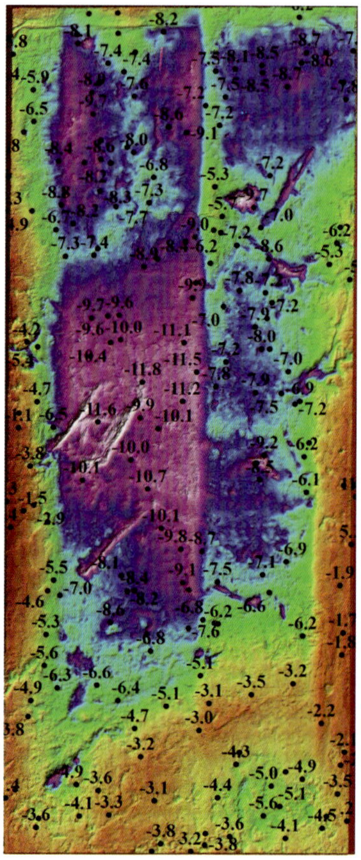

2. 表面深度与形变分析结果

图 6-31　执笏侍从图（FL03650）表面深度与形变分析

表 6-12　执笏侍从图（FL03650）表面深度与形变分析结果统计表

序号	壁画属性	测量结果	备注
1	极高	1442.6mm	
2	极宽	588.5mm	
3	平均厚度	/	近似平均值
4	最大起甲高度	/	含壁画厚度
5	平面面积	848970mm²	
6	表面面积	858994mm²	
7	表面形变率	1.18%	

（7）执笏侍从图（FL03651）表面深度与形变分析

在点云数据输出图（图 6-32）中，绿色区域为壁画表面基准面，壁画有明显凹陷、裂隙以及起甲。画面蓝色部分上部偏右区域有轻微凹陷，凹陷深度约 0.9～3.6mm。画面中蓝色部分下部偏左区域有轻微凹陷，凹陷深度约 0.7～3.7mm。画面深黄色部分，即壁画上部偏左区域，有起甲，起甲高度约 1.5～4.2mm。画面黄色部分，即壁画下部偏右区域，有起甲，起甲高度约 1.6～3.5mm。画面紫色部分，即壁画下部偏左边缘区域，有明显凹陷，凹陷深度约 3.6～4.6mm。壁画表面深度与形变分析结果见表 6-13。

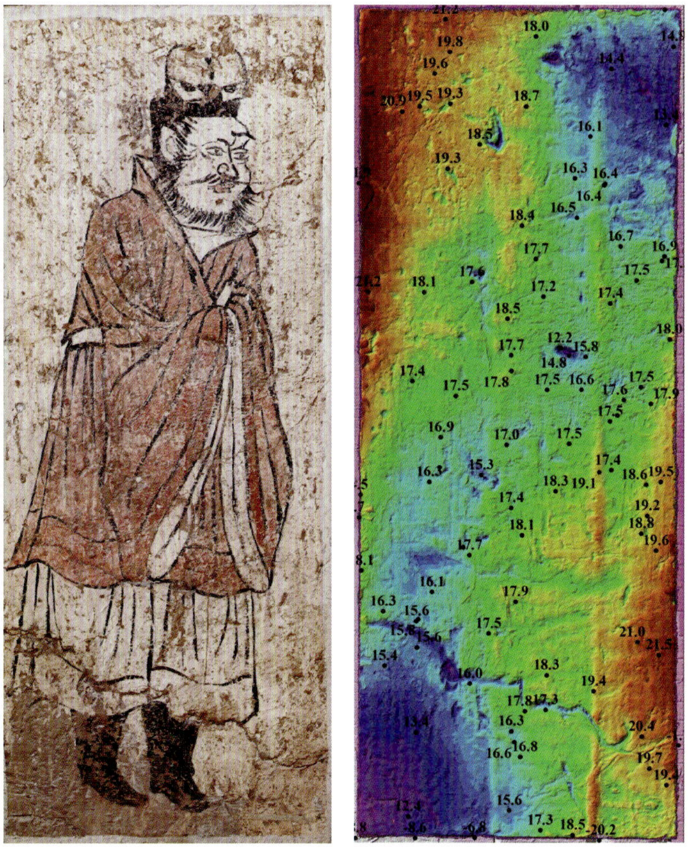

1. 数字正射影像　　2. 表面深度与形变分析结果

图 6-32　执笏侍从图（FL03651）表面深度与形变分析

表 6-13　执笏侍从图（FL03651）表面深度与形变分析结果统计表

序号	壁画属性	测量结果	备注
1	极高	1543.1mm	
2	极宽	594.2mm	
3	平均厚度	18.6mm	近似平均值
4	最大起甲高度	26.6mm	含壁画厚度
5	平面面积	916910mm²	
6	表面面积	922163mm²	
7	表面形变率	0.57%	

（8）执刀武士图（GB05502）表面深度与形变分析

在点云数据输出图（图 6-33）中，绿色区域为壁画表面基准面，壁画有明显凹陷、裂隙以及起甲。凹陷区域较大导致壁画发生明显变形。其中，画面蓝色部分，即壁画上部偏左区域，有轻微凹陷，凹陷深度约 1.6～4.4mm。画面中蓝色部分，即壁画中下部偏左区域，有明显凹陷，凹陷深度约 1.8～7.1mm。画面蓝色部分，即壁画中下部偏右区域，有明显凹陷，凹陷深度约 3.1～6.2mm。画面黄色部分，即壁画上部偏右区域，有起甲，起甲高度约 2.1～4.9mm。画面黄色部分，即壁画下部偏右边缘区域，有起甲，起甲高度约 1.3～4.7mm。壁画表面深度与形变分析结果见表 6-14。

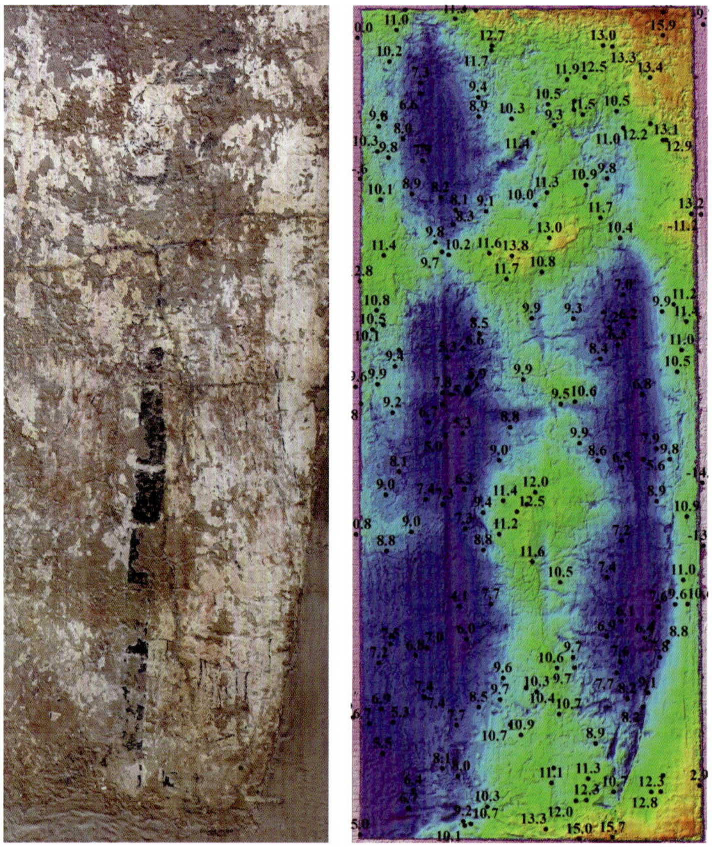

1. 数字正射影像　　2. 表面深度与形变分析结果

图 6-33　执刀武士图（GB05502）表面深度与形变分析

表 6-14　执刀武士图（GB05502）表面深度与形变分析结果统计表

序号	壁画属性	测量结果	备注
1	极高	1691.9mm	
2	极宽	686.62mm	
3	平均厚度	18.2mm	近似平均值
4	最大起甲高度	29.0mm	含壁画厚度
5	平面面积	1161658mm²	
6	表面面积	1179107mm²	
7	表面形变率	1.50%	

（9）执刀武士图（B05503）表面深度与形变分析

在点云数据输出图（图 6-34）中，绿色区域为壁画表面基准面，壁画有明显凹陷、裂隙以及起甲。其中，画面蓝色部分，即壁画上部偏左区域，有轻微凹陷，凹陷深度约 0.6～1.5mm。画面蓝色部分，即壁画中下部区域，有轻微凹陷，凹陷深度约 0.7～2.7mm。画面蓝色部分，即壁画中下部区域，有明显凹陷，凹陷深度约 0.3～2.9mm。画面深黄色部分，即壁画顶部边缘区域，有明显起甲，起甲高度约 3.1～5.1mm。画面黄色部分，即壁画上部区域，有起甲，起甲高度约 2.8～5.6mm。画面深黄色部分，即壁画上部偏左边缘区域，有明显起甲，起甲高度约 4.4～8.6mm。画面深黄色部分，即壁画右边缘区域有明显起甲，起甲高度约 3.3～8.7mm。壁画表面深度与形变分析结果见表 6-15。

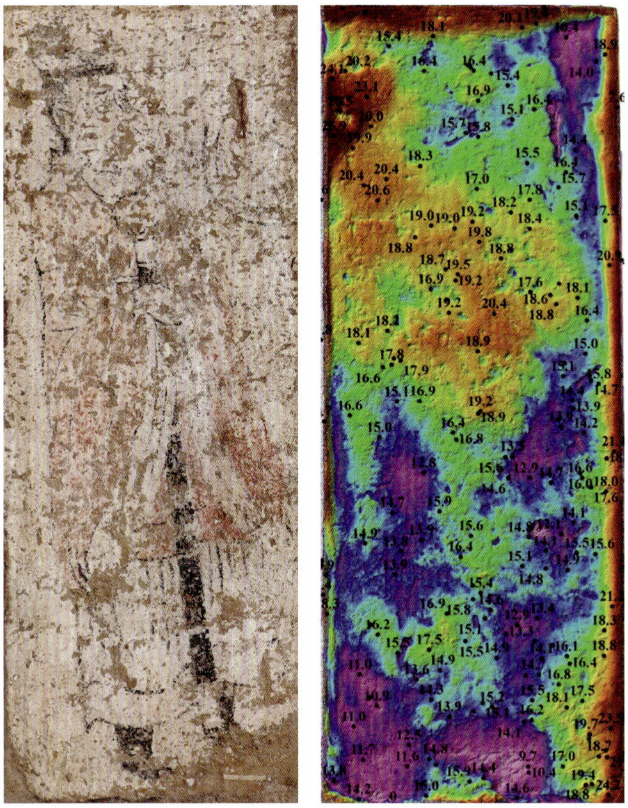

1. 数字正射影像　　2. 表面深度与形变分析结果

图 6-34　执刀武士图（GB05503）表面深度与形变分析

表 6-15　执刀武士图（GB05503）表面深度与形变分析结果统计表

序号	壁画属性	测量结果	备注
1	极高	1738.3mm	
2	极宽	638.0mm	
3	平均厚度	19.8mm	近似平均值
4	最大起甲高度	29.12mm	含壁画厚度
5	平面面积	1109035mm²	
6	表面面积	1144140mm²	
7	表面形变率	3.17%	

（10）执刀武士图（GB05504）表面深度与形变分析

在点云数据输出图（图 6-35）中，绿色区域为壁画表面基准面，壁画有明显凹陷、裂隙以及起甲。其中，画面紫色部分，即壁画上部偏左区域，有轻微凹陷，凹陷深度约 0.9～3.8mm。画面蓝色部分，即壁画中上部区域，有轻微凹陷，凹陷深度约 0.7～3.4mm。画面深黄色部分，即壁画右边缘区域，有明显起甲，起甲高度约 3.4～9.9mm。画面深黄色部分，即壁画中下部偏左边缘区域，有明显起甲，起甲高度约 5.2～7.7mm。画面黄色部分，即壁画上部偏右区域，有起甲，起甲高度约 0.6～2.8mm。画面黄色部分，即壁画下部偏右区域，有明显起甲，起甲高度约 3.9～5.4mm。壁画表面深度与形变分析结果见表 6-16。

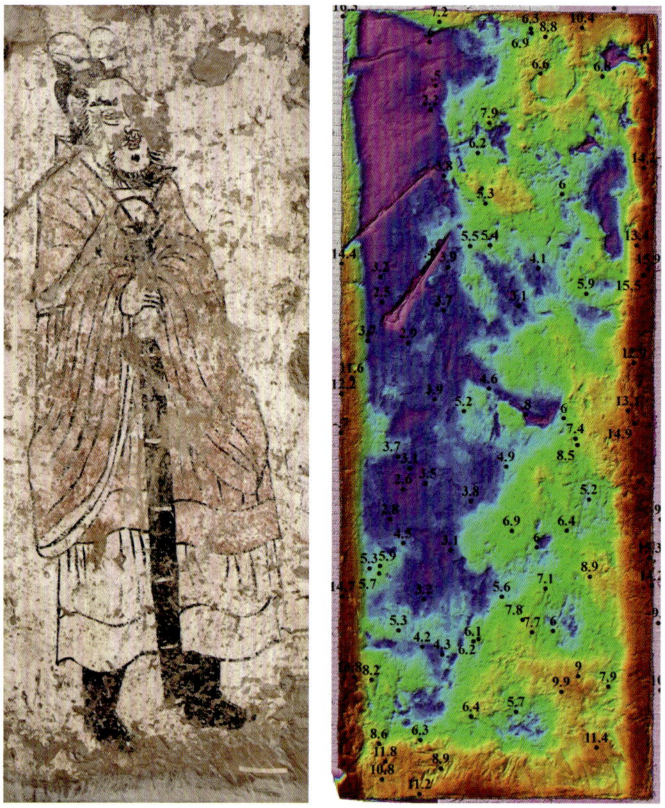

1. 数字正射影像　　2. 表面深度与形变分析结果

图 6-35　执刀武士图（GB05504）表面深度与形变分析

表 6-16　执刀武士图（GB05504）表面深度与形变分析结果统计表

序号	壁画属性	测量结果	备注
1	极高	1691.2mm	
2	极宽	661.0mm	
3	平均厚度	18.5mm	近似平均值
4	最大起甲高度	29.2mm	含壁画厚度
5	平面面积	1117883mm²	
6	表面面积	1142631mm²	
7	表面形变率	2.21%	

（11）花卉图（GB05505）表面深度与形变分析

在点云数据输出图（图 6-36）中，绿色区域为壁画表面基准面，壁画有明显裂隙和起甲。其中，画面深黄色部分，即壁画顶部偏左和左侧边缘区域，有明显起甲，起甲高度约 5～7.6mm。画面深黄色部分，即壁画中部偏右区域，有起甲，起甲高度约 2.2～4mm。画面深黄色部分，即壁画下部偏右区域，有明显起甲，起甲高度约 4.5～6.9mm。画面黄色部分，即壁画中部边缘部区域，有起甲，起甲高度约 1.2～4.4mm。壁画表面深度与形变分析结果见表 6-17。

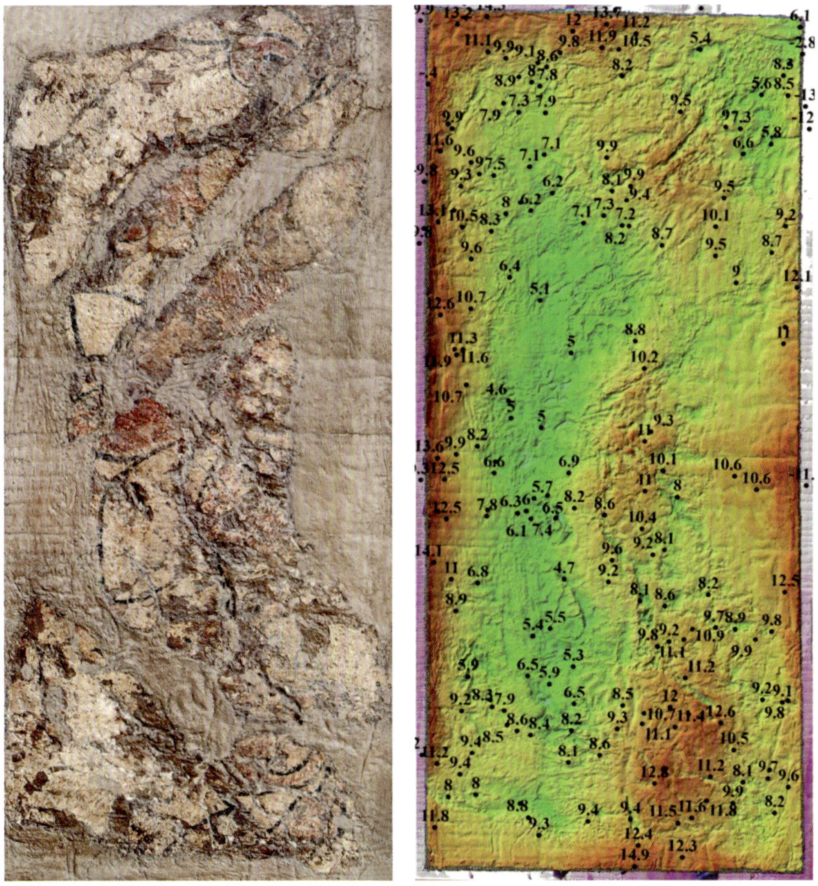

1. 数字正射影像　　2. 表面深度与形变分析结果

图 6-36　花卉图（GB05505）表面深度与形变分析

表 6-17　花卉图（GB05505）表面深度与形变分析结果统计表

序号	壁画属性	测量结果	备注
1	极高	1486.0mm	
2	极宽	642.3mm	
3	平均厚度	18.4mm	近似平均值
4	最大起甲高度	/	含壁画厚度
5	平面面积	954458mm²	
6	表面面积	976253mm²	
7	表面形变率	2.28%	

（12）门楼图（GB05506）表面深度与形变分析

在点云数据输出图（图 6-37）中，绿色区域为壁画表面基准面，壁画有明显凹陷、裂隙以及起甲。其中，画面紫色部分，即壁画下部偏左区域，有明显凹陷，凹陷深度约 10.2～11.8mm。画面蓝色部分，即壁画顶部区域，有凹陷，凹陷深度约 3.3～5.4mm。画面深黄色部分，即壁画中部偏右区域，有明显起甲，起甲高度约 3.4～9.9mm。画面深黄色部分，即壁画中部区域，有明显起甲，起甲高度约 5.4～9.1mm。画面黄色部分，即壁画中下部区域，有起甲，起甲高度约 1.9～3.3mm。壁画表面深度与形变分析结果见表 6-18。

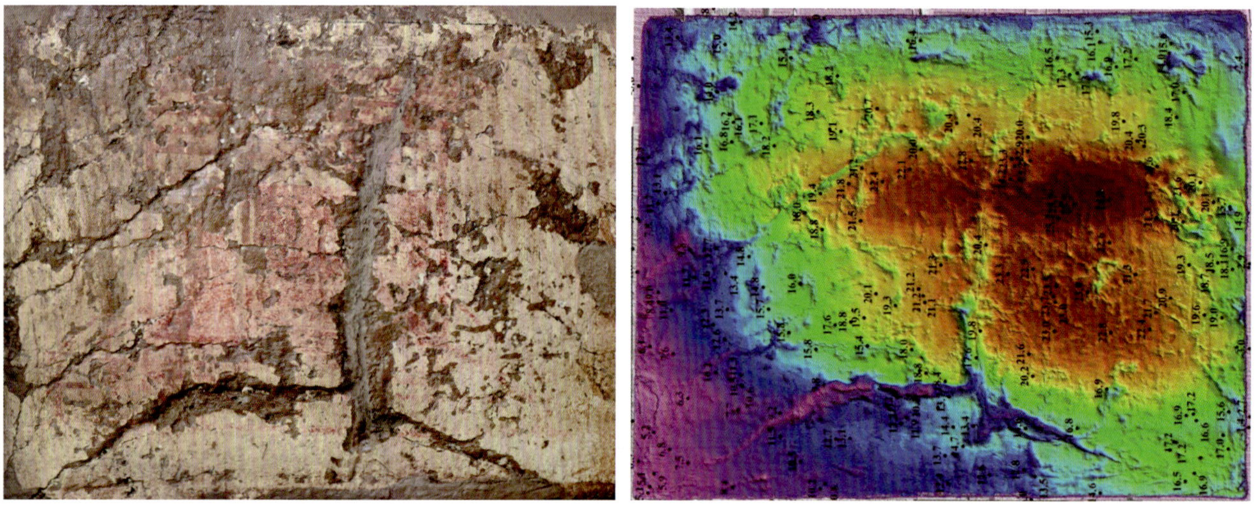

1. 数字正射影像　　2. 表面深度与形变分析结果

图 6-37　门楼图（GB05506）表面深度与形变分析

表 6-18　门楼图（GB05506）表面深度与形变分析结果统计表

序号	壁画属性	测量结果	备注
1	极高	843.5mm	
2	极宽	672.3mm	
3	平均厚度	24.3mm	近似平均值
4	最大起甲高度	31.0mm	含壁画厚度
5	平面面积	567085mm²	
6	表面面积	585091mm²	
7	表面形变率	3.18%	

（13）侍女图（GB05507）表面深度与形变分析

在点云数据输出图（图 6-38）中，绿色区域为壁画表面基准面，壁画有明显凹陷、裂隙以及起甲。其中，画面紫色部分，即壁画上部偏右区域，有明显凹陷，凹陷深度约 5.3～7.6mm。画面蓝色部分，即壁画上部区域，有凹陷，凹陷深度约 1.5～3.3mm。画面蓝色部分，即壁画下部偏右区域，有凹陷，凹陷深度约 1.6～3.3mm。画面深黄色部分，即壁画中部区域，有明显起甲，起甲高度约 4.2～6.6mm。画面黄色部分，即壁画中部区域，有起甲，起甲高度约 1.3～3.4mm。壁画表面深度与形变分析结果见表 6-19。

1. 数字正射影像　　2. 表面深度与形变分析结果

图 6-38　侍女图（GB05507）表面深度与形变分析

表 6-19　侍女图（GB05507）表面深度与形变分析结果统计表

序号	壁画属性	测量结果	备注
1	极高	949.5mm	
2	极宽	988.0mm	
3	平均厚度	22.5mm	近似平均值
4	最大起甲高度	28.0mm	含壁画厚度
5	平面面积	938106mm²	
6	表面面积	944592mm²	
7	表面形变率	30.69%	

6.3　壁画病害信息提取与量化

虽然隋代史射勿墓葬壁画揭取前已对画面进行了基本的清理和加固，但是在揭取过程中，由于壁画表面整体采用聚乙烯醇缩丁醛进行封护，目前可直接观察到壁画表面封护材料厚度不均，表面眩光十分严重，而且部分壁画表面加固层起甲开裂，画面颜料完全脱离地仗层，这对壁画颜料层和对壁画病信息提取带来以下影响：一是在封护层的影响下，壁画墨线、颜料层、白灰层的色度、色域均发生了一定的变化，三维扫描所获得的数字化信息，并非壁画原始形态的色域范围，需要进行后期人工处理，才能使其符合原始形态；二是封护材料基本填平了裂隙、缺失、脱落等表面病害区域，致使此类病害形态发生了明显改变，对壁画病害信息的提取造成了一定的障碍；三是封护层对光线的折射、反射作用，也会对三维数字化信息采集的精度造成一定的影响。

针对以上根本问题，三维数字化病害信息提取，主要集中在壁画表面颜料层病害、地仗层色彩和表面病害形态三个方面，暂不涉及支撑体病害分析（不排除部分病害是由于支撑体变化引起的），对于壁画支撑体病害分析，将在壁画结构研究中专门进行讨论。

6.4 色彩信息提取

隋代史射勿墓葬壁画表面病害种类繁多，基本广泛分布于壁画表面。从色彩角度来看，壁画表面病害诸如起甲、龟裂、裂隙、颜料层脱落、土垢等病害，在色彩上基本呈现相同或相似的色域范围。因此，在进行壁画病害信息提取时，只需通过高清正射数字影像准确提取壁画表面色彩信息，就能从宏观角度对相同色域范围内壁画病害形态进行量化。隋代史射勿墓葬壁画表面病害形态色域相同或相近的几种病害类型见图 6-39～图 6-42。

图 6-39　断裂、土垢、表面附着物

图 6-40　划痕、土垢、表面附着物

图 6-41　起甲、龟裂、裂隙、颜料层脱落

图 6-42　颜料层脱落、缺失、裂隙

由于色彩信息同时包括画面颜料层色彩信息和地仗层色彩信息，对于壁画表面色域相同或相近的病害而言，均能引起壁画颜料层和地仗层色彩信息变化。因此，在进行壁画病害信息提取与量化时，为了准确区分画面颜料层和地仗层病害形态变化情况，通过掩膜分别对壁画图像或者图像之外的区域进行屏蔽，使屏蔽的部分不再参与未屏蔽区域色彩信息的计算，这样就能分别对画面病害信息和地仗层病害信息进行准确量化。

将壁画墨线及颜料层构成的图像作为感兴趣区域，用预先制作的掩膜将壁画图像以外的区域进行屏蔽，使屏蔽部分图像值为零，而未被屏蔽的壁画图像值保持不变。这样就会使屏蔽部分不会参与感兴趣区图像色彩量化的计算，图 6-43 为执笏侍从图（FL03645）墨线、颜料层掩膜。

当壁画图像信息提取工作完成后，以壁画表面白灰层作为感兴趣区，同样用预先制作的掩膜对壁画墨线及颜料层所构成的图像进行屏蔽，使屏蔽部分图像值为零，未被屏蔽的壁画白灰层图像值保持不变，然后进行白灰层表面色彩信息的提取与量化计算，图 6-44 为执笏侍从图（FL03645）白灰层掩膜。

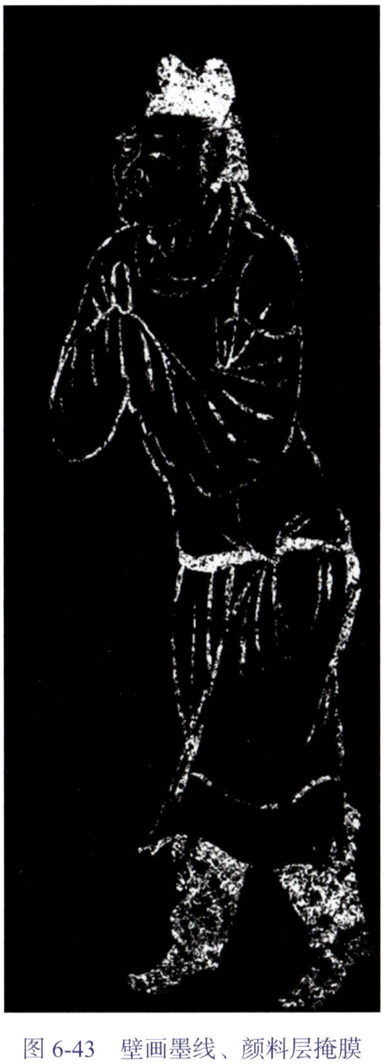

图 6-43　壁画墨线、颜料层掩膜

图 6-44　壁画白灰层掩膜

通过掩膜对壁画高清正射数字影像进行处理后，只要将画面颜料层掩膜与白灰层掩膜进行比较，就能很容易地观察到画面层和地仗层出现的颜料脱落、划痕（凿痕）、断裂等色域相同或相似的病害信息，并且能够准确计算出壁画表面各类病害面积总和及所占比例，但是隋代史射勿墓葬壁画普遍采用聚乙烯醇缩丁醛进行画面加固，加固材料弱化现象十分明显，已成为影响壁画画面色度的共性问题，因此在进行壁画色彩信息提取与量化研究中，不再将其列入覆盖物病害范畴进行研究。

6.5 病害信息量化结果

（1）执笏侍从图（FL03645）

根据高清正射数字影像掩膜屏蔽结果（图 6-45）可知，色域范围相同或相似的病害主要为表面覆盖物、颜料层脱落、白灰层脱落、地仗裂隙、划痕等。此类病害广泛分布于壁画表面，导致画面墨线脱落严重，特别是表面裂隙，对画面图像稳定性具有一定影响。壁画病害属性统计结果见表 6-20。

1. 正射影像　　2. 病害掩膜信息分析

图 6-45　执笏侍从图（FL03645）病害信息

表 6-20　执笏侍从图（FL03645）病害信息量化统计表

壁画属性			病害信息			病害比例
高（mm）	宽（mm）	面积（m^2）	高（mm）	宽（mm）	总面积（m^2）	41.85%
1385	554	0.77	1385	554	0.32	
高（px）	宽（px）	总像素（bpx）	高（px）	宽（px）	总像素（bpx）	41.85%
29229	10825	3.16	29229	10825	1.32	

（2）执笏侍从图（FL03646）

根据高清正射数字影像掩膜屏蔽结果（图 6-46）可知，色域范围相同或相似的病害主要为画面颜料脱落、白灰层脱落、裂隙、划痕、地仗缺失、龟裂等。此类病害广泛分布于壁画表面，对画面图像的连续性和稳定性具有严重影响。壁画病害属性统计结果见表 6-21。

1. 正射影像　　2. 病害掩膜信息分析

图 6-46　执笏侍从图（FL03646）病害信息

表 6-21　执笏侍从图（FL03646）病害信息量化统计表

壁画属性			病害信息			病害比例
高（mm）	宽（mm）	面积（m^2）	高（mm）	宽（mm）	总面积（m^2）	59.14%
1340	584	0.78	1340	584	0.46	
高（px）	宽（px）	总像素（bpx）	高（px）	宽（px）	总像素（bpx）	59.14%
28988	11573	3.35	28988	11573	1.98	

（3）执刀武士图（FL03647）

根据高清正射数字影像掩膜屏蔽结果（图 6-47）可知，色域范围相同或相似的病害主要为颜料层脱落、白灰层脱落、划痕、裂隙等。此类病害基本广泛分布于壁画表面，对画面图像的完整性和稳定性构成了严重威胁。壁画病害属性统计结果见表 6-22。

1. 正射影像　　2. 病害掩膜信息分析

图 6-47　执刀武士图（FL03647）病害信息

表 6-22　执刀武士图（FL03647）病害信息量化统计表

壁画属性			病害信息			病害比例
高（mm）	宽（mm）	面积（m^2）	高（mm）	宽（mm）	总面积（m^2）	44.74%
1762.2	684.2	1.21	1762.2	684.2	0.54	
高（px）	宽（px）	总像素（bpx）	高（px）	宽（px）	总像素（bpx）	44.74%
63301	24146	15.28	63301	24146	6.84	

（4）执刀武士图（FL03648）

根据高清正射数字影像掩膜屏蔽结果（图 6-48）可知，色域相同或相似的各类病害基本广泛分布于壁画表面，其中颜料层脱落、地仗缺失、白灰层脱落、划痕等病害，对画面图像的完整性和稳定性具有较大影响。壁画病害属性统计结果见表 6-23。

1. 正射影像　　2. 病害掩膜信息分析

图 6-48　执刀武士图（FL03648）病害信息

表 6-23　执刀武士图（FL03648）病害信息量化统计表

壁画属性			病害信息			病害比例
高（mm）	宽（mm）	面积（m^2）	高（mm）	宽（mm）	总面积（m^2）	31.08%
1700.5	608.1	1.03	1700.5	608.1	0.32	
高（px）	宽（px）	总像素（bpx）	高（px）	宽（px）	总像素（bpx）	31.08%
463051	16351	7.57	463051	16351	2.35	

（5）执刀武士图（FL03649）

根据高清正射数字影像掩膜屏蔽结果（图 6-49）可知，色域相同或相似的各类病害基本广泛分布于壁画表面，如果按照病害类型进行划分，壁画表面病害主要为墨线、颜料层、白灰层脱落和土质结垢、环氧树脂胶液覆盖等，此类病害对画面图像的完整性和稳定性影响较大。壁画病害属性统计结果见表 6-24。

1. 正射影像　　2. 病害掩膜信息分析

图 6-49　执刀武士图（FL03649）病害信息

表 6-24　执刀武士图（FL03649）病害信息量化统计表

壁画属性			病害信息			病害比例
高（mm）	宽（mm）	面积（m^2）	高（mm）	宽（mm）	总面积（m^2）	37.34%
1723.0	672.2	1.16	1723.0	672.2	0.43	
高（px）	宽（px）	总像素（bpx）	高（px）	宽（px）	总像素（bpx）	37.34%
42146	16330	6.88	42146	16330	2.57	

（6）执笏侍从图（FL03650）

根据高清正射数字影像掩膜屏蔽结果（图 6-50）可知，色域相同或相似的各类病害基本广泛分布于壁画表面，主要为颜料层脱落、土质结垢、划痕、裂隙等，此类病害对人物面部、胡须及黑色长靴影响较大。壁画病害属性统计结果见表 6-25。

1. 正射影像　　2. 病害掩膜信息分析

图 6-50　执笏侍从图（FL03650）病害信息

表 6-25　执笏侍从图（FL03650）病害信息量化统计表

壁画属性			病害信息			病害比例
高（mm）	宽（mm）	面积（m^2）	高（mm）	宽（mm）	总面积（m^2）	33.10%
1442.6	588.5	0.85	1442.6	588.5	0.28	
高（px）	宽（px）	总像素（bpx）	高（px）	宽（px）	总像素（bpx）	33.10%
36647	14911	5.46	36647	14911	1.81	

（7）执笏侍从图（FL03651）

根据高清正射数字影像掩膜屏蔽结果（图 6-51）可知，色域相同或相似的各类病害基本广泛分布于壁画表面，主要为表面裂隙、颜料层脱落、土质结垢等，此类病害对画面人物面部、裙摆及黑色长靴影响较大。壁画病害属性统计结果见表 6-26。

1. 正射影像　　2. 病害掩膜信息分析

图 6-51　执笏侍从图（FL03651）病害信息

表 6-26　执笏侍从图（FL03651）病害信息量化统计表

壁画属性			病害信息			病害比例
高（mm）	宽（mm）	面积（m^2）	高（mm）	宽（mm）	总面积（m^2）	20.27%
1543.1	594.2	0.92	1543.1	594.2	0.19	
高（px）	宽（px）	总像素（bpx）	高（px）	宽（px）	总像素（bpx）	20.27%
40306	15602	6.29	40306	15602	1.27	

（8）执刀武士图（GB05502）

根据高清正射数字影像掩膜屏蔽结果（图 6-52）可知，壁画表面病害分布十分广泛，最为突出的是颜料层及白灰层大面积脱落，致使画面已经漫漶不清，仅局部保留有墨线勾勒的长刀。除此以外，壁画表面所分布的裂隙、土质结垢、环氧树脂胶液、地仗层缺失等病害，对壁画结构稳定性也有一定的影响。壁画病害属性统计结果见表 6-27。

1. 正射影像

2. 病害掩膜信息分析

图 6-52　执刀武士图（GB05502）病害信息

表 6-27　执刀武士图（GB05502）病害信息量化统计表

壁画属性			病害信息			病害比例
高（mm）	宽（mm）	面积（m^2）	高（mm）	宽（mm）	总面积（m^2）	55.22%
1691.9	686.6	1.16	1691.9	686.6	0.64	
高（px）	宽（px）	总像素（bpx）	高（px）	宽（px）	总像素（bpx）	55.22%
47131	18406	8.67	47131	18406	4.79	

（9）执刀武士图（GB05503）

根据高清正射数字影像掩膜屏蔽结果（图 6-53）可知，壁画表面颜料层脱落、划痕、土质结垢、颜料层磨损以及地仗层缺失等病害，导致画面人物面部漫漶不清，足部黑色长靴墨线脱落更为严重。壁画病害属性统计结果见表 6-28。

1. 正射影像　　2. 病害掩膜信息分析

图 6-53　执刀武士图（GB05503）病害信息

表 6-28　执刀武士图（GB05503）病害信息量化统计表

壁画属性			病害信息			病害比例
高（mm）	宽（mm）	面积（m^2）	高（mm）	宽（mm）	总面积（m^2）	63.09%
1738.3	638.0	1.11	1738.3	638.0	0.70	
高（px）	宽（px）	总像素（bpx）	高（px）	宽（px）	总像素（bpx）	63.09%
42953	15729	6.76	42953	15729	4.26	

（10）执刀武士图（GB05504）

根据高清正射数字影像掩膜屏蔽结果（图 6-54）可知，色域相同或相似的各类病害所占比例虽然不是很大，但是病害相对集中，主要是颜料层脱落、土质结垢、划痕、地仗层缺失等，对人物面部及服饰影响较大。壁画病害属性统计结果见表 6-29。

1. 正射影像　　2. 病害掩膜信息分析

图 6-54　执刀武士图（GB05504）病害信息

表 6-29　执刀武士图（GB05504）病害信息量化统计表

壁画属性			病害信息			病害比例
高（mm）	宽（mm）	面积（m^2）	高（mm）	宽（mm）	总面积（m^2）	41.11%
1691.2	661.0	1.12	1691.2	661.0	0.46	
高（px）	宽（px）	总像素（bpx）	高（px）	宽（px）	总像素（bpx）	41.11%
43998	17003	7.48	43998	17003	3.07	

（11）花卉图（GB05505）

根据高清正射数字影像掩膜屏蔽结果（图 6-55）可知，色域相同或相似的各类病害所占比例过大，导致画面图像缺失严重。壁画病害属性统计结果见表 6-30。

1. 正射影像

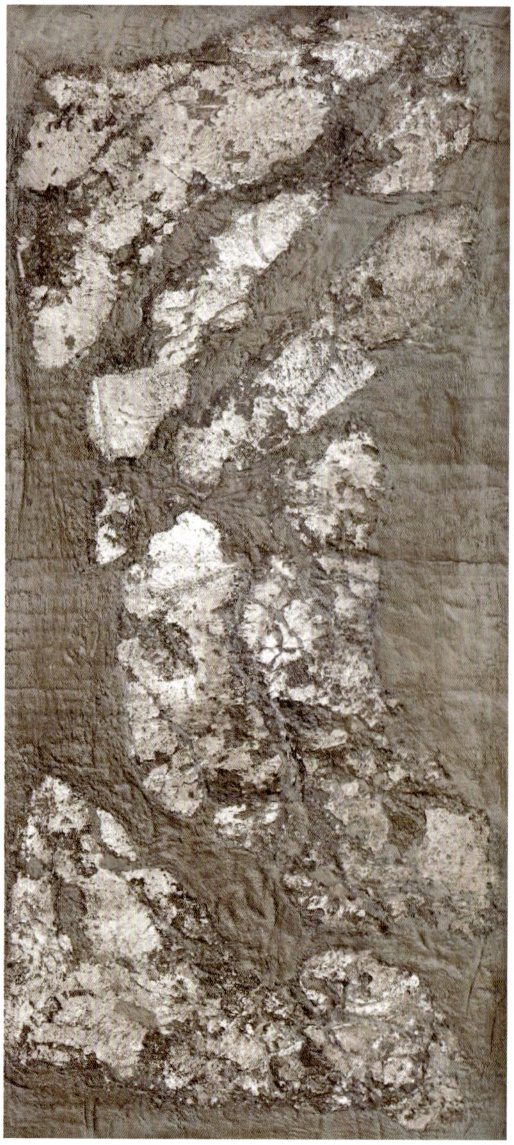

2. 病害掩膜信息分析

图 6-55　花卉图（GB05505）病害信息

表 6-30　花卉图（GB05505）病害信息量化统计表

壁画属性			病害信息			病害比例
高（mm）	宽（mm）	面积（m^2）	高（mm）	宽（mm）	总面积（m^2）	88.44%
1486.0	642.3	0.95	1486.0	642.3	0.84	
高（px）	宽（px）	总像素（bpx）	高（px）	宽（px）	总像素（bpx）	88.44%
37693	16590	6.25	37693	16590	5.53	

（12）门楼图（GB05506）

根据高清正射数字影像掩膜屏蔽结果（图 6-56）可知，色域相同或相似的各类病害基本广泛分布于壁画表面，主要为颜料及白灰层脱落、土质结垢、地仗裂隙、地仗层缺失以及划痕等，此类病害导致画面残缺不全。壁画病害属性统计结果见表 6-31。

1. 正射影像

2. 病害掩膜信息分析

图 6-56　门楼图（GB05506）病害信息

表 6-31　门楼图（GB05506）病害信息量化统计表

壁画属性			病害信息			病害比例
高（mm）	宽（mm）	面积（m^2）	高（mm）	宽（mm）	总面积（m^2）	55.66%
843.5	672.3	0.57	843.5	672.3	0.32	
高（px）	宽（px）	总像素（bpx）	高（px）	宽（px）	总像素（bpx）	55.66%
23611	18975	4.48	23611	18975	2.49	

（13）侍女图（GB05507）

根据高清正射数字影像掩膜屏蔽结果（图 6-57）可知，色域相同或相似的各类病害基本广泛分布

1. 正射影像

2. 病害掩膜信息分析

图 6-57　侍女图（GB05507）病害信息

于壁画表面，比较突出的是地仗层大面积缺失，导致画面人物错位；土质结垢导致画面线条漫漶不清。除此以外，壁画表面裂隙，对壁画结构稳定性带来了一定影响。壁画病害属性统计结果见表 6-32。

表 6-32 侍女图（GB05507）病害信息量化统计表

壁画属性			病害信息			病害比例
高（mm）	宽（mm）	面积（m^2）	高（mm）	宽（mm）	总面积（m^2）	61.52%
949.5	988.0	0.94	949.5	988.0	0.58	
高（px）	宽（px）	总像素（bpx）	高（px）	宽（px）	总像素（bpx）	61.52%
22874	22322	5.11	22874	22322	3.14	

根据壁画表面病害信息量化结果可知，色域相同或相似的病害，在其类型上具有较大的差异性，并且分布状况各异。因此，每幅壁画表面所受到的破坏程度并不一致，最为突出的就是画面颜料层脱落对画面图像完整性所带来的破坏。

6.6 壁画表面曲率分析

壁画表面曲率分析主要以三维数字化模型为基础，首先将壁画表面点云数据通过 Rapidform 软件转化为通用文件后，然后利用 Auto-CAD 或 3Dmax 等图形处理软件，进一步对转化后的 STL 文件格式进行处理，使其生成所要表达的效果，最后利用 Auto-CAD 或 3Dmax 等图形处理软件，对壁画表面高曲率面积进行准确测量，测量结果见表 6-33。

表 6-33 史射勿墓葬壁画表面曲率量化结果统计表

序号	壁画名称	壁画编号	高曲率面积（㎡）	所占比例（%）
1	执笏侍从图	FL03645	0.23	30.13
2	执笏侍从图	FL03646	0.21	25.84
3	执刀武士图	FL03647	0.25	20.37
4	执刀武士图	FL03648	0.19	17.99
5	执刀武士图	FL03649	0.30	25.17
6	执笏侍从图	FL03650	0.26	30.15
7	执笏侍从图	FL03651	0.20	21.45
8	执刀武士图	GB05502	0.36	30.44
9	执刀武士图	GB05503	0.37	31.97
10	执刀武士图	GB05504	0.28	24.18
11	花卉图	GB05505	0.25	10.35
12	门楼图	GB05506	0.35	35.53
13	侍女图	GB05507	0.23	24.40

壁画表面形态变化测量结果，只是准确反映了每一幅壁画现存状态的差异，但却无法准确地反映各类病害的分布情况。因此，为了直观地表达各类病害对壁画表面曲率变化的影响情况，通过三维数字化模型渲染，使壁画表面相对平整的区域转变为绿色，使高曲率表面转变为红色，这样就能通过三维数字化模型对壁画表面形态变化情况直接进行观察分析，并为壁画本体修复提供参考依据。

（1）执笏侍从图（FL03645）表面曲率与平整度分析

引起该幅壁画表面曲率变化的因素较多，主要为划痕、裂隙、颜料层和白灰层脱落等，根据壁画表面曲率模型图，高曲率表面主要集中于壁画上部及中部，所占比例达到30.13%，对画面图像完整性具有较大影响（图6-58）。

1. 正射影像

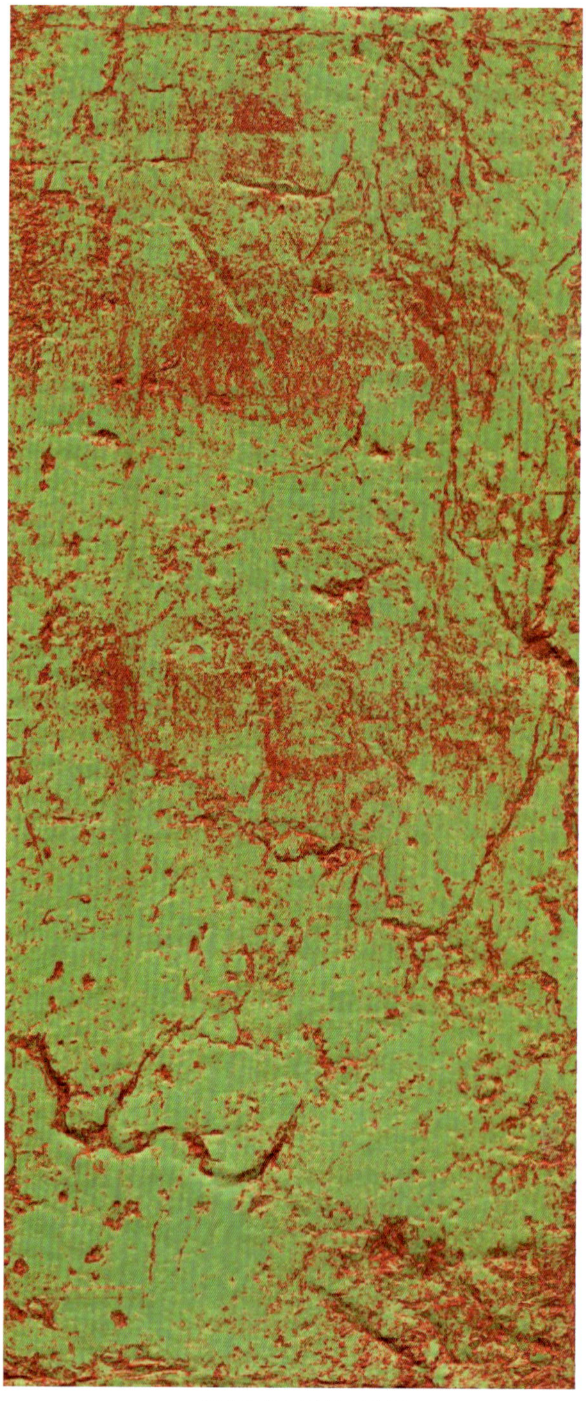

2. 表面曲率与平整度分析

图6-58　执笏侍从图（FL03645）表面曲率模型图

（2）执笏侍从图（FL03646）表面曲率与平整度分析

划痕、裂隙、颜料层及白灰层脱落等病害是引起壁画表面曲率变化的主要因素，根据壁画表面曲率模型图，高曲率表面主要集中于画面图像所在区域，所占比例达到25.84%，导致画面人物面部及黑色线条漫漶不清，人物足部画面残缺不全（图6-59）。

1. 正射影像　　2. 表面曲率与平整度分析

图6-59 执笏侍从图（FL03646）表面曲率模型图

（3）执刀武士图（FL03647）表面曲率与平整度分析

划痕、裂隙、颜料层脱落、白灰层脱落、土质结垢等病害是导致壁画表面曲率变化的主要因素。根据壁画表面曲率模型图，各类病害所引起的高曲率表面主要集中于画面图像所在的区域，高曲率表面所占比例达到20.37%，对人物面部特征、红色长袍影响较大（图6-60）。

1. 正射影像

2. 表面曲率与平整度分析

图6-60　执刀武士图（FL03647）表面曲率模型图

（4）执刀武士图（FL03648）表面曲率与平整度分析

划痕、颜料层及白灰层脱落是引起壁画表面曲率变化的主要因素。根据壁画表面曲率模型图，高曲率表面分布不均，所占比例为 17.99%，主要对画面人物面部及黑色长靴影响严重（图 6-61）。

1. 正射影像　　2. 表面曲率与平整度分析

图 6-61　执刀武士图（FL03648）表面曲率模型图

（5）执刀武士图（FL03649）表面曲率与平整度分析

颜料层及白灰层脱落等病害是引起壁画表面曲率变化的主要因素。根据壁画表面曲率模型图，高曲率表面分布主要集中于画面图像所在区域，所占比例为25.17%，对画面人物面部及足部黑色长靴的完整性具有较大影响（图6-62）。

1. 正射影像　　2. 表面曲率与平整度分析

图6-62　执刀武士图（FL03649）表面曲率模型图

（6）执笏侍从图（FL03650）表面曲率与平整度分析

划痕、裂隙、颜料层及白灰层脱落等病害是引起壁画表面曲率变化的主要因素。根据壁画表面曲率模型图，高曲率表面主要集中于壁画上部及中部，所占比例为30.15%，对画面人物面部特征、红色长袍以及黑色长靴的完整性有较大影响。值得注意的是，该幅画面人物黑色长靴所在区域白灰层脱落十分严重，但是壁画表面曲率变化不大，这充分说明壁画表面刷涂的白灰层极薄，不足以引起表面曲率发生较大变化（图6-63）。

1. 正射影像　　2. 表面曲率与平整度分析

图6-63　执笏侍从图（FL03650）表面曲率模型图

（7）执笏侍从图（FL03651）表面曲率与平整度分析

引起壁画表面曲率变化的因素较多，主要为裂隙、划痕、颜料层及白灰层脱落等病害。根据壁画表面曲率模型图，高曲率表面主要分布于壁画上部，所占比例为21.45%，对长裙下摆及黑色长靴影响最为突出。相比之下，壁画下部白灰层脱落虽然较为严重，但是壁画表面曲率变化并不突出，说明白灰层极薄，不足以引起表面曲率发生较大变化（图6-64）。

1. 正射影像

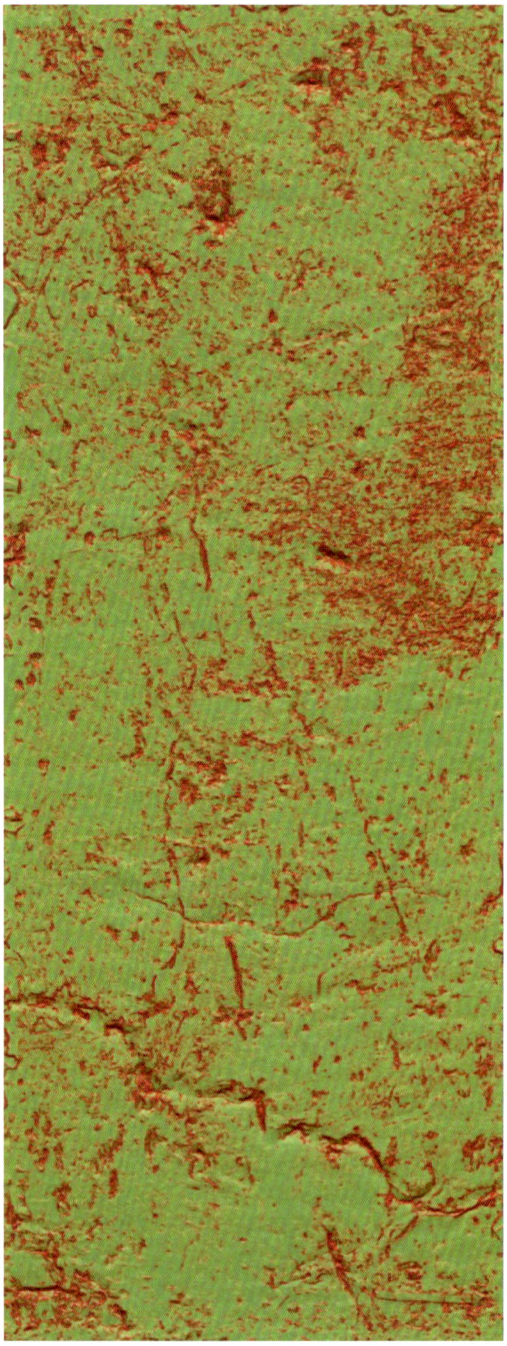

2. 表面曲率与平整度分析

图6-64 执笏侍从图（FL03651）表面曲率模型图

（8）执刀武士图（GB05502）表面曲率与平整度分析

画面裂隙、颜料层及白灰层脱落等病害是引起壁画表面曲率变化的主要因素。根据壁画表面曲率模型图，高曲率表面广泛分布于壁画原始表面，所占比例为30.44%，高曲率表面导致画面人物漫漶不清（图6-65）。

1. 正射影像　　2. 表面曲率与平整度分析

图6-65　执刀武士图（GB05502）表面曲率模型图

（9）执刀武士图（GB05503）表面曲率与平整度分析

划痕、颜料层及白灰层脱落等病害是引起壁画表面曲率变化的主要因素。根据壁画表面曲率模型图，高曲率表面主要集中于壁画中部及下部所在区域，所占比例为31.97%，高曲率表面导致画面图像漫漶不清（图6-66）。

1. 正射影像

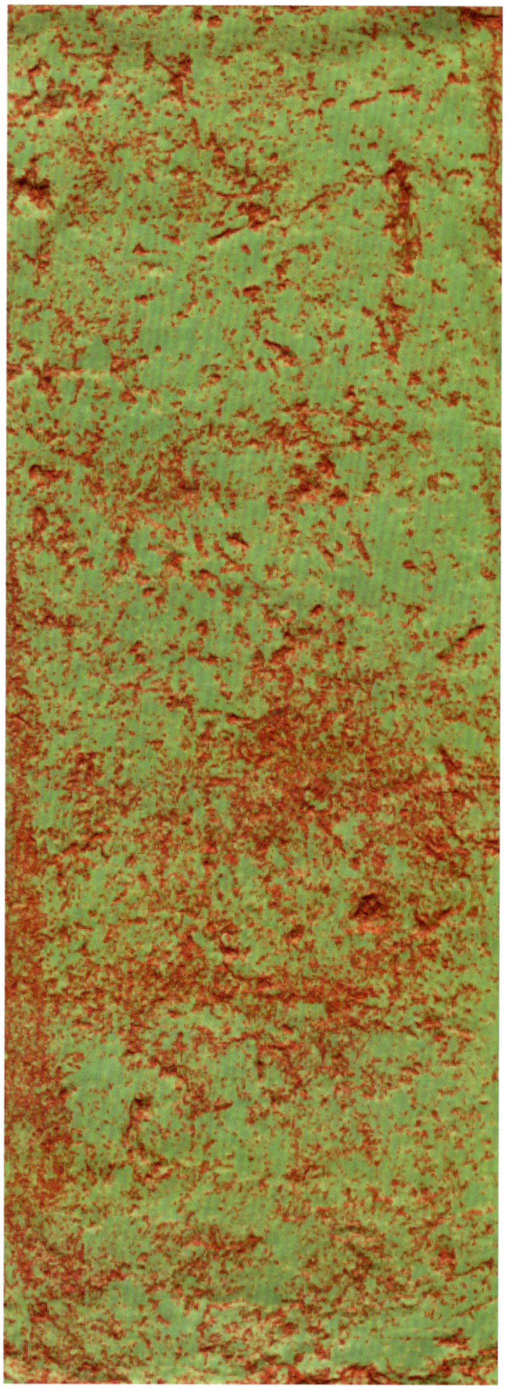

2. 表面曲率与平整度分析

图6-66　执刀武士图（GB05503）表面曲率模型图

（10）执刀武士图（GB05504）表面曲率与平整度分析

划痕、颜料层及白灰层脱落等病害是引起壁画表面曲率变化的主要因素。据壁画表面曲率模型图，高曲率表面主要分布于壁画右上侧及右下侧区域，所占比例为24.18%，高曲率表面对画面人物面部及红色长袍影响程度较大（图6-67）。

1. 正射影像　　2. 表面曲率与平整度分析

图6-67　执刀武士图（GB05504）表面曲率模型图

（11）花卉图（GB05505）表面曲率与平整度分析

裂隙、划痕、修复接缝、土质结垢、白灰层及颜料层脱落等病害是引起壁画表面曲率变化的主要因素。据壁画表面曲率模型图，高曲率表面主要集中分布于壁画未修复区域，所占比例为10.35%，高曲率表面导致画面图像漫漶不清（图6-68）。

1. 正射影像

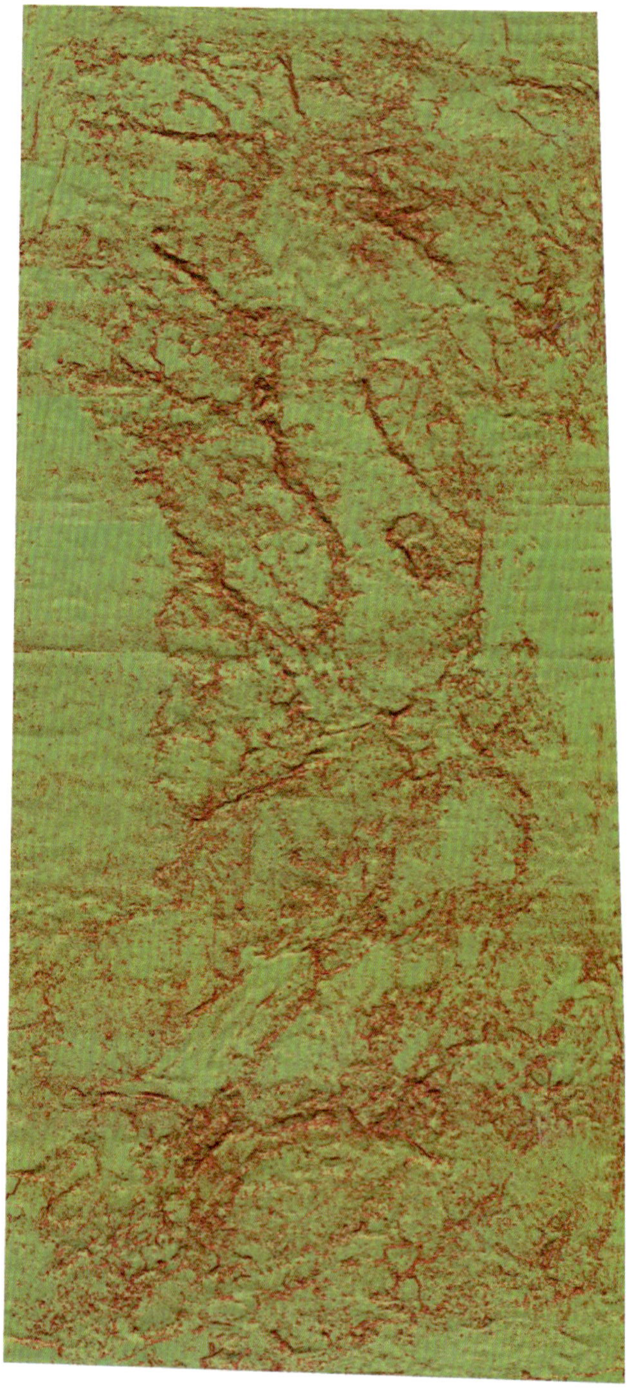

2. 表面曲率与平整度分析

图6-68　花卉图（GB05505）表面曲率模型图

（12）门楼图（GB05506）表面曲率与平整度分析

划痕、裂隙、颜料层及白灰层脱落等病害是引起壁画表面曲率变化的主要因素。据壁画表面曲率模型图，高曲率表面基本广泛分布于壁画表面，所占比例高达35.53%，高曲率表面对画面图像完整性影响极大（图6-69）。

1. 正射影像

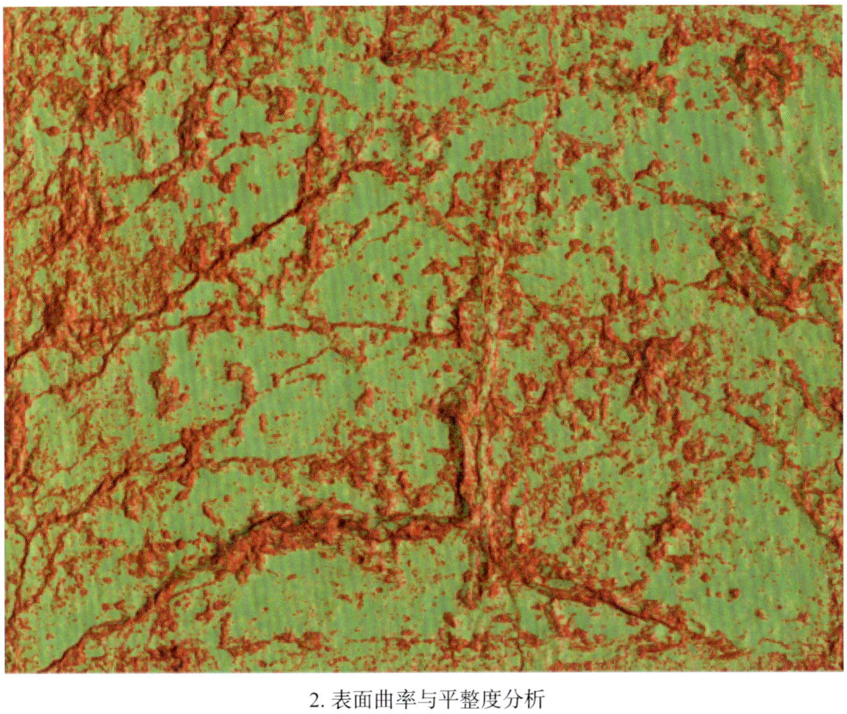

2. 表面曲率与平整度分析

图6-69　门楼图（GB05506）表面曲率模型图

（13）侍女图（GB05507）表面曲率与平整度分析

画面颜料层及白灰层及土质结垢、划痕、裂隙等病害是引起壁画表面曲率变化的主要因素。据壁画表面曲率模型图，高曲率表面主要分布于画面图像所在区域，高曲率表面所占比例为 24.40%，土质结垢所引起的高曲率表面使画面图像漫漶不清（图 6-70）。

1. 正射影像

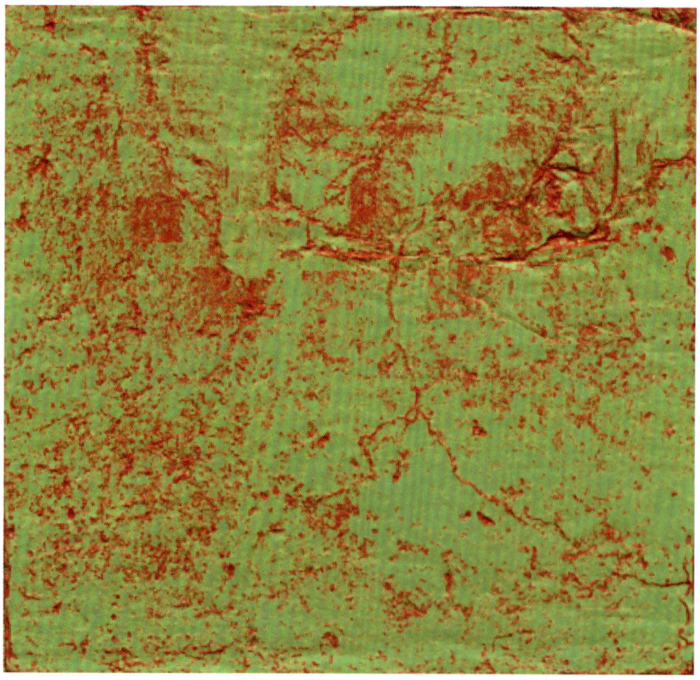

2. 表面曲率与平整度分析

图 6-70　侍女图（GB05507）表面曲率模型图

7　虚拟修复研究

随着计算机图形图像处理技术地不断提高，利用数字技术完整地、永久性地对濒临灭绝的文化遗产进行保存和保护是国内外学者都在积极探索的重要课题。目前数字图像技术在文物保护修复领域得到广泛应用，特别是在壁画保护与修复工作中，通过数字图像的虚拟修复，不仅可以提高壁画修复的精度，而且无需对文物本体进行实际操作，就可以达到与真实修复完全相同甚至超越现实修复的视觉艺术效果。因此，虚拟修复技术在壁画保护中的应用越来越普遍，已经成为壁画保护修复的一项基本技术。

内蒙古大昭寺经堂下层东壁“花变主题佛”壁画于1985年揭取时，被切割为24块，然后拼接为3幅单体壁画分别装框展出。基于“花变主题佛”壁画揭取后分块较小，画面内容无法连贯的现状，利用三维激光扫描技术，首先获取壁画拼接后的高清正射数字影像，然后通过PhotoShopCS2软件，对壁画裂缝、污染物及拼接缝隙进行虚拟修复，使其与原始文献记录的色彩信息保持一致后，以虚拟修复结果作为现实修复的标准，并根据壁画制作材料的分析结果，严格按照壁画保护修复的有关规范进行壁画本体修复，从而使画面内容处于独立状态的3幅壁画，最终恢复到揭取前的原始状态[18]。

7.1　虚拟修复与壁画保护原则的关系研究

虚拟修复主要是通过计算机图形图像处理技术对壁画病害丢失的信息进行补全复原的过程。在这一过程中，基本依据计算机对数字图像所记录的色彩信息识别技术来实现壁画虚拟修复，如壁画表面有渗透的胶液、土质结垢、颜料脱落等病害，在进行修复时，结合病害区域周围正常色彩进行色彩调整，就可以将病害区域色彩信息与其周围色彩统一起来，使其达到视觉效果的完美结合。但是对于画面缺失部分的修复，就不能简单地利用周围色彩调整来进行，而是根据画面保存状况，可将其分为可预见性缺失修复和不可预见性缺失修复两种情况。

对于可预见性缺失修复，利用画面图像中的一些对称性或相似性的几何元素，通过计算机图形识别技术，就能很好地对缺失部分进行补全修复，也可以利用周围正常色彩调整来进行补全修复。对于不可预见性缺失修复，因其没有借鉴的图像元素，很难利用缺失区域周围正常色彩信息进行修复，这是虚拟修复工作中的一个难点问题。另外，对于一些直接影响壁画结构稳定性的病害，诸如龟裂、裂缝、起甲、断裂等病害，在计算机视角信息上，病害区域像素的灰度值往往低于周围正常像素灰度值。因此，对于灰度值变化较低的细小裂缝、划痕等，完全可以利用周围正常色彩信息进行补全，但是对于灰度值较大的裂缝、断裂等病害，就不能简单地利用病害区域周围的色彩信息进行补全，如唐代李贤墓揭取的“马球图”，在其表面分布有较多的裂纹，王慧琴等人在对其进行修复研究时，首先将画面图像的颜色空间（RGB）转化为数字图像模型（HSI）后，通过提取亮度分量来实现裂缝的粗提取，然后利用图像连通域标注的方法，在有效消除细小裂缝和噪声点干扰的基础上，最后通过数字图像修复算法进行虚拟修复，使其达到了理想的修复效果[19]。

通过以上案例可知，壁画虚拟修复的关键点是病害信息的标注和提取，但是在整个修复过程中，由于不涉及修复材料的筛选与使用，修复效果虽然很好地实现了画面图像的连贯性，并且使病害区域色彩信息与其周围正常色彩能够保持一致或接近，但是通过数字图像对病害区域修复后的输出结果，作为指导壁画实际修复的标准，仍然存在一定的差异。造成这种差异的根本原因在于虚拟修复能够按照一定的程序或算法，通过壁画表面病害形态的色彩改变，就能对病害造成的缺失部分进行准确复原，但其无法利用设定的程序或算法，将文物保护过程中应遵循的原则，诸如兼容性、可逆性、可辨识性等原则，通过差异化的方式体现在虚拟修复的过程之中。

目前，利用三维扫描技术对文物本体保护修复的实例较少，大多集中在壁画病害信息提取方法的研究层面，很少涉及虚拟修复技术与文物保护原则的结合问题。因此，随着计算机图形图像处理技术地不断发展，在今后的文物保护工作中，要积极探索将修复理念与虚拟修复技术相结合，使数字图像修复结果更加符合现实修复的需要。

7.2 隋代史射勿墓葬壁画虚拟修复内容及方法

隋代史射勿墓葬壁画表面病害类型较多，分布面积较广。为了便于虚拟修复的研究，将壁画表面所受到的破坏划分为两个层次，一是将颜料层褪色或脱落等病害对画面图像所带来的破坏作为一个层次。另一是将划痕、龟裂、裂隙、断裂等对画面图像赖以生存的载体所带来破坏的病害作为一个层次。这样就可以将虚拟修复的内容，转化为画面图像色彩虚拟修复和病害虚拟修复两个方面。

7.2.1 色彩虚拟修复

隋代史射勿墓葬壁画色彩修复，主要根据画面图像绘制方法，将其分为墨线修复和晕染修复两部分。但是导致画面色彩受损的原因较多，既包括不可抗拒的自然因素引起的画面色彩退化，又包括表面污染物、断裂、裂隙、划痕、脱落、植物秸秆、毛发、土垢等病害引起的色彩变化。因此，在进行虚拟修复研究时，根据画面图像受损特点，可以将色彩虚拟修复进一步细化为墨线修复和晕染区域修复两个方面。

（1）墨线虚拟修复

墨线是表现画面人物神态和服饰变化最为突出的艺术表现形式，在自然因素和各种病害的共同作用下，壁画墨线由浓变淡，由清晰变为模糊，更为严重的是出现了局部或全部脱落，导致画面残缺不全。这对全面解读壁画的历史原真性，研究绘画艺术的渊源关系带来较大的障碍。因此，应用计算机修复壁画褪色或变色区域时，不可避免的要涉及墨线修复。墨线修复主要包括可预见性缺失修复和不可预见性缺失修复两个方面。

1）墨线可预见性缺失虚拟修复

可预见性缺失是指通过壁画线条的视觉信息，能够推测出画面残缺部分的绘制内容或线条变化情况。隋代史射勿墓葬壁画墨线可预见性缺失部分，主要出现在幞头、衣服纹饰、人物面部、装饰图案以及建筑彩绘图像等位置。如果画面墨线属于局部缺失，在进行修复时，结合缺失部位周围正常色彩信息，通过 PhotoShop 等图形处理软件，对缺失部分进行色彩调整，就可以进行精确修复，修复结果见图 6-71。

如果壁画墨线出现大面积缺失，而残损部分属于可预见性缺失，在进行虚拟修复时，可利用画面中对称性元素作为参考依据，如执刀武士的幞头左下侧区域几乎全部缺失。在进行这一区域修复时，根据缺失部位的测量结果，利用图像处理软件进行色彩调整，即可达到对缺失部分虚拟修复的目的，修复结果见图 6-72。

1. 修复前　　2. 修复后

图 6-71　壁画墨线及红色颜料层局部可预见性缺失虚拟修复示例

1. 修复前　　2. 修复后

图 6-72　幞头墨线可预见性缺失虚拟修复示例

对于表现人物面部特征以及服饰变化的墨线，修复方法与局部墨线残损修复方法一致，只对残损部分进行色彩调整，即可达到理想的修复效果，修复结果分别见图 6-73 和图 6-74。

1. 修复前　　2. 修复后

图 6-73　人物面部墨线可预见性缺失虚拟修复示例

1. 修复前

2. 修复后

图 6-74　人物服饰墨线可预见性缺失虚拟修复示例

2）墨线不可预见性缺失虚拟修复

不可预见性缺失是指画面墨线缺失以后，难以通过现存壁画的视觉信息对其进行补全复原。如果残缺的内容出现在人物的头部、面部、四肢以及关键动态部位等，往往缺少参考依据，很难通过现有的画面内容来进行推测。因此，在进行不可预见性缺失虚拟修复时，就不能实施假设性修复，而是要以消除影响画面历史信息的病害为重点，力求使现存画面不再继续遭受各种病害的损害为主要目的。图 6-75、图 6-76 分别为局部不可预见性虚拟修复结果。

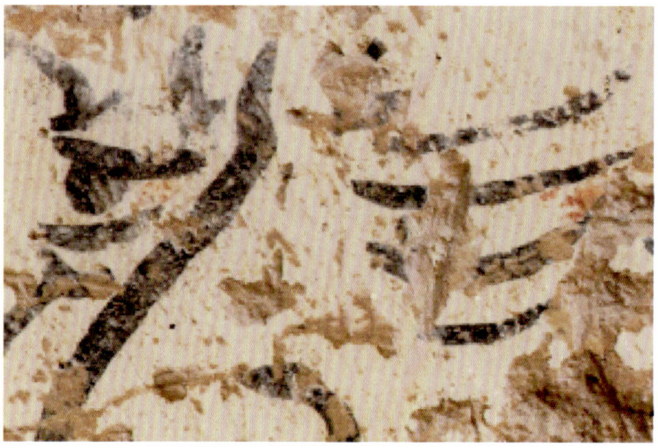

1. 修复前

2. 修复后

图 6-75　画面局部不可预见性缺失虚拟修复示例

（2）晕染区域虚拟修复

隋代史射勿墓葬壁画在构图形式上，先用墨线在白灰层上面勾勒出人物形态，再用红色颜料进行平涂晕染，使着色区域产生层次渐变的视觉效果。仔细观察晕染区域色彩变化，不难发现平涂晕染的方式，基本沿着墨线勾勒的顺序进行。因此，应用计算机修复具有平涂和晕染效果的色彩区域时，必须根据壁画原有的晕染层次和着色技法，选择具有特殊效果的壁画模型进行修复。

一般情况下，修复具有平涂效果的色彩区域时，只需将待修复区域周围保存完整的色彩，移植到变色区域即可达到修复效果。但是修复具有晕染效果的色彩区域时，则需要选择具有渐变效果的笔刷模型，通过色彩的叠加来表现层次渐变的艺术效果，平涂和晕染虚拟修复效果见图 6-77 和图 6-78。

1. 修复前

2. 修复后

图 6-76　长筒乌靴不可预见性缺失虚拟修复示例

1. 修复前

2. 修复后

图 6-77　着色区域平涂和晕染虚拟修复示例

1. 修复前

2. 修复后

图 6-78　长筒乌靴平涂和晕染虚拟修复示例

7.2.2 病害虚拟修复

隋代史射勿墓葬壁画病害类型较多，比较典型的有表面污染物（包括加固层、土垢、植物秸秆、刷毛等）、龟裂、裂隙、划痕、颜料层脱落等，其中龟裂、裂隙、划痕、颜料层脱落等病害，具有相同或相似的色域范围，因此，可将不同类型的病害归类，在进行虚拟修复。

（1）裂隙、龟裂、划痕、颜料层脱落虚拟修复

裂隙、龟裂、划痕、颜料层脱落等病害，属于壁画原色彩缺失，它们在计算机色彩信息识别上，具有相同或相似的色域范围。因此，对这类病害进行虚拟修复时，对于较小的裂缝、龟裂、划痕等病害，通过平移周围正常颜色来进行修补，即可达到修复效果。但是对于较大的裂缝、划痕等病害，在一般情况下，可以通过选择一个正常区域作为原型，并将所选定的原型复制到残缺部位，然后对残缺部位进行拉伸处理，使其完全覆盖被修复区域，最后通过精细处理即可达到修复效果[20]。

当病害区域无法通过“原型”复制修复时，可以通过数字图像修复算法进行虚拟修复，即可达到理想的修复效果，局部效果见图 6-79～图 6-81。

1. 修复前

2. 修复后

图 6-79　壁画表面细小裂隙虚拟修复示例

1. 修复前

2. 修复后

图 6-80　壁画表面较大裂隙虚拟修复示例

1. 修复前

2. 修复后

图 6-81　壁画表面龟裂虚拟修复示例

（2）表面覆盖物、污染物虚拟修复

壁画表面覆盖物和污染物对画面颜料层影响较大，首先在视角信息上，壁画表面封护材料弱化后，不再保持原有的无色透明的特性，而是逐步老化，转变为黄色，这不但对画面颜料正常色度带来一定影响，而且所产生的表面眩光，会影响画面的解读，特别是封护层起甲开裂，直接影响着画面的安全。其次壁画表面污染物对画面影响也十分突出，特别是壁画表面土质结垢对画面影响较大。如侍女图（GB05507）壁画表面未清洗干净的土质结垢，对画面红色线条覆盖较为严重，使画面晦暗不清。另外壁画表面的刷毛、植物秸秆等污染物，在不同程度上也对壁画产生一定影响，尤其是封护层表面刷毛的存在，对于研究壁画揭取后，是否要再次刷涂封护材料提供了一定的依据。

根据以上研究可以看出，壁画表面封护材料对画面影响程度极大，是此次现实修复中重点清洗的对象，但是在进行虚拟修复研究时，不再对其表面眩光进行研究，而是重点对壁画表面污染物虚拟修复进行必要地研究。壁画表面刷毛、植物秸秆等以零散状态分布于壁画表面，与画面图像所表现出来的色彩信息完全不同。因此，只需利用污染物周围正常颜色修补，就可以达到修复效果，壁画表面刷毛虚拟修复效果见图 6-82，壁画表面植物秸秆虚拟修复效果见图 6-83。

1. 修复前

2. 修复后

图 6-82　壁画表面刷毛虚拟修复示例

1. 修复前

2. 修复后

图 6-83　壁画表面植物秸秆虚拟修复示例

7.3　隋代史射勿墓葬壁画虚拟修复结果

通过对壁画表面覆盖物、污染物、龟裂、起甲、裂隙、颜料层脱落、划痕等病害修复方法的研究，为壁画进行综合性虚拟修复提供了基本方法和思路。但是在进行壁画整体修复前，首先要对每一幅壁画病害特征进行仔细分类，并根据病害测量结果，结合壁画表面病害形态，选用合适的图像处理软件，采取相应的修复方法，才能在虚拟修复过程中，最大程度的减少各类病害对壁画造成的信息消亡，才能对壁画局部丢失的信息进行准确复原，最终达到壁画历史信息完整性的目的，修复结果见图版 26～图版 30。

尽管我们目前所采用的虚拟修复技术，对壁画保护工作具有一定的指导意义，但是这些数字化技术仍然有许多的缺陷和不足，相信随着信息技术的不断发展，数字化技术在壁画保护上的应用一定会变得日臻完善，会不断提高壁画修复的速度、精度和稳定性，为壁画的保护和修复做出巨大的贡献。

7.4　可视化信息数据平台

为了实现隋代史射勿墓葬壁画档案信息存储与管理、壁画科学分析检测成果存储与管理、壁画高清矩阵正射影像实时浏览等功能，特别是为了通过数字图像虚拟修复成果，指导隋代史射勿墓葬壁画现实修复保护工作，专门建立了壁画可视化信息管理系统。可视化信息数据平台能够支持全平台浏览，具有分辨率自适应的特性，可根据屏幕大小，自动缩放 UI 界面，并且数据平台能够兼容电脑、平板、手机、电视等多媒体设备。

可视化数据平台，主要由高清正射影像实时浏览模块、虚拟修复对比浏览模块和科学分析检测浏览模块三部分组成。

7.4.1　馆藏壁画高清正射影像浏览模块

高清正射数字影像 UI 界面具有壁画高清矩阵正射影像实时浏览功能，支持超高像素壁画影像的浏览和管理。在界面设置上，具有缩放、平移、切换壁画、全屏、复位等功能（图 6-84）。

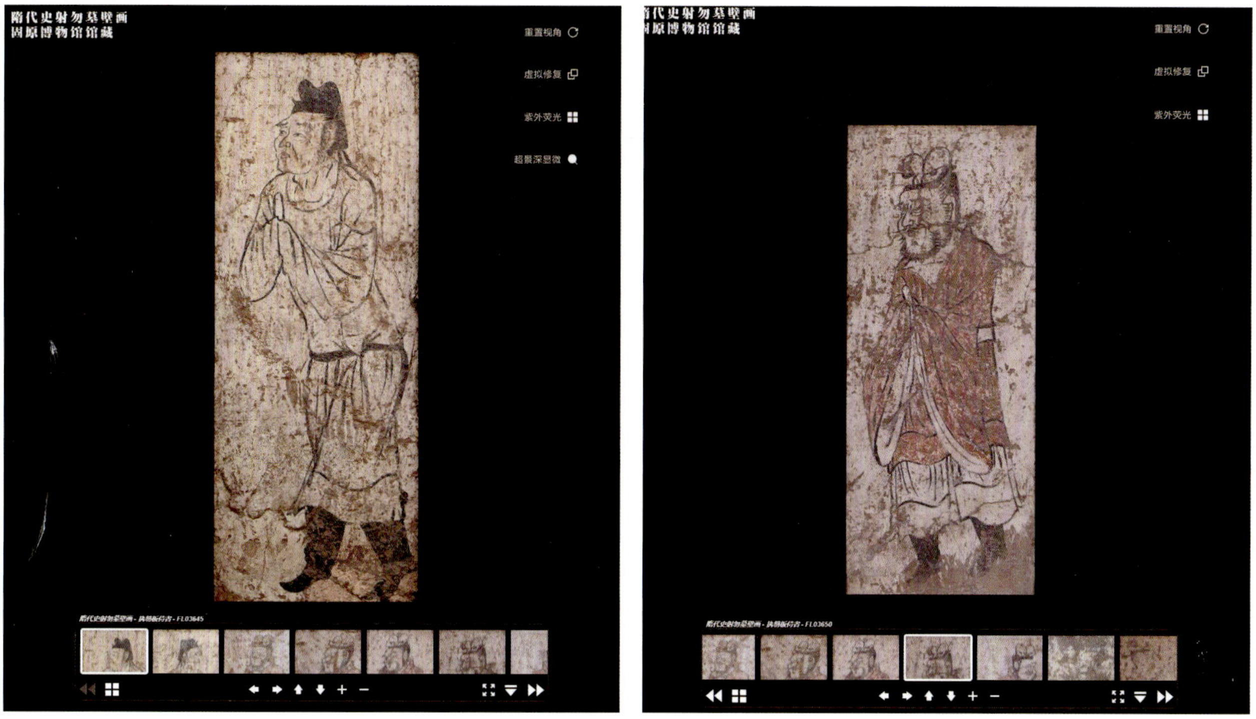

图 6-84　馆藏壁画高清正射影像实时浏览界面

7.4.2　馆藏壁画虚拟修复对比浏览模块

馆藏壁画虚拟修复实时对比浏览界面采用左右框架模式，左框架浏览壁画现状影像信息，右框架浏览经虚拟修复后的影像信息。模块界面具有缩放、平移、切换壁画、全屏、复位等功能，同时能够支持左右影像同步缩放和局部显示，特别是能够支持右部影像可替换为任意壁画影像信息（图 6-85）。

图 6-85　馆藏壁画虚拟修复实对比浏览界面

7.4.3　馆藏壁画科学分析检测浏览界面

馆藏壁画科学分析检测成果浏览数据平台，以壁画编号作为唯一识别依据，调取相应壁画有关科学分析检测信息。科学检测信息浏览模块，主要包含紫外荧光成果信息、XRD 分析、超景深显微分析、多光谱分析等检测成果内容（图 6-86）。

图 6-86　馆藏壁画科学分析检测浏览界面

参考文献

[1] 刘刚, 张俊, 刁长宇. 敦煌莫高窟石窟三维数字化技术研究. 敦煌研究, 2005, (4): 104-109.
[2] 蔡广杰. 大昭寺三维数字化应用初探. 首都师范大学学报 (自然科学版), 2009, (3): 83-86.
[3] 黄玉琴. 三维激光扫描技术在花山岩画保护中应用. 中国文物科学研究, 2012, (1): 63-66.
[4] 田继承, 罗宏, 吴绍明. 三维激光扫描技术在云冈石窟13 窟数字化中的应用. 城市勘测, 2014, (4): 23-26.
[5] 周立, 毛晨佳. 三维激光扫描技术在洛阳孟津唐墓中的应用. 文物, 2013, (3): 83-87.
[6] 张群喜. 三维扫描技术在支撑体严重变形的唐墓壁画保护中的应用. 全国考古与文物保护化学学术研讨会论文集, 2010, 10: 309-314.
[7] 杨文宗. 馆藏唐墓壁画病害调查研究. 陕西出版传媒集团, 三秦出版社, 2015: 8-23.
[8] 杨文宗, 张媛媛, 王佳. 唐韩休墓壁画保护现状调查与分析. 中原文物, 2017, (1): 122-128.
[9] 郭宏, 马清林. 馆藏壁画保护技术. 科学出版社, 2011: 12-13.
[10] 成倩, 宋燕, 孙延忠. 馆藏壁画的历史信息与现状调查. 文博, 2009, (6): 216-221.
[11] 方明珠, 王晏民, 侯妙乐. 基于ArcGIS Engine 的馆藏壁画病害调查 . 北京建筑工程学院学报, 2010, 26 (1): 10-13, 19.
[12] 白天佑. 莫高窟壁画数字化建设探讨. 长江大学学报 (社科版) , 2011, 34 (11): 167-168, 171.
[13] 华巍, 胡云岗, 侯妙乐, 张学东. 壁画照片采集的分区块方法研究. 地理信息世界, 2017, 24 (3): 107-112.
[14] 潘云鹤, 鲁东明. 古代敦煌壁画的数字化保护与修复. 系统仿真学报, 2003, 15 (3): 310-314.
[15] 王建荣. 唐墓壁画高精度影像数字化采集技术与应用. 文博, 2011, (3): 66-70.
[16] 华巍, 胡云岗, 侯妙乐, 张学东. 壁画照片采集的分区块方法研究. 地理信息世界, 2017, 25 (3): 110.
[17] 伍梦琦, 李中伟, 钟凯, 史玉升. 基于几何特征和图像特征的点云自适应拼接方法. 光学学报, 2015, 35 (2): 229-236.
[18] 徐永明, 赵静. 基于现代信息技术的壁画模拟修复——以内蒙古大昭寺 “花变主题佛”壁画为例. 中国藏学, 2015, (2): 175-177.
[19] 王慧琴, 韩建武, 吴萌, 李文怡, 王凯, 杨洁. 马球图中裂缝的自动修复方法研究. 中国文物保护第七次学术年会论文集, 科学出版社, 2013: 311-316.
[20] 李雅梅: 基于Photoshop 实现的古代壁画虚拟复原研究. 西南大学学报 (自然科学版), 2015, 37 (11): 190-196.

第七章　隋代史射勿墓葬壁画微观病害形态调查

隋代史射勿墓葬壁画揭取修复后，在其组成方式上已经发生了根本性的变化，不再是由原始材料组成的单一体系，而是由多种材料组成的一个复杂的综合体系。在这一体系中，壁画原始材料与修复材料之间，通过加固、填充、渗透、黏结等方式，以一定的物理、化学方式与壁画原始材料结合在一起。在保存环境这一关键因素的影响下，一方面诱发壁画原发性病害发生续变，使壁画病害形态的演变趋势更加复杂；另一方面导致壁画修复材料性能弱化甚至失效，致使壁画原始材料与修复材料之间的作用方式发生变化，进而导致壁画内应力失衡。这不但能够引发壁画整体形态发生变化，而且还能引发画面加固层起甲开裂、画面裂隙、凹陷、龟裂等病害。特别是画面加固层起甲开裂，对画面的生存构成了严重威胁。如果此类病害一旦全面暴发，将会使画面颜料层随加固层起甲开裂而脱落，最终导致画面全部消亡。

隋代史射勿墓葬壁画在其保存环境因素的诱导作用下产生的破坏，突出表现在壁画组成材料之间直接和间接作用对壁画所带来的破坏，这种破坏作用既包括壁画原发性病害续变所带来的破坏，又包括修复材料性能弱化所带来的破坏[1]。因此，对于这样一个结构复杂的综合体系来说，要消除材料老化作用对壁画结构稳定性带来的破坏，建立起壁画结构稳定性、组成材料与其保存环境之间的适应性关系。探索不同病害形态对壁画的破坏机制，首先要对其微观病害形态及其演变趋势进行深入研究，并在此基础上通过对材料之间作用机理的进一步研究，才能从根本上解除壁画组成材料老化所引发的各种病害。

1　超景深显微系统调查

超景深显微系统是在普通光学成像基础上，通过增加特殊的相位模板设计，对光学成像进行波前调制后，使光学成像系统的光学传递函数具有离焦不变性。这一特性打破了普通光学显微系统随着放大倍数的增加，景深范围越来越小的局限，从而使其能够在最大程度上加大拍摄主题清晰范围的距离，特别是对于壁画表面所分布的微观凹凸痕迹，无需改变物方前后距离，就能清晰地观察壁画微观病害形态的空间形貌特征。

利用超景深显微系统进行壁画表面微观病害形态观察时，光学系统首先将感知到的图像经过相位模板主动调制后，使其形成中间图像。中间图像进一步被 CCD 相机捕获后，转变为数字图像，然后通过 LCD 显示器就可直接观察到壁画微观病害的形貌特征，其工作原理见图 7-1。

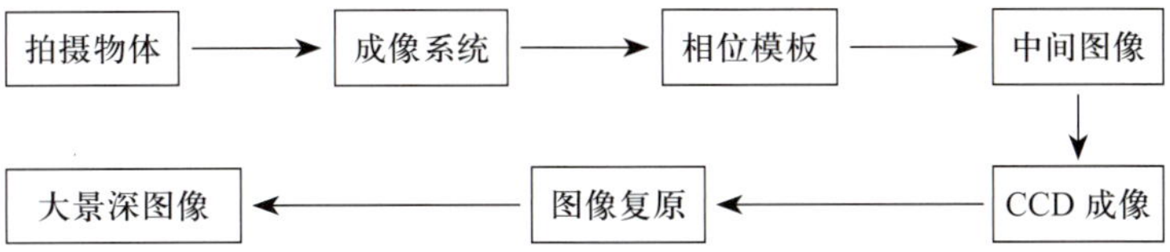

图 7-1　超景深显微系统工作原理

1.1 设备选择与工作环境

针对隋代史射勿墓葬壁画表面加固层较厚，表面眩光严重，特别是在表面加固材料对壁画病害形态覆盖、填充的情况下，为了能够获得更多壁画表面病害信息，选用分辨率高，景深范围大，对工作环境无特殊要求的三维显微系统进行壁画病害信息采集。设备信息如下：

设备名称：基恩士

型号：VHX-5000

镜头：VH-Z20R 标准镜头

工作环境为室内自然环境，放大倍率 20～200 倍，观察距离为 25.5mm，照片拍摄标准尺寸为 1600mm×1200mm。

1.2 病害形态调查结果

利用超景深显微系统进行病害形态观察时，当观察区域表面反光强烈时，采用“光晕去除”模式进行拍摄，当观察区域高低起伏具有明显变化时，启动 3D 图像快速合成功能进行拍摄，壁画病害显微调查放大倍数关系见附表二。

（1）执笏侍从图（FL03645）

壁画表面颜料层及白灰层脱落严重，划痕较深，对画面图像具有较大影响。除此以外，壁画表面加固材料分布不均，所形成的薄膜呈白色絮状，其间夹杂有大量气泡，并且透明性较差，对画面颜料色域具有较大影响（图 7-2）。壁画表面微裂隙与空鼓分布范围较广，其内外表面均未被画面加固材料填充或覆盖（图 7-3、图 7-4），说明此类病害是在壁画保存期间受保存环境的影响逐步发育而成的。壁画在修复过程中，渗透到壁画表面的环氧树脂呈黄色透明的玻璃态，且与白灰层结合紧密（图 7-5）。

（2）执笏侍从图（FL03646）

画面颜料层及白灰层脱落、土质结垢、划痕、裂隙等宏观病害分布范围较广，对画面图像的完整性和稳定性具有较大影响。最为突出的是画面加固材料起甲脱落（图 7-6），虽然分布范围较小，但是

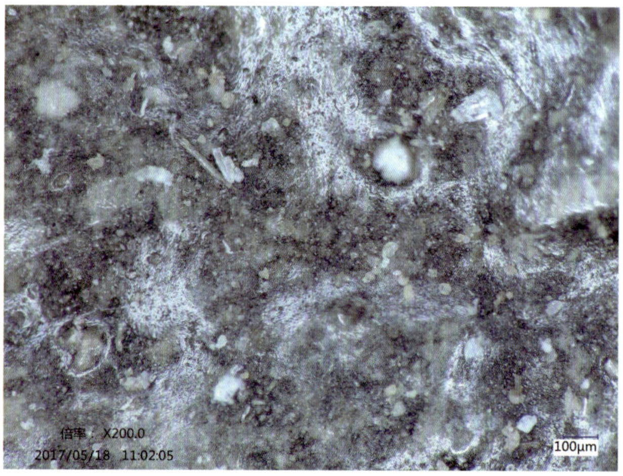

图 7-2 壁画表面加固材料分布不均

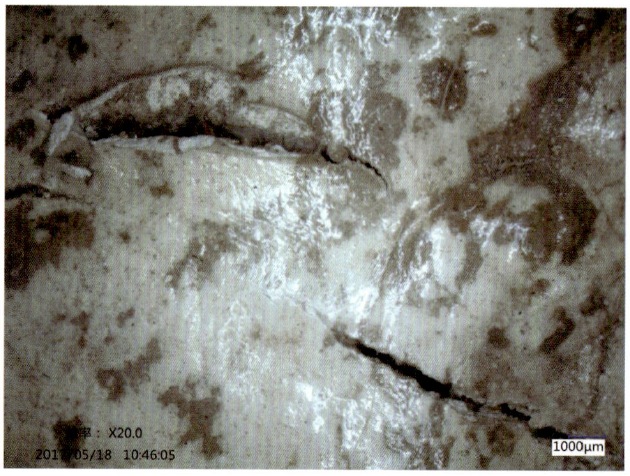

图 7-3 壁画表面微裂隙

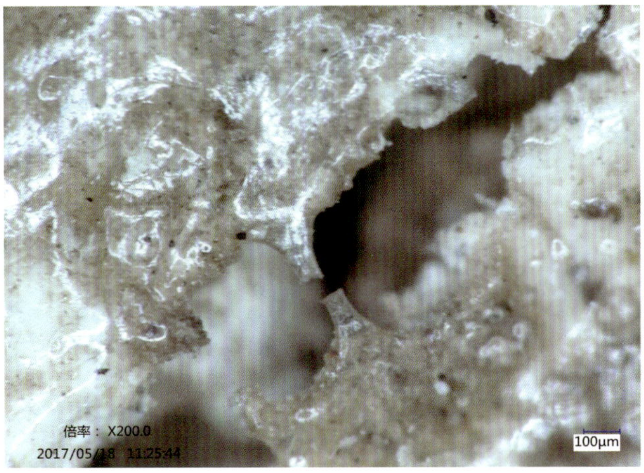

图 7-4　壁画表面形成的空鼓

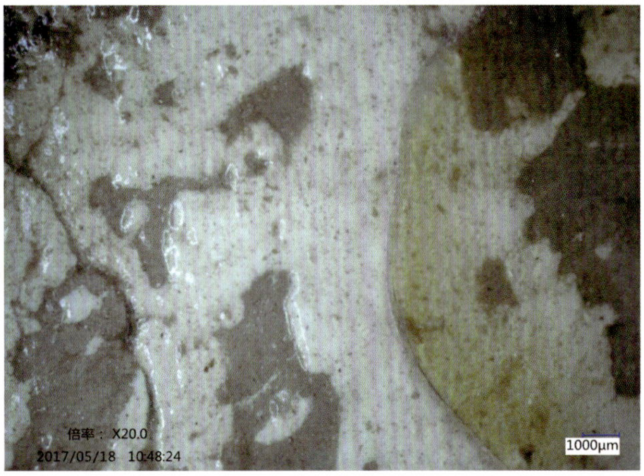

图 7-5　壁画表面渗透的环氧树脂

会对画面图像造成不可逆转的破坏。壁画表面所形成的微裂隙分布范围较广（图 7-7），但是在其分布形态上，均呈现出未被加固材料所覆盖的特点，说明此类病害是在壁画保存期间受保存环境的影响而逐步形成的。壁画表面局部渗透的环氧树脂（图 7-8）与其表面残留的石蜡（图 7-9），均被画面加固

图 7-6　壁画表面加固材料起甲脱落

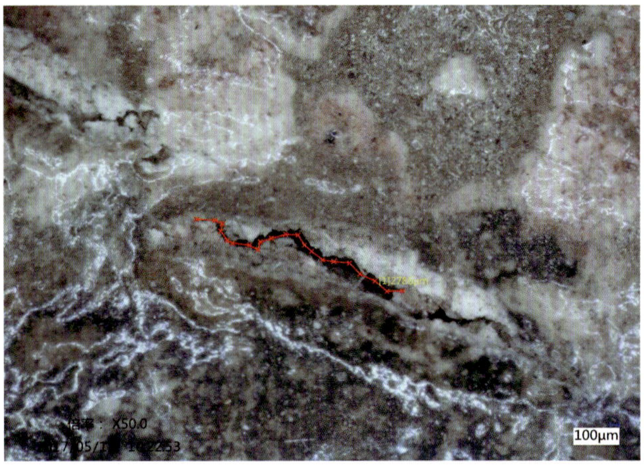

图 7-7　壁画表面微裂隙

图 7-8　壁画表面渗透的环氧树脂

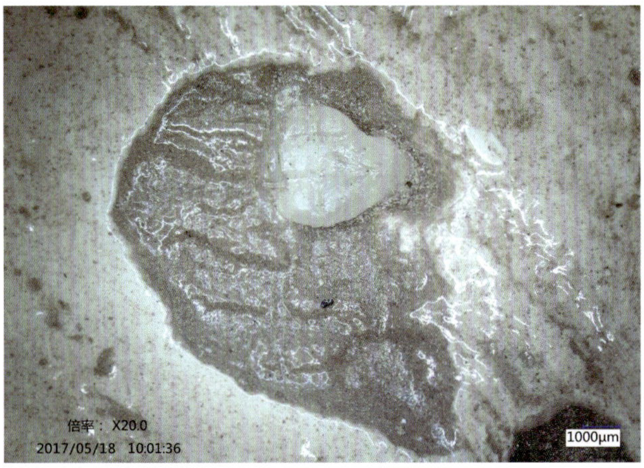

图 7-9　壁画表面残存的石蜡

材料所覆盖，这一现象说明壁画揭取修复过程中，再次利用 PVB 树脂对画面层进行了封护，这对研究壁画表面封护材料的来源问题提供了科学依据。

（3）执刀武士图（FL03647）

病害调查结果显示，画面颜料层受自然磨蚀作用的影响较为突出，另外画面颜料层及白灰层脱落、划痕等广泛分布于壁画表面，对画面图像的完整性和稳定性具有较大影响。除此之外，壁画表面残留的纸张痕迹被画面加固材料覆盖后，与画面颜料结合较为紧密，对画面具有较大影响（图 7-10）。壁画表面白灰层局部脱落与画面加固材料起甲开裂，使壁画表面形态发生变化的同时，还导致壁画空鼓范围进一步扩大（图 7-11、图 7-12）。

超景深显微调查结果显示，在画面左下方，发现有黑色颜料被白灰层覆盖的痕迹。据此推测，在壁画绘制过程中，利用白灰层覆盖的方式对画面图像进行局部修改（图 7-13）。

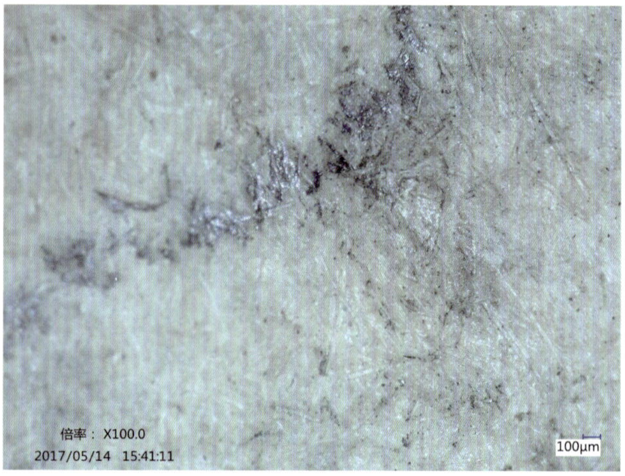

图 7-10 壁画表面局部残存的纸张痕迹

图 7-11 白灰层局部脱落

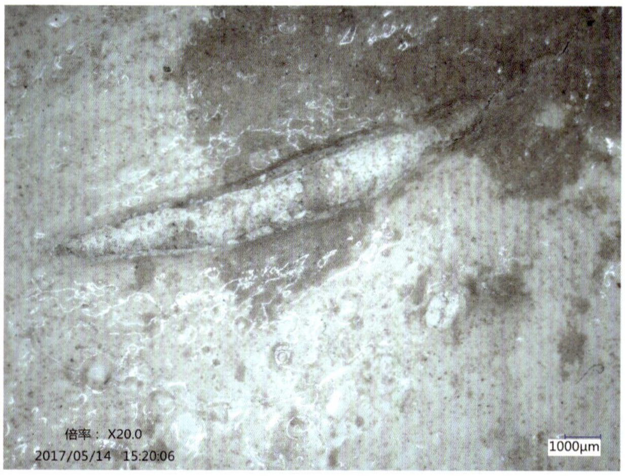

图 7-12 壁画表面加固材料局部起甲开裂

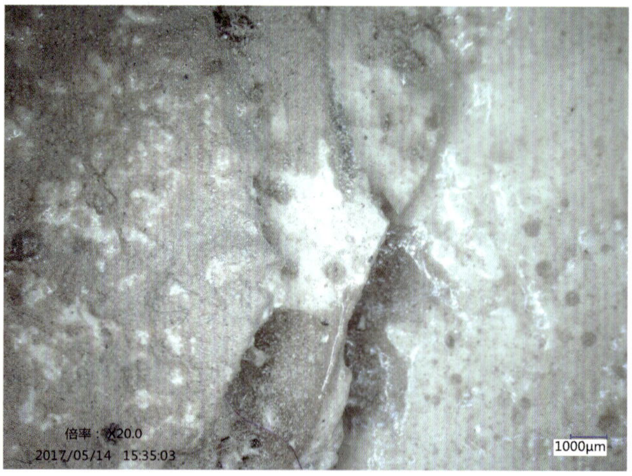

图 7-13 白灰层与黑色颜料形成叠压关系

（4）执刀武士图（FL03648）

病害调查结果显示，画面颜料层与白灰层脱落、划痕、表面覆盖物等各类宏观病害，是影响画面图像完整性的主要因素。除此以外，各种微观病害对画面图像的破坏也较为普遍。最为突出的是壁画表面微裂隙分布范围较广，形态各异，在其内外表面均未被加固材料填充或覆盖，说明此类病害是在壁画保存期间受保存环境的影响逐步发育而成的（图 7-14、图 7-15）。壁画表面颜料层及白灰层脱落区域，地仗补做材料颗粒大小不一，结构疏松，地仗补做内部掺杂的羊毛以及地仗组织结构裸露在外（图 7-16、图 7-17），为病害扩展提供了有利条件。

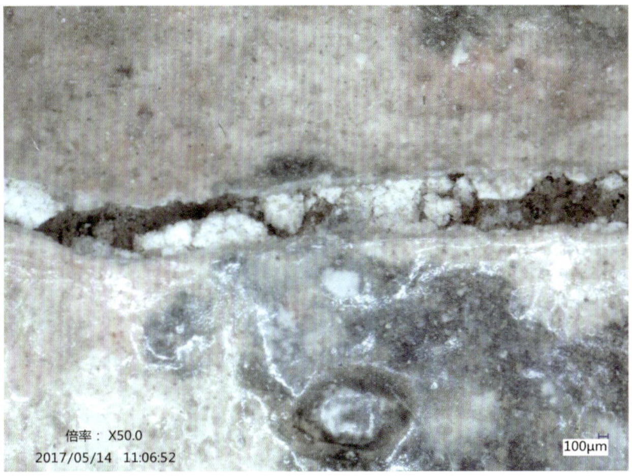

图 7-14　黑色颜料层表面裂隙

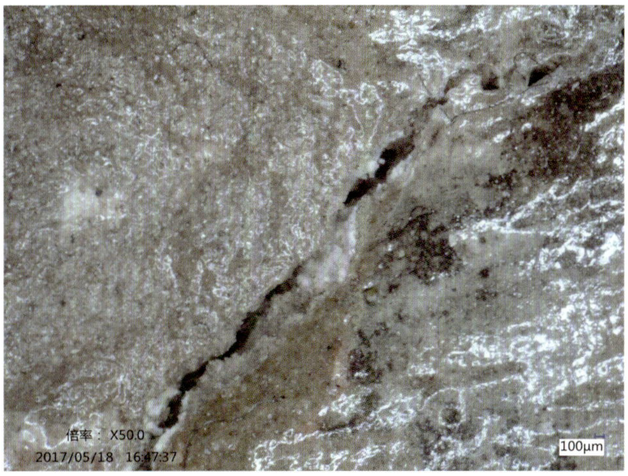

图 7-15　壁画表面所形成的微裂隙

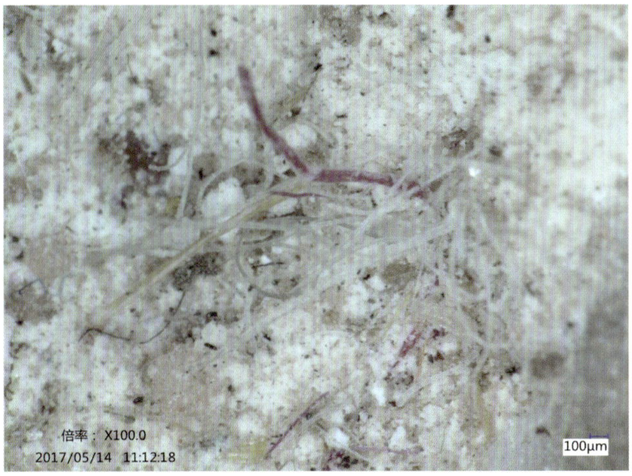

图 7-16　壁画地仗材料中掺杂的染色羊毛

图 7-17　壁画地仗组成材料的内部结构

（5）执刀武士图（FL03649）

病害调查结果显示，壁画表面颜料层自然磨蚀以及白灰层脱落、表面覆盖污物等宏观病害，是引发壁画表面形态变化的主要因素。特别是画面加固材料分布不均，内部气泡密布，基本以白色絮状形态覆盖于壁画表面，对画面颜料的色域范围具有较大影响（图 7-18）。除此以外，壁画表面微裂隙及画面加固材料分布不均，尤其是起甲开裂，对画面图像带来了不可逆转的破坏（图 7-19）。壁画表面残留的石蜡，分布范围较广，形态各异，在其表面所遗留的纱布印痕，为研究壁画揭取及室内修复工作提供了极为重要的信息（图 7-20）。墨线表面出现的红色颜料斑点，显然是壁画绘制过程中无意滴洒形成的（图 7-21）。

图 7-18　壁画红色颜料表面的加固材料

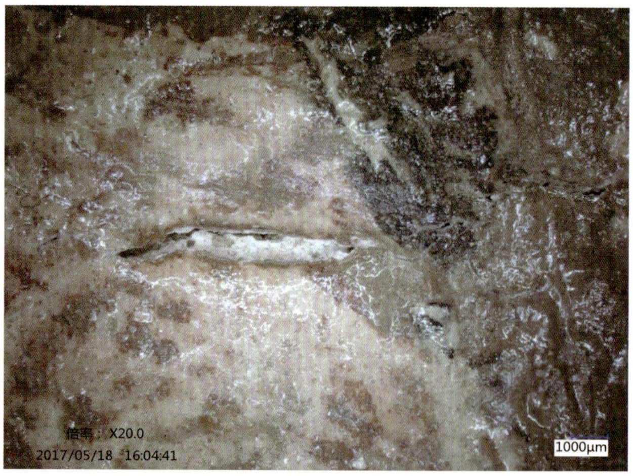

图 7-19　壁画表面加固材料起甲开裂

图 7-20　壁画表面残留石蜡表面所分布的纱布印痕

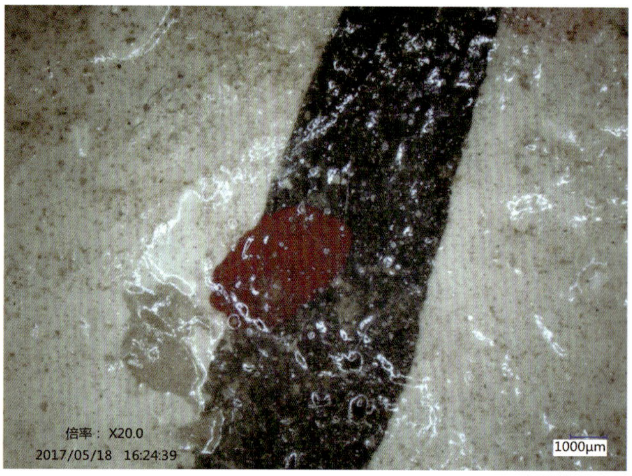

图 7-21　墨线被红色颜料斑点所覆盖

（6）执笏侍从图（FL03650）

病害调查结果显示，壁画表面覆盖物、画面颜料层及白灰层脱落、画面裂隙、划痕等宏观病害分布范围较广，这是导致画面图像残损的主要因素。除此以外，壁画表面分布的各种微观病害，对壁画所带来的危害也较为普遍。最为突出的是画面加固材料起甲脱落，直接导致画面颜料局部缺失（图 7-22）。壁画表面所渗透的白色胶液以自然弥散状态分布于壁画表面，显然为地仗组成材料中所加入的丙烯酸乳液渗透所致（图 7-23）。

壁画表面所渗透的环氧树脂分布范围较广，与壁画表面结合紧密，尤其是被画面加固材料覆盖后，对画面具有较大的影响（图 7-24）。壁画表面残留的植物根系、植物秸秆、木质碎屑等，通过膨胀作用导致画面颜料层局部脱落（图 7-25）。

（7）执笏侍从图（FL03651）

病害调查结果显示，壁画表面颜料层及白灰层脱落、裂隙等宏观病害分布范围极广，是引发壁画表面形态变化的主要因素。除此以外，各类微观病害对画面图像的破坏作用也较为普遍，最为突出的是壁画表面加固材料起甲脱落，对画面图像所带来的破坏，虽然是局部破坏，但是与微裂隙之间明显

图 7-22　壁画表面加固材料及颜料层起甲脱落

图 7-23　壁画表面渗透的胶液呈自然弥散状态

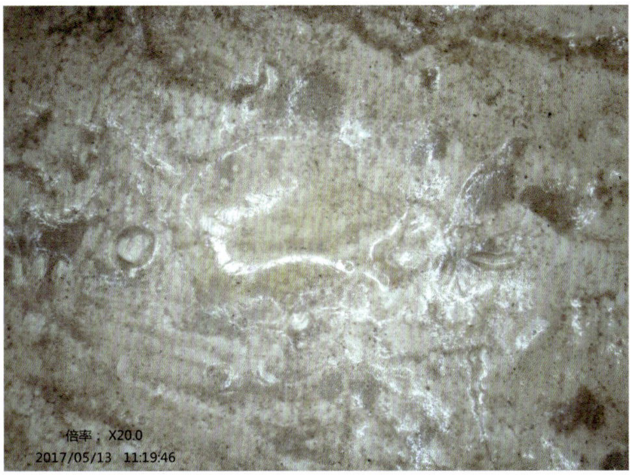

图 7-24　壁画表面渗透的环氧树脂

图 7-25　壁画表面植物根系引发的画面白灰层脱落

存在着一定的对应关系（图 7-26）。壁画表面加固材料所形成的气泡空鼓层因其稳定性较差，如果此类气泡空鼓层一旦破裂，将会进一步扩大壁画表面加固材料和颜料层起甲脱落的范围（图 7-27）。

为了进一步研究壁画组织结构与其病害之间的关系，对壁画侧立面进行观察，结果发现壁画地仗补做材料厚薄不均，并且与环氧树脂支撑体之间形成明确的界面，尤其是纵向界面与画面层裂隙相互贯通，这说明微裂隙与壁画结构稳定性具有内在的关联性（图 7-28）。

壁画侧立面所发现的大型昆虫尸体（图 7-29），主要来源于壁画木质边框。此类生物对壁画虽然不会带来直接性的破坏，但是通过破坏木质边框，对壁画结构稳定性会带来间接破坏。

（8）执刀武士图（GB05502）

病害调查结果显示，画面颜料层及白灰层脱落脱落是导致画面图像漫漶不清的主要因素。壁画表面渗透的环氧树脂分布范围较广（图 7-30），除通过裂隙进行渗透以外，地仗层较薄的区域渗透现象也十分普遍，导致画面颜料以及白粉底色层色域变化较大。

在微观病害形态方面，壁画表面加固材料起甲脱落与颜料层起甲开裂，虽然对画面图像带来局部损害，但是此类病害呈现出多点爆发的态势（图 7-31、图 7-32）。画面加固材料所形成的气泡状空鼓破裂后，导致画面颜料层以圆点状形态脱落。此类病害分布范围较广，不仅导致壁画表面凹凸不平，而且还会呈逐步扩大态势（图 7-33）。

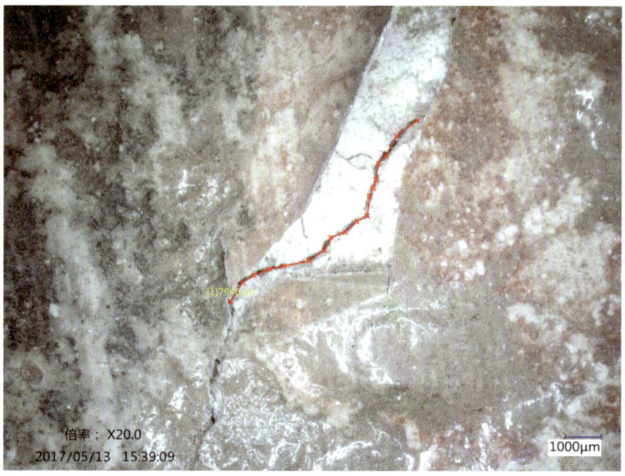

图 7-26 壁画表面加固材料脱落与微裂隙

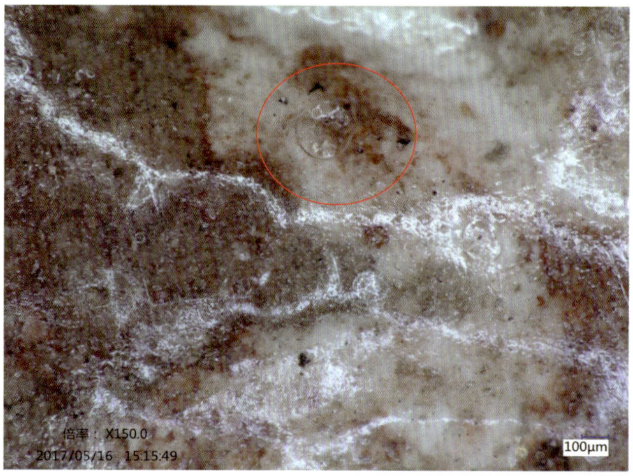

图 7-27 壁画表面加固材料形成的气泡

图 7-28 白灰地仗层与环氧树脂之间形成的裂隙

图 7-29 壁画侧立面发现的大型昆虫尸体

图 7-30 壁画表面渗透的环氧树脂

图 7-31 黑色颜料起甲脱落

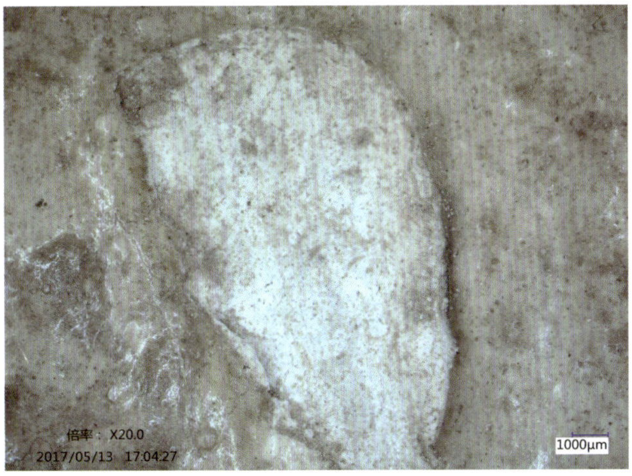

图 7-32　壁画表面加固材料气泡状空鼓引发的颜料层脱落

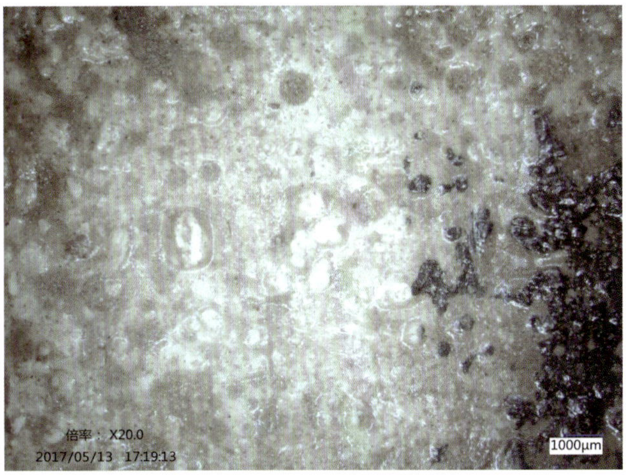

图 7-33　壁画表面加固材料气泡破裂引起的颜料层脱落

（9）执刀武士图（GB05503）

病害调查结果显示，画面颜料层自然磨蚀、画面颜料及白灰层脱落、划痕、裂隙等宏观病害，是导致画面图像漫漶不清的主要因素。

壁画表面加固材料起甲脱落（图 7-34、图 7-35），此类病害分布范围较广，呈多点爆发的态势，最终通过加和效应会使画面图像全部脱落殆尽。壁画表面残留的木质碎屑，通过膨胀作用导致画面白灰层局部脱落（图 7-36），使病害区域逐步扩大。黑色颜料层表面加固材料形成的气泡破裂后，导致画面颜料呈斑点状脱落（图 7-37）。

（10）执刀武士图（GB05504）

病害调查结果显示，画面图像自然磨蚀现象较为突出，尤其是画面颜料层及白灰层大面积脱落、划痕等宏观病害所引起的表面形态变化，对画面人物面部及红色长袍影响较大。除此以外，壁画表面加固材料及颜料层起甲脱落对画面图像所带来破坏呈多点爆发态势，如果此类病害形成加和效应，则会使整体画面图像脱落殆尽（图 7-38、图 7-39）。

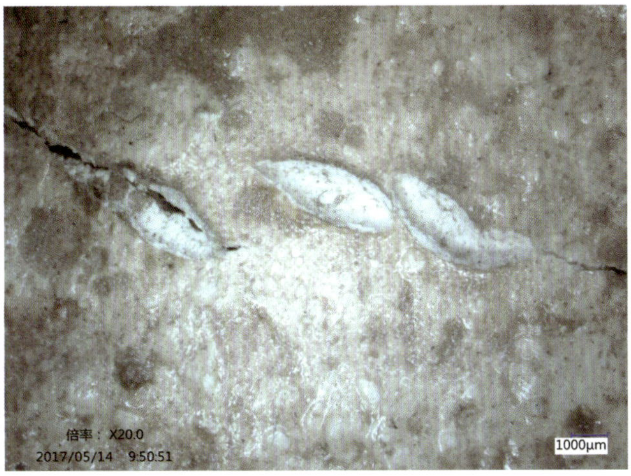

图 7-34　壁画表面加固材料起甲脱落

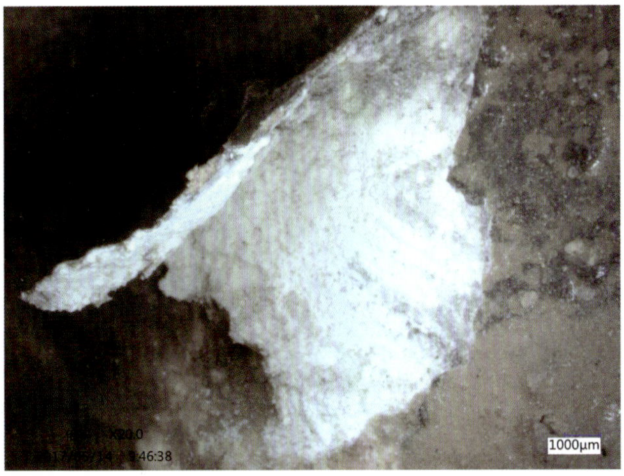

图 7-35　壁画表面加固材料及颜料层起甲脱落

图 7-36 木质碎屑引起的白灰层脱落

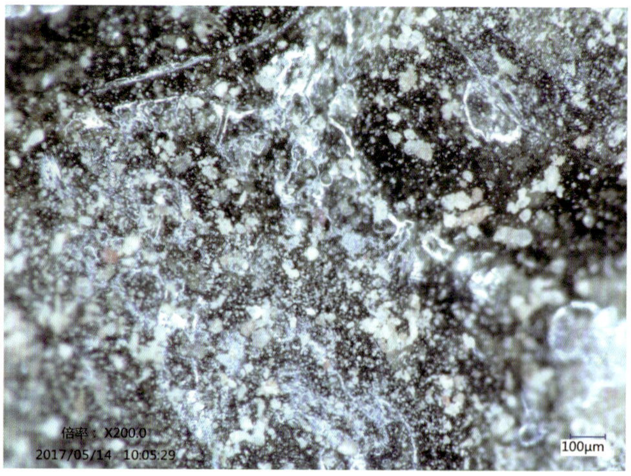

图 7-37 壁画表面加固材料气泡破裂引起黑色颜料脱落

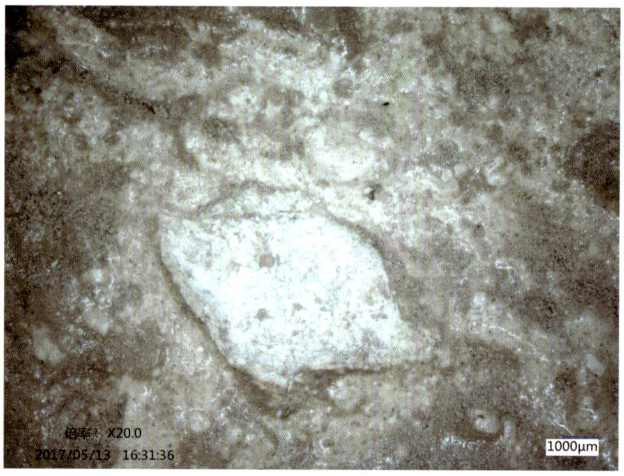

图 7-38 颜料层起甲脱落

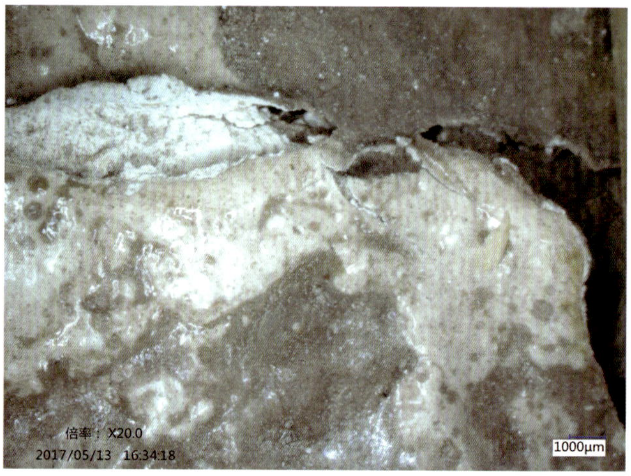

图 7-39 壁画表面加固材料及颜料层起甲脱落

（11）花卉图（GB05505）

该幅壁画受损严重，画面图像无法识别，仅残存一些红色颜料。总体来看，瘤状土质结垢是影响残存画面的主要因素（图 7-40）。除此以外，画面加固材料起甲脱落对画面图像有较大的破坏作用，此类病害依然与微裂之间存在对应关系，说明微裂隙是导致画面加固材料起甲脱落的主要因素（图 7-41）。

（12）门楼图（GB05506）

壁画整体残损严重，仅仅残存有部分红色颜料，白灰层脱落、划痕、裂隙等宏观病害是影响残存画面的主要病害。除此以外，壁画表面加固材料起甲脱落，导致画面颜料层受损的同时，还进一步导致地仗组织材料中掺杂的染色羊毛裸露在外（图 7-42）。显然此类病害与微裂隙之间存在着一定的关联性（图 7-43）。

对于壁画表面加固材料与微裂隙之间的关联性，通过壁画边缘断裂痕迹（图 7-44）不难知道，壁画受保存环境温度的影响，发生膨胀作用，进而在木质边框的抵消作用下，使壁画边缘出现断裂的同时，还导致壁画表面不断产生裂隙，这应是壁画表面加固材料起甲开裂与微裂隙之间形成对应关系的主要原因。

壁画表面残留的纸张痕迹（图 7-45）分布范围较小，对壁画表面形态影响不大，但是对画面图像的完整性具有较大影响。

图 7-40　壁画表面层瘤状土质结垢

图 7-41　壁画表面加固材料起甲脱落与地仗层裂隙

图 7-42　壁画表面加固材料脱落后裸露出掺杂的羊毛

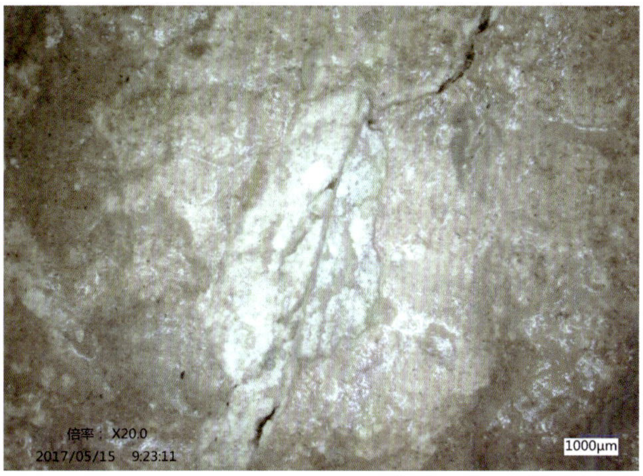

图 7-43　壁画表面加固材料脱落与微裂隙

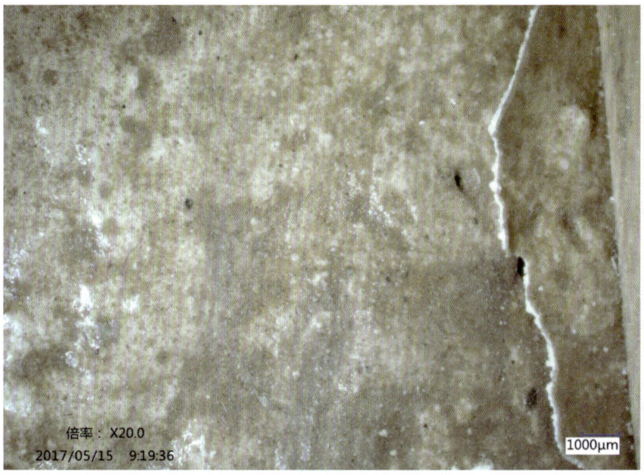

图 7-44　壁画边缘的断裂痕迹

图 7-45　壁画表面残留的纸张痕迹

（13）侍女图（GB05507）

画面图像错位、缺失、颜料层及白灰层脱落、土质结垢等宏观病害所引起的壁画表面形态变化是导致画面图像漫漶不清的主要因素。除此以外，画面颜料层脱落（图 7-46）、加固材料起甲开裂（图 7-47）、壁画表面微裂隙（图 7-48）等微观病害，分布范围较广，形态各异，对画面图像的完整性有较大影响。

壁画表面残存的石蜡，对画面图像稳定性影响不大。石蜡表面残存的纱布印痕，对研究壁画揭取与修复过程具有重要的参考价值（图 7-49）。

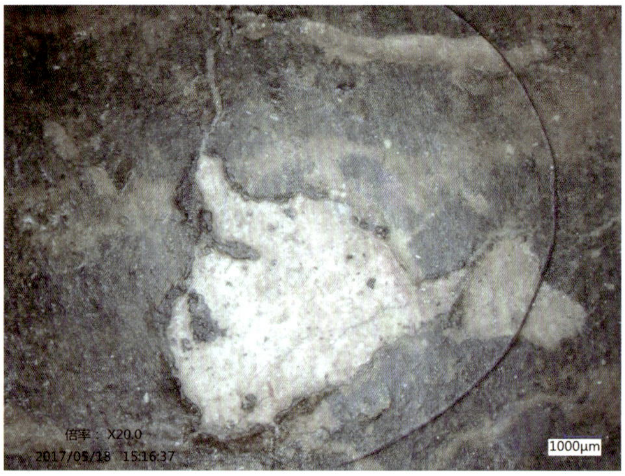

图 7-46　画面颜料层脱落

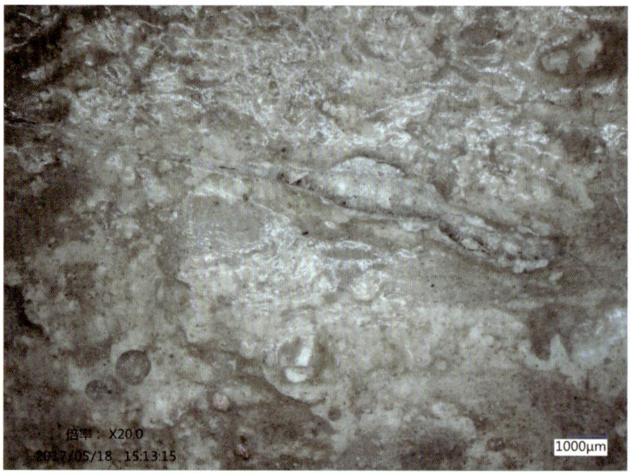

图 7-47　壁画表面加固材料起甲开裂

图 7-48　壁画表面微裂隙

图 7-49　壁画表面残存的石蜡与纱布痕迹

1.3　病害形态关系研究

病害调查结果显示，隋代史射勿墓葬壁画病害形态异常复杂，尽管每幅壁画所受破坏的方式不同，但是在宏观病害表现形式上，仍然具有一些共性特征。最为普遍的就是壁画表面加固材料所产生的眩光，对每一幅壁画都具有较大的影响。除此以外，画面颜料层与白灰层脱落、划痕、裂隙等宏观病害所引发的高曲率表面，对画面图像完整性具有较大影响。

微观病害在其表现形式和破坏形态方面，更具复杂性和多样性。除自身组成材料弱化以及修复材料之间的作用方式变化所带来的破坏之外，修复过程中残留的石蜡、纸张痕迹、木质碎屑、植物秸秆、植物根系、脱落的刷毛以及纱布痕迹等，也会对画面图像的完整性产生较大的影响。因此，不同种类的微观病害对画面图像所带来的破坏，表现出不同的特点。

如，画面加固材料与颜料层起甲脱落对画面图像所带来的破坏呈现出一定的规律性。其特点在于加固材料起甲，基本与其表面微裂隙形成一定的对应关系。这种对应关系显然是引起壁画表面加固材料与颜料层起甲的主要因素。另外壁画表面加固材料所形成的气泡状空鼓对画面颜料层所带来的破坏也较为普遍，破坏形态也较为特殊。

壁画表面渗透的环氧树脂对画面层所带来的污染分布范围相对较小，渗透污染区域基本发生在补做地仗层较薄的区域，并且通过环氧树脂被壁画表面加固材料所覆盖这一现象，可知，壁画修复后，利用 PVB 材料对其进行了二次加固。

壁画表面所形成的微裂隙，在其分布形态上，基本呈自然开裂的状态，表面及裂隙内部均未被加固材料覆盖或填充。这说明此类病害是壁画保存期间受保存环境温湿度变化影响逐步发育而成的。结合壁画侧立面观察结果，发现壁画表面裂隙基本与环氧树脂支撑体和地仗层所形成的界面相互贯通。因此，壁画表面微裂隙的形成与其结构稳定性具有密切关系。

壁画边缘有断裂痕迹，这充分说明壁画整体结构稳定性较差，易受保存环境温湿度变化的影响而发生弯曲变形，弯曲变形受到木质边框的挤压会出现断裂。这一现象充分说明壁画保存环境的稳定性较差，不仅会导致壁画局部断裂，而且还是导致壁画表面产生微裂隙的主要根源。

通过石蜡及其表面残留的纱布痕迹，可知，在修复过程中，为了防止地仗补做材料中的胶液渗透到壁画表面造成画面污染，利用熔融的石蜡对其表面孔洞进行填补。这说明隋代史射勿墓葬壁画所保留的原始黏土层孔洞较多。此类现象无疑为研究当时的墓葬壁画修复理念，提供了重要的参考依据。

壁画表面微裂隙与画面加固材料起甲开裂所形成的对应关系，说明不稳定的环境因素是导致此类病害形成的主要原因。经走访调查得知，隋代史射勿墓葬壁画在原始库房保存期间就已经出现了起甲开裂现象，这与新旧库房保存环境研究结果完全吻合。

总之，隋代史射勿墓葬壁画的病害既包括壁画结构性变化所引发的病害，又包括修复材料老化失效所引发的各类病害，同时还包括人为因素引发的各类病害。因此，隋代史射勿墓葬壁画病害形态比较复杂，由此而引发的各类病害相互交织在一起，使每一幅壁画所受到的破坏形态呈现出不同特点。

1.4　病害图示

针对隋代史射勿墓葬壁画病害类型复杂多变的特点，为了直观准确地了解不同病害之间的层位关系，根据《古代壁画病害与图示》（GB/T30237—2013）的规范要求，结合病害调查结果，以图示的形式对病害现状进行了全面记录。但是壁画表面所黏附的刷毛、植物秸秆、纸张、胶布及画面错位、瘤状凸起、画面磨损等病害，因其超出了《古代壁画病害与图示》中图示的范围，故选用其他图示形式进行记录。

1.4.1 壁画表面覆盖物图示

壁画表面覆盖物主要包括画面加固材料、胶布、毛发、石蜡、植物秸秆、土质结垢以及渗透到表面的环氧树脂等污染物，病害图示见图 7-50。

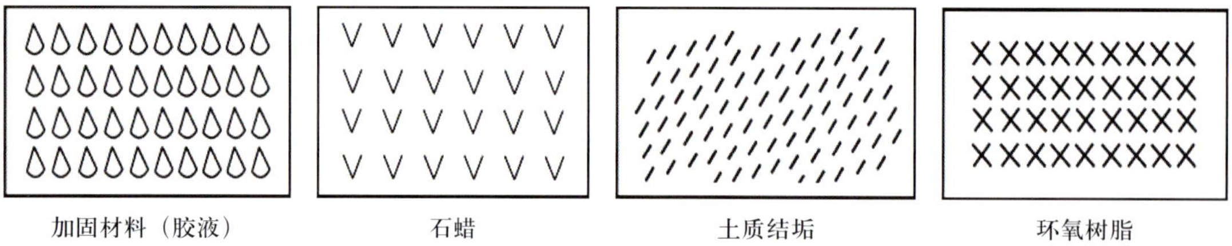

图 7-50 壁画表面覆盖物病害图示

1.4.2 壁画表面及地仗层病害图示

壁画表面病害主要包括材颜料层脱落、龟裂、起甲、划痕、裂隙、断裂、地仗缺失等，病害图示见图 7-51。

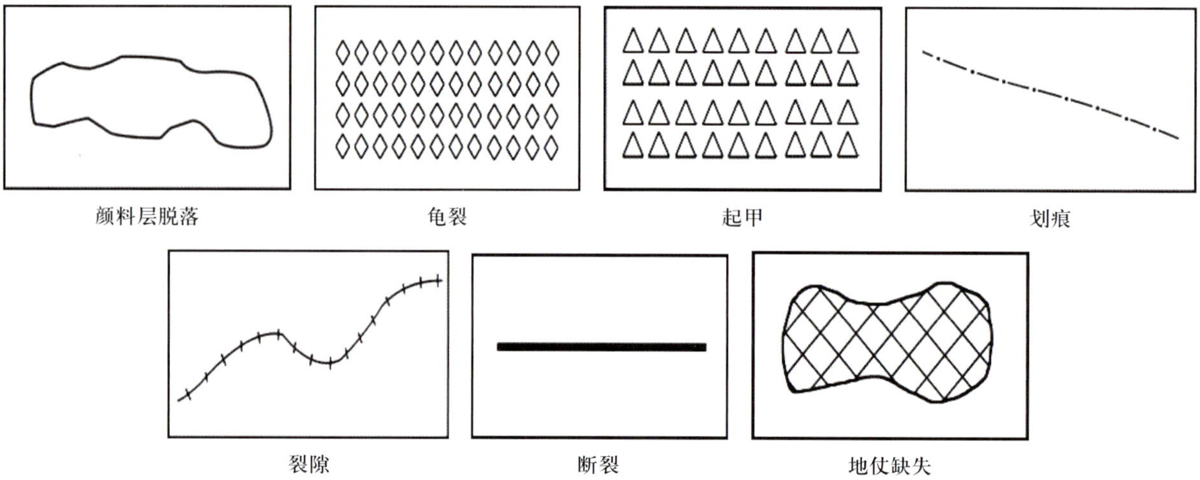

图 7-51 壁画表面及地仗层病害图示

1.4.3 壁画病害关系图示

在对不同病害进行分类记录的基础上，通过绘制病害图，可进一步了解不同病害对壁画破坏的协同关系。病害关系图不仅有利于了解各类病害的分布形态和层位关系，而且有助修复技术路线的研发，尤其是为不同层位病害的综合治理能够提供参考依据。隋代史射勿墓葬单体壁画病害关系图示见图版 31～图版 34。

2 多光谱摄影调查

多光谱摄影作为一种非介入式的调查方法，具有不破坏、不接触、不介入的优势，所形成的不同波段下的单色光影像，不但能够对壁画表面修复情况进行识别，而且能够揭示壁画原始画面内容、创作意图、绘画技法、现存色彩以及壁画病害特征。

多光谱摄影是利用不同波段光谱拍摄同一目标的多个窄波段的单色光谱影像。单色光影像主要通过光源外滤波器保留工作所需要的光波范围，滤去不需要光波波段后所形成的影像[2]。滤波后的光源主要为可见光、紫外光和红外光。

可见光拍摄主要是利用光谱范围在380～780nm之间肉眼可见的光谱进行拍摄。拍摄方式主要有正射拍摄和侧光拍摄两种方式，特别是侧光拍摄可以记录壁画表面平整度、壁画表面病害的凹凸特征以及壁画制作工艺等信息。

紫外光拍摄主要利用光谱范围在10～380nm之间肉眼看不见的近紫外光进行感光拍摄。光谱范围在10～200nm之间为远紫外光谱，这一光谱范围的紫外线多会被空气中的氧气、二氧化碳、二氧化氮、臭氧吸收，在实际拍摄中，对光谱影像的形成作用不大。因此，光谱范围在200～380nm之间的近紫外光谱，是紫外光拍摄的主要光谱范围。

在近紫外光拍摄条件下，紫外光被有机化合物吸收后，能够使激发其生电子发生跃迁而产生荧光，所以紫外光拍摄可以对壁画表面修复材料进行鉴别，同时对有机颜料的鉴定也有一定的帮助。

红外光拍摄主要是利用光谱范围780～3000nm之间肉眼看不见的红外光进行感光拍摄。由于红外光的最大特点是能够穿过壁画表面浮尘，使其能够获得更为清晰的画面，这对全面了解壁画保存现状具有重要的作用。

2.1 设备选择

使用意大利NIRDIGI WS500全波段CCD多光谱照相仪进行拍摄。拍摄光谱覆盖了可见光、近紫外光、红外光谱连续成像波段，因此，具有多波段痕迹信息发现和提取的能力。

2.2 影像分析

每幅壁画选取3个不同的代表性区域，每个区域半径约为20cm。每个区域分别在290nm、330nm、365nm、660nm、820nm、860nm等波段下进行拍摄，其中290nm、330nm、365nm三个波段，在紫外灯补光的条件下进行拍摄，拍摄结果如下。

（1）紫外光谱影像分析

紫外光影像主要在290nm、330nm、365nm三个波段下进行拍摄，在拍摄过程中，投射到壁画表面的紫外光受画面加固材料的影响，除局部产生轻微反光之外，大部分紫外光被画面加固材料及颜料层所吸收，壁画表面吸收紫外光后，并未出现荧光现象（图7-52）。这一方面说明隋代史射勿墓葬壁画自揭取修复后并未进行再次干预，依然保持修复后的原始状态；另一方面说明壁画所使用的并非有机颜料，而是矿物颜料。

（2）红外光谱影像分析

红外光因其能够穿透过壁画表面浮尘以及画面加固材料，使画面图像所勾勒的线条比较清晰地表现出来。但是在不同波段下，红外光穿透能力并不一致。在660nm波段下，红外光穿透能力相对较弱，画面线条依然会受到表面覆盖物的影响，使其无法清晰地表现出来。在820nm波段下，红外光穿

（a）290nm　　（b）330nm　　（c）365nm

图 7-52　同一位置不同波段下的紫外光谱影像

透能力较强，红外光谱影像基本不受表面覆盖物的影响。虽然，在 860nm 波段下的近红外光较前一波段具有更强的穿透能力，但是噪点较多，对实际拍摄作用不大，因此 820nm 是最为适宜的拍摄波段（图 7-53）。

（a）660nm　　（b）820nm　　（c）860nm

图 7-53　同一位置不同波段下的红外光谱影像

如果将不同波段下的红外光谱影像，与可见光条件下拍摄的真色彩正射影像进行简单对比，不难发现红外光谱影像基本无法显示画面图像的晕染情况，只能清晰的显示出画面勾图的墨线。因此，利用红外光谱影像的这一特性，可为研究隋代史射勿墓葬壁画绘制方法提供了途径。

2.3　光学调查结果

光学调查所获得的不同波段下的单色光谱影像，为全面了解壁画原始绘画内容、绘画技法以及壁画病害表现特征等提供了一种新的方法，拓展了壁画隐藏信息调查的范围。在可见光条件下，正射光影像仅能够直接反映壁画二维平面的一般病害特征，但是壁画表面加固材料所产生的眩光，对画面颜料真实色彩的反映有明显的影响。侧光影像因其拍摄方式的特殊性，对正射光影像中一些不明显，甚至无法观察到的病害能够进行准确记录，诸如壁画表面加固材料起甲开裂、瘤状凸起等病害，在侧光影像中进行观察就十分明显，可为相关病害标识提供准确的信息。

相比可见光而言，红外光因其具有很好的穿透能力，不同波段下的近红外光影像，能够突破可见光影像的局限，特别是对揭示加固材料覆盖下的画面隐藏信息，具有其他手段无法替代的优势。内蒙古大昭寺“花变主题佛”壁画，通过多光谱成像技术发现画面颜料层下面标记有“工”“七”“八”等字符。据研究，不同区域的字符分别代表不同的颜色，经过标记的区域由徒弟依次进行填色[3]。

西安大兆街道郭新庄村所发现的唐代韩休墓壁画，利用红外光谱成像技术对壁画图像和颜料下的隐藏信息进行了提取，结果发现墓室东壁“乐舞图”左侧地毯前原绘制有一奔跑的小孩，后被修改为一站立的男子。右侧地毯左下角原先画有一只兔子，通过扩大绘制地毯的方式对其进行了覆盖[4]。这些隐藏信息被揭示出来后，将成为壁画本体保护之外一个非常重要的研究内容。

冯国富等[5]认为隋代史射勿墓葬壁画，先用炭条在壁面上进行勾勒起稿，然后对其修改并用墨线进行描绘，最后通过“硬抹实开”的办法进行着色。红外光谱成像技术调查结果显示，隋代史射勿墓葬壁画无论建筑、人物，还是花卉等，均未发现炭条起稿和修改的痕迹。红外光谱成像技术虽然未发现壁画起稿、修改的痕迹，但是结合超景深显微观察结果，发现执刀武士（FL03647）右足正下方，存在着白灰层与颜料层相互叠压的微弱痕迹（见图 7-13），据此推测，可能是利用白灰层覆盖的方式对局部画面进行修改。如果这一推测无误，此类修改方式应不失为一种合理的做法。

参考文献

[1] 铁付德. 西汉早期柿园墓四神云气图壁画保护研究（一）——历史与现状调查. 文物保护与考古科学, 2004, (01): 47-51, 67-68.

[2] 柴勃隆, 王小伟, 汤爱玲, 范宇权. 多光谱摄影在莫高窟壁画现状调查及绘画技法研究中的初步应用. 敦煌研究, 2008, (06): 54-57, 121-123.

[3] 郭宏、马清林. 馆藏壁画保护技术. 科学出版社, 2011, 3: 42-43.

[4] 许文忠, 唐兴佳, 张耿, 杨凡超, 黄鑫, 李霞, 刘呆运, 赵西晨. 基于光谱成像与光谱分析的壁画鉴赏研究. 光谱学与光谱分析, 2017, 37 (10): 3235-3241.

[5] 冯国富. 宁夏固原出土的北周隋唐墓壁画. 固原师专学报, 1995, (3): 46-50.

第八章　隋代史射勿墓葬壁画制作材料分析研究

揭取修复后的隋代史射勿墓葬壁画，因其整体结构已经发生了较大变化，不再由原来的颜料层和黏土支撑体两部分组成，而是由画面加固层、颜料层、补做地仗层、支撑体四部分组成。对于这样一个由多种材料组成的综合体系而言，各部分组成材料性能差异较大，特别是所保留的颜料层、白粉层和黏土层都十分脆弱，极易受到外来保护修复材料的破坏。由于画面组成材料极为脆弱，只有在对壁画原始组成材料与外来修复材料的组成情况、性能特点进行科学分析与研究的基础上，才能从根本上缓解壁画组成材料之间以及其他外来因素对壁画所带来的破坏。

1　样品采集

隋代史射勿墓葬壁画病害类型复杂、多样，突出的表现在外来修复材料对壁画的破坏上。因此，在样品采集过程中，所采集样品除具有广泛的代表性之外，尽量遵循壁画表面不直接取样和不破坏壁画本体的原则，如在执刀武士图（GB05504）边缘部位，对其原始白粉层、原始黏土层、补做地仗层、壁画表面加固材料和环氧树脂支撑体等进行采样，共采集到 6 个类别 10 个样品，采样位置及样品情况见表 8-1。

表 8-1　壁画组成材料分析试样采集一览表

样品编号	样品介绍	取样位置	样品详情
1	壁画揭取前表面加固材料（主要是聚乙烯醇缩丁醛残块，背部黏结有壁画黑色颜料、白粉层和黏土层）		
2	壁画原始黏土层的黏土粉末		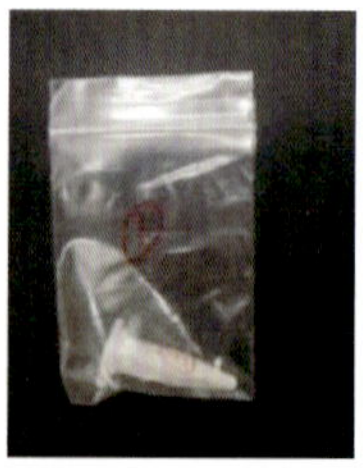
3	壁画原始黏土层表面白粉层粉末		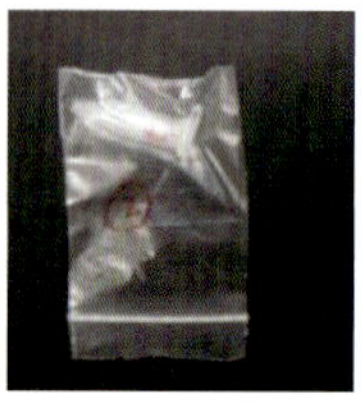

续表

样品编号	样品介绍	取样位置	样品详情
4	壁画揭取修复后，支撑体制作过程中所使用的环氧树脂残块		
5	壁画揭取后，原始黏土层缺失部位修复过程中所使用的黏土粉末		
6	壁画原始白粉层残块		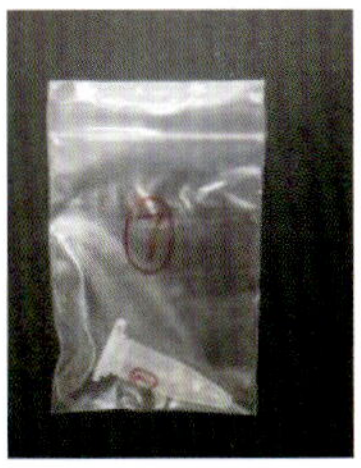
7	壁画原始白粉层和原始黏土层混合碎屑		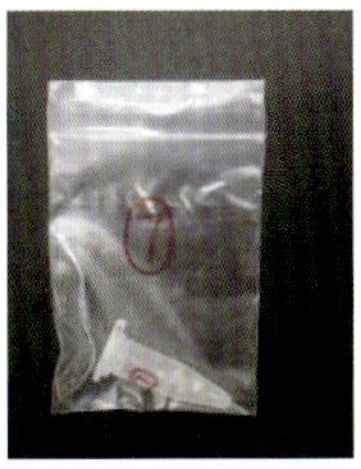
8	壁画原始白粉层、原始黏土层和修复过程中所使用的白灰层碎屑		
9	壁画揭取后，修复过程中所使用的白灰与羊毛掺和材料碎屑		

续表

样品编号	样品介绍	取样位置	样品详情
10	壁画揭取修复后，环氧树脂和玻璃纤维混合材料固化后条状切割余料		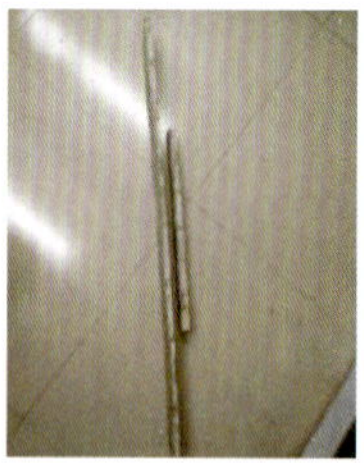

2 分析方法

由于所采集试样，既包括壁画原始组成材料，又包括后期修复材料。因此在进行材料分析时，不但要对其微观形貌特征进行观察分析，还要对其矿物组成以及高分子材料的老化特征进行分析。为了提高分析结果的可靠性，通过多重分析方法对分析结果进行相互印证，具体分析方法见表 8-2。

表 8-2 壁画组成材料分析方法一览表

序号	分析项目	分析方法
1	形貌观察	超景深显微系统分析、扫描电镜-能谱分析（SEM-EDX）
2	画面加固材料	傅里叶红外光谱分析
3	画面颜料	X 射线荧光光谱分析、近红外矿物识别分析
4	壁画表面白粉层	X 射线荧光光谱分析、近红外矿物识别分析、扫描电镜-能谱分析（SEM-EDX）
5	黏土层	X 射线荧光光谱分析、近红外矿物识别分析、扫描电镜-能谱分析（SEM-EDX）
6	环氧树脂支撑体	傅里叶红外光谱分析、超景深显微系统分析、扫描电镜-能谱分析（SEM-EDX）

3 壁画层位关系

隋代史射勿墓葬壁画层位关系分析主要利用 KH-7700 三维超景深显微系统，分别在 50 倍、100 倍、200 倍、400 倍的放大倍数下，依次对壁画剖面结构进行观察，观察结果见图 8-1、图 8-2。

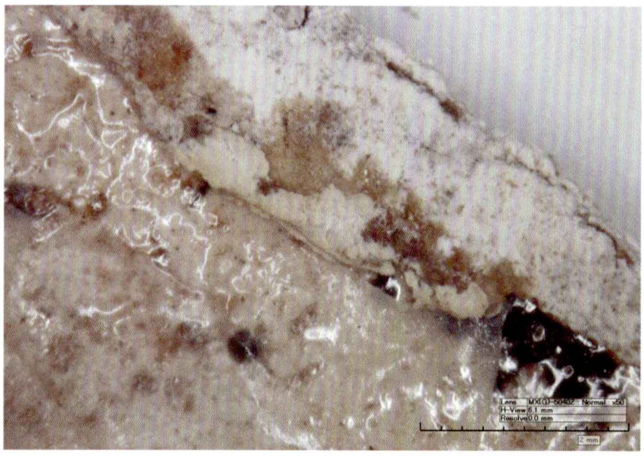

图 8-1 壁画组成结构剖面显微照片

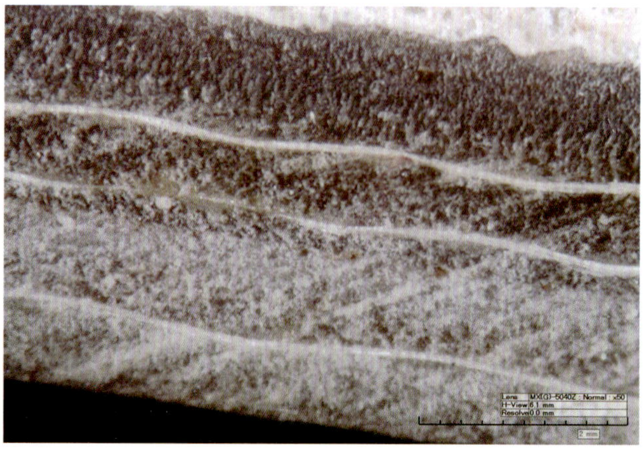

图 8-2 环氧树脂支撑体结构显微照片

显微观察结果显示，隋代史射勿墓壁画由上到下依次由画面加固层、颜料层、原始白粉层（底色层）、原始黏土层、补做地仗层、环氧树脂支撑体六部分组成，其中环氧树脂支撑体呈分层结构，分别由环氧树脂和玻璃纤维交替结合而成，是壁画整体结构中厚度最大的部分（图 8-3）。

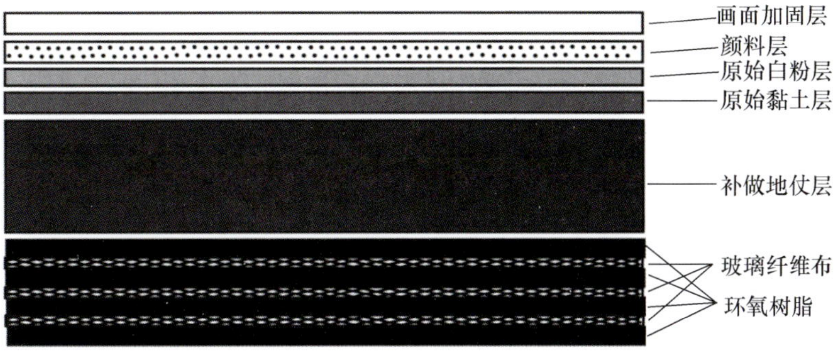

图 8-3　隋代史射勿墓葬壁画层位关系

4　壁画表面加固材料老化分析

隋代史射勿墓葬壁画表面加固材料主要为富集的聚乙烯醇缩丁醛（PVB），经过长时间自然老化，已经变黄发硬，对画面图像具有较大影响，特别是所形成的皱褶引起的表面变形，对画面图像的稳定性也带来一定的影响。另外，PVB 材料的起甲开裂，会对画面图像造成不可逆转的破坏。

4.1　形貌观察

利用日本浩视公司生产的三维数字视频显微镜进行观察，镜头型号 HR-2500E，放大倍数 20～2500 倍，分辨率 1.02μm。

观察结果显示，聚乙烯醇缩丁醛（PVB）平均厚度为 76.8μm（图 8-4），表面有大量气泡（图 8-5）。气泡孔的存在与当时的保护修复工艺有直接关系。根据画面加固工艺研究，聚乙烯醇缩丁醛主要利用无水乙醇作为溶剂对其进行溶解，并且在刷涂加固时，利用炭火直接进行烘烤。在烘烤过程中，随着温度不断升高，会导致聚乙烯醇缩丁醛溶液中部分乙醇快速挥发，从而在其表面形成大量气泡。PVB 材料表面的气泡，因其稳定性较差，受外力作用极易破裂，会导致画面颜料呈现出较为密集气泡状脱落。同时，还会使壁画在光线投射的影响下，使其在不同方向发生光的反射，导致壁画画面产生较强的眩光。除此以外，大量气泡孔的存在，极易使空气中的颗粒污染物沉积在其表面，而颗粒污染物的磨蚀作用，会降低壁画表面光泽度。

4.2　老化分析

在形貌特征观察分析的基础上，为了进一步研究其老化特点，利用 BRUKER（布鲁克）公司生产的 Lumos 型傅里叶红外光谱仪进行分析，扫描次数 24 次，分辨率 4.0，波数范围 400～4000cm^{-1}。

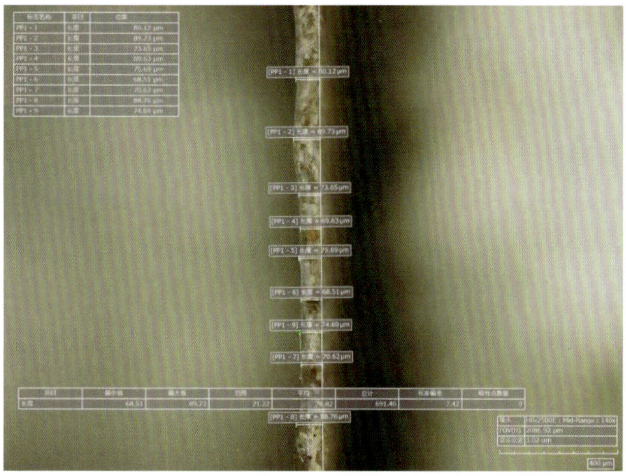

图 8-4 壁画表面 PVB 材料横截面显微照片

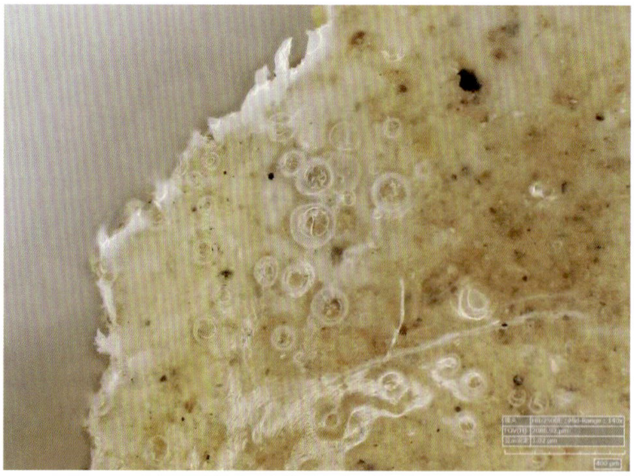

图 8-5 壁画表面 PVB 材料显微照片

4.2.1 样品制作

用手术刀轻轻刮取试样背面颜料及黏土颗粒，直至背面露出 PVB 薄膜，然后用 95% 酒精溶液慢慢擦拭背面残余的颜料颗粒和黏土颗粒，使其软化后，用剪刀将样品剪碎放入研钵中，加入适量的 KBr 粉末充分研磨，然后用压力机制成压片（图 8-6、图 8-7）。

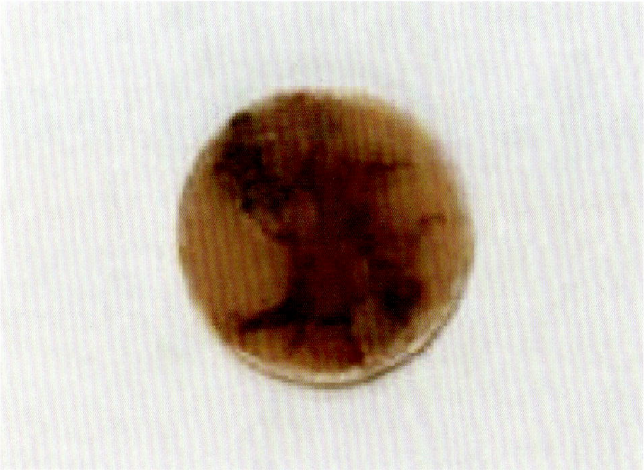

图 8-6 试样压片照片（正面）

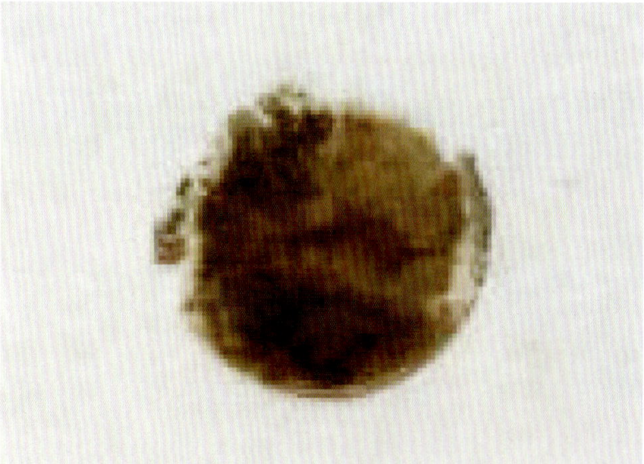

图 8-7 试样压片照片（背面）

4.2.2 分析结果

分析结果显示，聚乙烯醇缩丁醛在波数 3420cm^{-1} 附近有—OH 伸缩振动，在 2958cm^{-1}、2872cm^{-1} 和 1437cm^{-1} 附近有—CH_3 不对称伸缩振动峰，在 1000cm^{-1} 附近有 C—O—C 的不对称伸缩振动峰（图 8-8、图 8-9）。

通过对比聚乙烯醇缩丁醛（PVB）与聚乙烯醇（PVA）标准红外光谱图（图 8-10），结果发现在

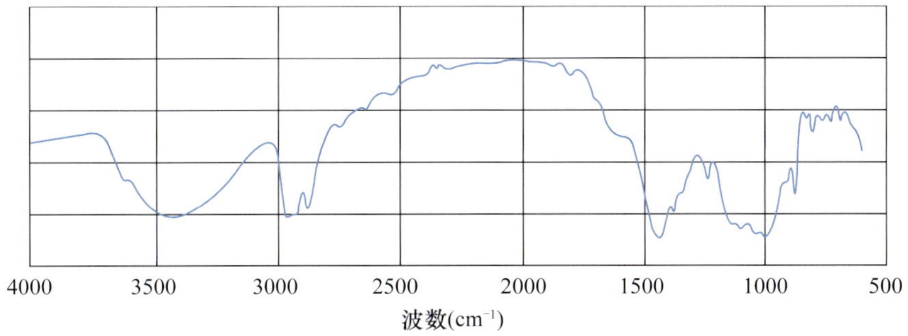

图 8-8　试样正面红外光谱图

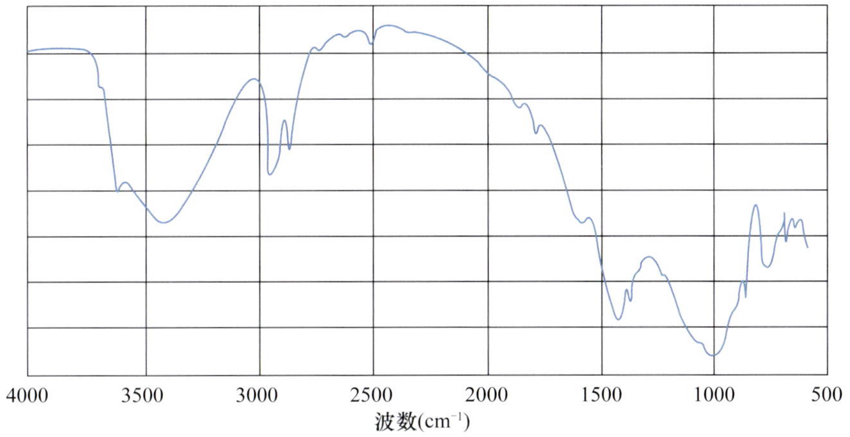

图 8-9　试样背面红外光谱图

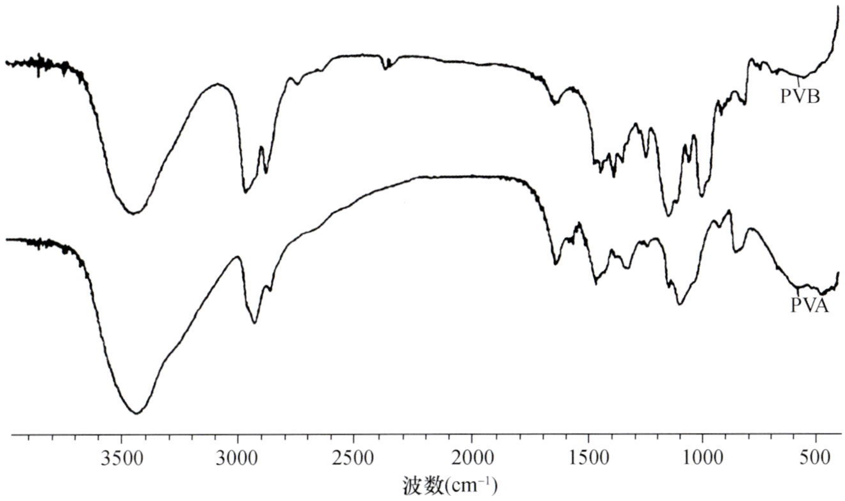

图 8-10　聚乙烯醇缩丁醛（PVB）和聚乙烯醇（PVA）标准红外光谱图

1742cm^{-1} 处 C=O（羰基）吸收峰几乎消失。在 1630cm^{-1} 处—COO—（乙酸酯基）出现吸收振动峰。在 1145cm^{-1} 处 C—O—C 的吸收峰几乎消失。—OH 伸缩振动峰明显变宽变弱，说明羟基被氧化后，PVB 材料的黏结强度及其抗撕裂强度均有所降低，这应是 PVB 材料老化出现起甲开裂的主要原因。

5 画面颜料分析

隋史射勿墓壁画主要由红、黑、橘三种颜色颜料绘制而成，其中黑色颜料使用最为广泛，主要用于描绘人物服饰、幞头、头发、胡须、长靴、长刀等；红色颜料主要用于人物服饰及其唇部晕染；橘色颜料使用范围相对较小，主要用于仕女长裙线条的绘制。

颜料成分分析主要利用便携式 X 射线荧光光谱仪现场打点分析。仪器型号为美国赛默飞世尔科技有限公司生产的 Niton 3t950 型。测试条件为：高性能微型 X 射线管 SDD 探测器，Ag 靶 50kV/200μA。

颜料矿物种类分析利用手持式近红外矿物识别仪打点测量。仪器型号为美国 ASD 公司生产的 TerraSpec Halo 型。波长范围 350～2500nm，光谱分辨率 3nm@700nm、9.8nm@1400nm、8.1nm@2100nm。

5.1 红色颜料

在进行颜料分析时，为了避免地仗层对颜料层成分测定的干扰，每幅壁画红色颜料成分都与其下地仗层材料进行对比，红色颜料 X 射线荧光光谱分析结果见表 8-3。

表 8-3 壁画红色颜料 X 射线荧光光谱分析结果 （单位：%）

壁画编号	Pb	Fe	Ca	K	Al	Si	Cl	S	未检出
FL03646 底	0.005	0.017	0.489	0.287	0.349	2.232	0.216	0.304	75.258
FL03646 红（1）	0.82	2.271	7.909	0.642	0.435	4.89	0.204	0.458	81.947
FL03646 红（2）	1.246	1.733	11.342	0.509	0.384	2.361	0.161	0.563	81.211
FL03649 底	<LOD	0.002	0.586	0.376	0.67	2.913	0.134	0.344	72.28
FL03649 红（1）	0.133	1.232	15.309	0.474	0.319	1.544	0.17	0.347	80.211
FL03649 红（2）	0.226	1.073	15.882	0.471	0.493	2.586	0.206	0.443	78.359
GB05502 底	0.003	0.007	0.78	0.47	1.31	6.473	0.137	0.429	62.634
GB05502 红	0.935	0.842	16.083	0.49	1.047	5.58	0.172	0.899	73.36
FL03647 底	0.003	0.008	0.455	0.245	0.316	1.472	0.155	0.249	72.484
FL03647 红	0.012	0.156	2.88	0.967	0.404	2.753	0.222	0.396	85.098
GB05505 红	0.251	2.069	7.034	0.704	0.871	5.756	0.156	0.486	82.312
GB05504 底	<LOD	0.003	0.689	0.349	0.58	3.167	0.125	0.332	73.587
GB05504 红	0.183	1.667	14.514	0.639	0.781	4.31	0.159	0.526	75.877
FL03648 底	0.002	0.003	0.924	0.493	0.725	4.833	0.134	0.45	72.64
FL03648 红	1.014	1.957	13.352	0.44	0.713	3.392	0.168	0.594	77.939
GB05503 底	<LOD	0.002	0.472	0.289	0.924	4.98	0.104	0.365	68.915
GB05503 红	1.982	0.732	15.256	0.362	0.659	2.986	0.216	0.824	76.276

续表

壁画编号	Pb	Fe	Ca	K	Al	Si	Cl	S	未检出
FL03650 底	<LOD	0.002	0.627	0.469	0.728	3.316	0.141	0.343	69.793
FL03650 红	4.238	1.846	8.297	0.509	0.714	3.159	0.171	1.346	78.08
GB05506 底	<LOD	0.003	1.07	0.631	0.651	4.586	0.118	0.409	73.684
GB05506 红	0.259	1.451	14.468	0.556	0.576	4.179	0.121	0.454	77.616
FL03651 底	<LOD	<LOD	0.635	0.275	0.668	2.81	0.259	0.284	72.039
FL03651 红	0.516	1.724	14.781	0.637	0.709	3.451	0.22	0.453	76.131

注：<LOD 表示该元素含量小于检出限量

分析结果显示，所选取的 13 个红色颜料测试点，均未检测出 Hg 元素，基本上都检测出了 Fe 元素和 Pb 元素。因为 Pb 和 As 在 10.54keV 和 10.53keV 时会产生重叠峰，使其相互干扰。便携式 X 射线荧光光谱仪分析能力相对较差，不易识别重叠峰，可能会导致 Pb 的含量测量不够准确，还需要进一步结合近红外光谱仪的分析确定这些红色颜料的种类。

通过红色颜料近红外吸收光谱可知，被测点在波数 750cm^{-1}、860cm^{-1} 处出现赤铁矿的特征峰。在 700～500cm^{-1} 这一波数范围内，由于电荷转移急剧下降，光谱图也有一个非常明显的下降趋势，这正好是含铁氧化物的特征。因此，光谱图中这个斜坡的坡度（图 8-11），可以作为判断样品中含铁氧化物浓度的依据。结合 X 射线荧光光谱仪检测出的元素数据和近红外光谱图综合分析，隋史射勿墓壁画所使用的红色颜料应为氧化铁（Fe_2O_3）。

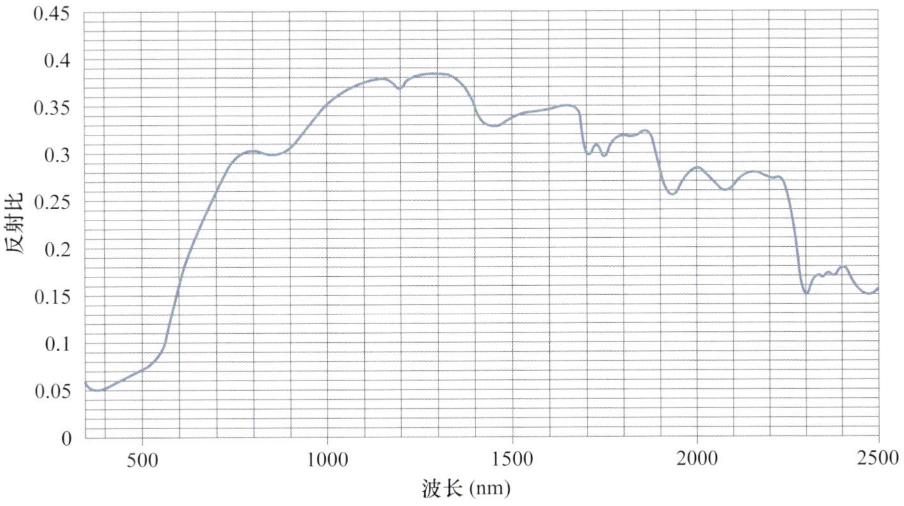

图 8-11 持笏侍从图（FL03646）红色颜料近红外光谱图

5.2 黑色颜料

黑色颜料是隋史射勿墓葬壁画中使用最为广泛的一种颜料，除利用便携式 X 射线荧光光谱分析仪对黑色颜料进行现场打点分析检测外，在实验室内，对所采集的 1 号样品（见表 8-1）背部的黑色颜料进一步通过 X 射线荧光光谱仪对其进行定性分析，分析结果分别见表 8-4、表 8-5。

表 8-4　壁画黑色颜料 X 射线荧光光谱分析结果　　（单位：%）

壁画编号	Ba	Fe	Ca	K	Al	Si	Cl	S	未检出
FL03646 黑(1)	0.036	0.839	16.171	0.53	0.609	4.806	1.49	0.419	74.168
FL03646 黑(2)	0.041	0.725	18.849	0.446	0.527	3.08	0.357	0.374	75.411
FL03645 黑	0.037	0.874	18.738	0.488	0.631	4.799	0.264	0.453	72.606
FL03649 黑	0.033	0.755	21.361	0.451	0.494	2.684	0.181	0.469	73.418
GB05502 黑	0.044	1.449	18.305	0.748	0.847	4.295	0.179	0.4	73.455
FL03647 黑	0.031	1.056	14.613	0.416	0.587	2.843	0.154	0.417	79.676
GB05507 黑	0.036	1.163	13.85	0.665	0.988	4.808	0.542	0.675	77.08
GB05505 黑	0.037	1.468	10.382	0.823	1.42	8.928	0.134	0.617	75.918
GB05504 黑	0.04	1.211	15.669	0.437	0.415	2.377	0.115	0.271	79.229
FL03648 黑	0.02	0.536	9.309	0.249	0.744	4.784	0.163	0.448	83.097
GB05503 黑	0.033	0.712	19.646	0.37	0.696	3.275	0.131	0.328	74.611
FL03650 黑	0.044	0.944	18.503	0.717	0.788	4.676	0.117	0.463	71.928
FL03651 黑	0.037	1.053	17.699	0.588	0.457	2.854	0.216	0.374	76.523

表 8-5　1 号样品黑色颜料 X 射线荧光光谱分析结果　　（单位：%）

样品编号	Na	Mg	Al	Si	P	K	Ca	Fe
1 号样品（01）	2.805	2.805	8.872	50.358	0.373	4.094	20.227	7.417
1 号样品（02）	2.325	0.574	1.382	11.507	0.361	0.553	81.421	1.273
1 号样品（02）	0.020	2.467	8.492	48.259	0.013	3.743	26.892	7.496

根据分析数据可知，隋代史射勿墓葬壁画黑色颜料中，除 Ca、Si 两种元素含量较高以外，无其他明显的主要元素。对于检测结果中 Ca、Si 两种元素含量很高的原因，是 X 射线荧光光谱分析检测时，X 射线击穿颜料层，检测到地仗层的主要成分所致，并非属于黑色颜料的主要组成元素。另外该检测未检测出 Pb、As、Hg 等元素，说明壁画中的黑色颜料所呈现的黑色并非 Pb、As、Hg 等所致。

由于 X 射线荧光光谱分析无法检出元素周期表中 Na 以前的元素，也就是无法检出 C 元素。据此综合分析，隋代史射勿墓葬壁画中使用的黑色颜料应该为炭黑（C）。

5.3　橘色颜料

橘色颜料的使用范围较小，仅仅用于侍女图（GB05507）中 5 位仕女长裙线条的绘制，其色度相比其他壁画所使用的红色颜料偏暗。通过便携式 X 射线荧光光谱仪检测，橘色颜料中 Fe 的含量相比于红色颜料偏低，而 Ca 的含量明显偏高，检测结果见表 8-6。

表 8-6　壁画橘色颜料 X 射线荧光光谱分析结果　　（单位：%）

壁画编号	Ba	Fe	Ca	K	Al	Si	Cl	S	未检出
GB05507 底	0.029	0.815	16.638	0.375	0.376	1.945	0.132	0.291	79.273
GB05507 橘	0.043	1.057	16.365	0.4	0.537	2.891	0.14	0.557	77.617

在X荧光光谱检测的基础上，为了提高橘色颜料分析的准确性，进一步通过近红外矿物识别仪对其矿物组成进行了检测，检测结果见图8-12。

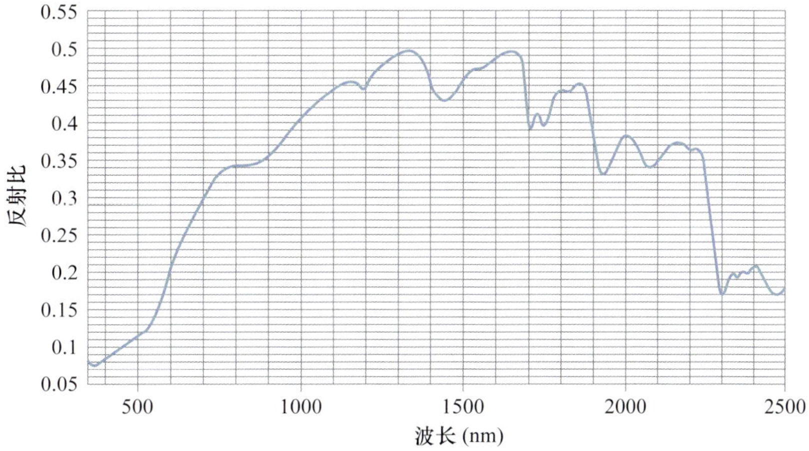

图8-12 仕女图（GB05507）橘色颜料近红外光谱图

对比橘色颜料和红色颜料近红外光谱图，不难发现二者基本一致，均在波数750cm^{-1}、860cm^{-1}处出现赤铁矿的特征峰，这说明橘色颜料主要成分仍然是氧化铁。对于橘红色形成的原因，推测是在铁红颜料Fe_2O_3中加入了以Ca为主要元素的物质进行调色有关，这种色彩的改变是否与墓室壁画的特殊作用有关，还有待于进一步研究。

6 颜料胶结物分析

由于矿物颜料固着能力较差，往往会加入胶结物增加其固着能力。为了进一步研究画面颜料的结合方式，采集到2个样品，分别为壁画白粉层和黑色颜料层，编号为GY-01和GY-02，样品质量为5.54μg和2.33μg。

将样品中的氨基酸分离后进行分析。结果显示，两个样品中所有氨基酸的峰分离度高，峰形较好（图8-13、图8-14）。说明采用的分离条件适合，以此为基础进行的积分及定量计算结果可靠，2个样品中氨基酸组成情况见表8-7。

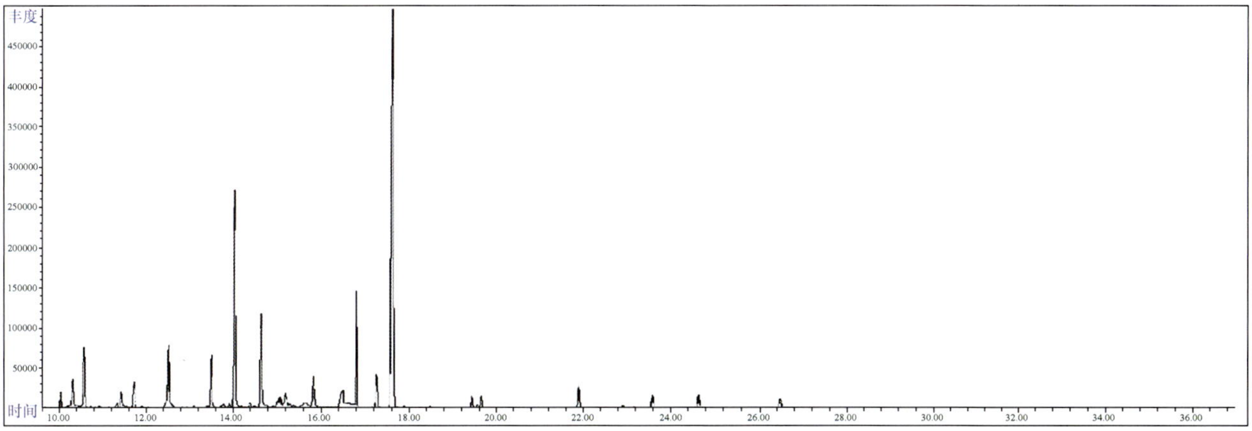

图8-13 样品GY-01氨基酸分析的选择离子流图

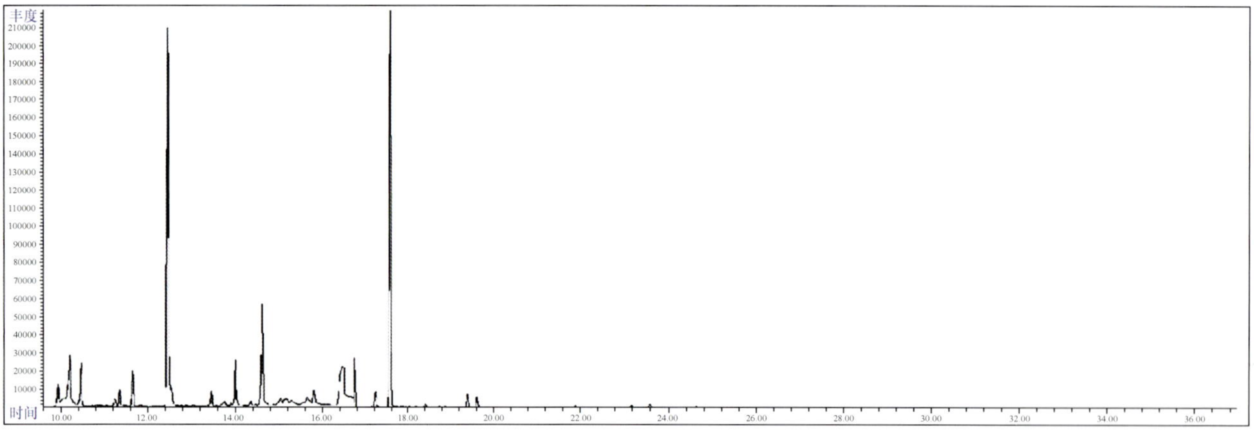

图 8-14　样品 GY-02 氨基酸分析的选择离子流图

从表 8-7 可以看出，两个样品中蛋白质含量均非常低（蛋白含量以定量检出的丙氨酸、甘氨酸、缬氨酸、亮氨酸、异亮氨酸、丝氨酸、脯氨酸、苯丙氨酸、天冬氨酸、羟脯氨酸和谷氨酸含量的总和计）。其中样品 GY-02 的含量仅为 0.109μg，低于方法的检出限（0.210μg），方法检出限的置信水平为 98.3%。但是在 98.3% 的置信水平下，样品 GY-02 中的蛋白质含量低于实验室的环境背景值。因此，可认为黑色颜料层中不含有蛋白类胶料或者是壁画胶料降解流失严重。

样品 GY-01（壁画白灰层）中各种氨基酸的含量总和高于方法检出限（0.210μg），这说明隋代史射勿墓葬壁画白灰层在制作之初，使用了蛋白类胶料，蛋白质含量占样品总质量的百分比见表 8-8。

从表 8-8 可以看出，样品中蛋白类胶料的残留比例非常低，平均值仅为 0.465‱，即每 1 万克样品中，残留的胶料不足 0.5 克。这说明隋代史射勿墓葬壁画在埋藏过程中，出现了严重的胶料降解及流失，导致画面颜料固着能力较低，这可能是利用 PVB 对画面进行大面积加固的原因之一。

表 8-7　壁画样品天然胶结物分析结果　　（单位：μg）

测试项目 \ 样品编号	GY-01	GY-02
丙氨酸（Ala.）	0.027	0.014
甘氨酸（Gly.）	0.063	0.021
缬氨酸（Val.）	0.023	0.019
亮氨酸（Leu.）	0.034	0.022
异亮氨酸（Ile.）	0.022	0.013
丝氨酸（Ser.）	0.030	0.004
脯氨酸（Pro.）	0.008	0.002
苯丙氨酸（Phe.）	0.016	0.008
天冬氨酸（Asp.）	0.014	0.002
谷氨酸（Glu.）	0.013	0.002
羟脯氨酸（Hyp.）	0.008	0.002
含量和	0.256	0.109

表 8-8　壁画样品蛋白胶料含量分析结果

样品编号	蛋白含量（μg）	样品总质量（μg）	样品中的蛋白胶料含量（‰）
GY-01	0.256	5540	0.462
GY-02	0.109	2330	0.468

为了进一步研究样品中的氨基酸组成特点，判定蛋白质种类，对高于检出限的样品 GY-01 的 11 种氨基酸含量进行了归一化处理，结果见表 8-9。

表 8-9　壁画样品中各种氨基酸组成　（单位：%）

样品编号	Ala.	Gly.	Val.	Leu.	Ile.	Ser.	Pro.	Phe.	Asp.	Glu.	Hyp.
GY-01	10.47	24.42	8.91	13.18	8.53	11.63	3.10	6.20	5.43	5.04	3.10

从表 8-9 可以看出，样品 GY-01 中含有 3.10% 的羟基脯氨酸（Hyp.），而 Hyp. 是动物胶原蛋白的特征氨基酸，集中分布在动物毛皮、骨骼及结缔组织中。另外，样品中甘氨酸（Gly.）含量高达 24.42%，这完全符合动物胶甘氨酸含量较高的特征[1]。据此可知，隋代史射勿墓葬壁画白灰层采用天然动物胶进行胶结。

对于颜料层和白灰层中是否还含有其他种类的胶料，需要结合 11 种氨基酸进行多元统计分析，但因样品 GY-01 的胶料含量仍低于方法的检出限（0.710μg），因此，无法进行其他胶料的定量计算或定量计算准确度不高。此类问题，还有待于后期进行专题分析研究。

总之，从样品分析结果来看，隋代史射勿墓葬壁画制作时，使用动物胶作为胶结材料对白灰层进行胶结，这也从另一个侧面反映出徙居固原的粟特人，仍然保留着以肉食为主的生活习惯。

7　白粉层分析

白粉层的分析对象主要包括壁画表面所刷涂的原始白粉层（底色层）和地仗补做材料。由于这两种材料来源和层位关系不同，在壁画整体结构中各自具有不同的作用。原始白粉层除确保表面光滑，便于作画之外，在画面图像中还起到背景色的作用。补做地仗层为引入的外来修复材料，重点对画面层以及所保留的黏土层起到加固保护作用。

7.1　形貌特征观察

原始白粉层与补做地仗层微观形貌特征，分别利用 KH-7700 型三维超景深显微系统和 VEGA-3XMU 型扫描电镜-能谱分析仪（SEM-EDX）进行观察。超景深显微系统观察结果，见图 8-15～图 8-17。扫描电镜观察结果，见图 8-18、图 8-19。

通过原始白粉层与补做地仗层显微照片可知，原始白粉层在其内部夹杂有粒径较大的橙色和褐色杂质，但是白色粉体材料比较细腻，整体结合紧密，基本形成了一层比较坚硬的结壳层。这说明原始白粉层在刷涂之前，首先经过筛选除去大量杂质，然后经过浸泡沉降处理，使其组成成分更加均匀细腻。在原始白粉层中，虽未发现棉、麻等古代常见的掺合材料，却发现有蓝紫色物质存在（见图 8-17），推测应该在其原料中加入了胶结材料。

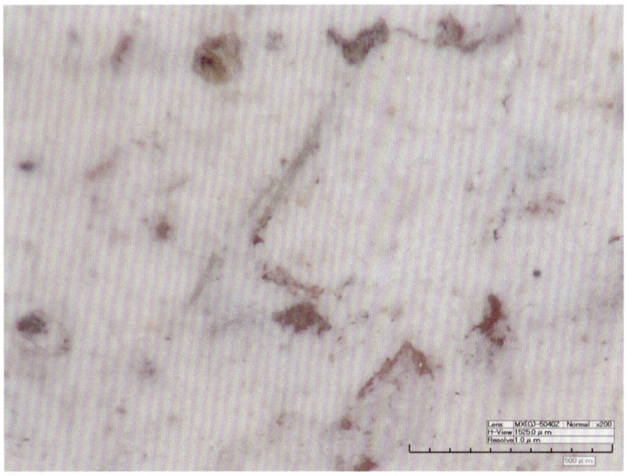

图 8-15　原始白粉层显微照片

图 8-16　补做地仗层显微照片

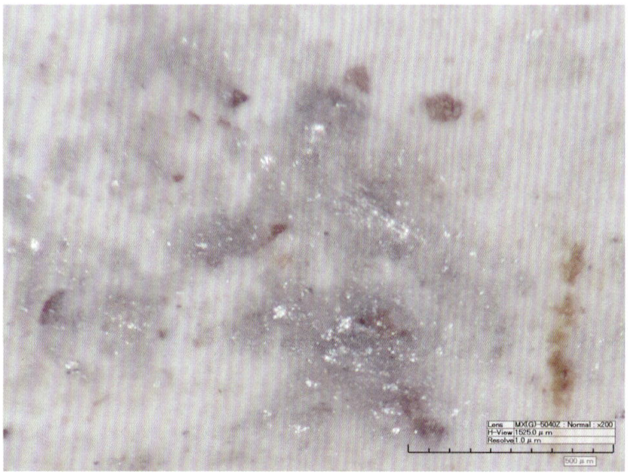

图 8-17　原始白粉层所含蓝紫色物质显微照片

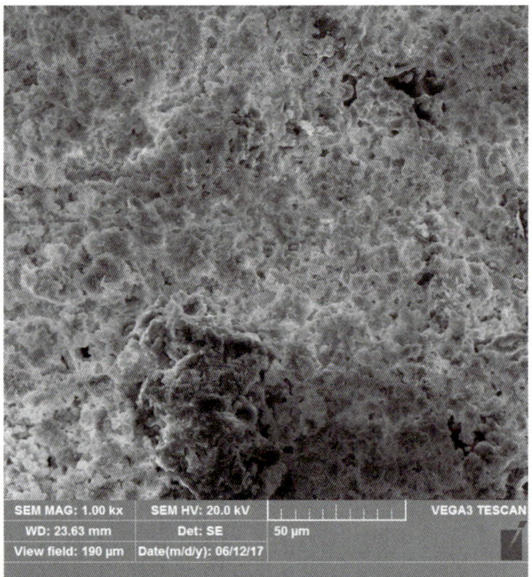

图 8-18　原始白粉层扫描电镜照片

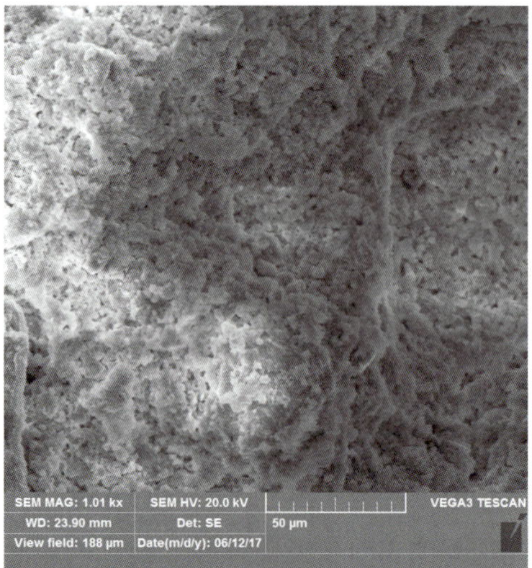

图 8-19　补做地仗层扫描电镜照片

相比原始白粉层而言，地仗补做材料颗粒粗大，在其组织结构中除有大量碎屑堆积之外，还掺杂有大量红色、绿色、橙色、白色、黑色等不同色彩的纤维材料。所掺杂的纤维材料分布也不均匀，粉体材料之间结合能力较弱，整体结构相对疏松。这说明补做地仗材料配置工艺较为简单，在未经筛选和浸泡沉降处理的情况下，直接加入纤维材料进行调制，从而使粉体材料颗粒基本保持原有状态，这是补做地仗层结构疏松的主要原因。

7.2 白粉层成分分析

利用便携式X射线荧光光谱仪对壁画表面原始白粉层和补做地仗层进行检测分析，检测结果见表8-10。

表 8-10 壁画白粉层 X 射线荧光光谱仪分析结果 （单位：%）

壁画编号	Fe	Ca	K	Al	Si	Cl	S	未检出
FL03646 底（1）	0.739	20.083	0.382	0.4	2.231	0.187	0.244	75.537
FL03646 底（2）	0.489	20.686	0.287	0.349	2.232	0.216	0.304	75.258
FL03645 底	0.533	24.523	0.291	0.476	2.201	0.115	0.306	71.359
FL03649 底	0.586	22.526	0.376	0.67	2.913	0.134	0.344	72.28
GB05502 底（1）	0.78	27.561	0.47	1.31	6.473	0.137	0.429	62.634
GB05502 底（2）	0.81	25.243	0.533	1.273	5.667	0.116	0.397	64.653
FL03647 底	0.455	23.686	0.245	0.316	1.472	0.155	0.249	72.484
GB05507 底	0.815	16.638	0.375	0.376	1.945	0.132	0.291	79.273
GB05504 底	0.689	21.002	0.349	0.58	3.167	0.125	0.332	73.587
FL03648 底	0.924	19.599	0.493	0.725	4.833	0.134	0.45	72.64
GB05503 底	0.472	23.758	0.289	0.924	4.98	0.104	0.365	68.915
FL03650 底	0.627	22.89	0.469	0.728	3.316	0.141	0.365	69.793
GB05506 底	1.07	18.567	0.631	0.651	4.586	0.118	0.409	73.684
FL03651 底	0.635	21.819	0.275	0.668	2.81	0.259	0.284	73.309

根据检测结果可知，白粉层所含主要元素是Ca，S元素的含量很少，说明壁画表面原始白粉层和补做地仗层并非利用石膏（$CaSO_4 \cdot 1/2H_2O$）进行制作，主要成分应该是$Ca(OH)_2$或$CaCO_3$。由此可知，隋代史射勿墓葬壁画所使用的白粉材料应为熟石灰（$Ca(OH)_2$），熟石灰吸收空气中的二氧化碳后形成$CaCO_3$，具体形成过程如下：

$$Ca(OH)_2 + CO_2 = CaCO_3 + H_2O$$

8 黏土层分析

黏土层作为壁画组织结构中所保留的原始组成部分，无论揭取前还是揭取后，均与壁画表面刷涂的白灰层结合在一起，共同构成画面图像赖以生存的基础。为了研究原始黏土层的变化对画面图像的影响特点，在对原始黏土层和补做黏土层（修复过程中原始黏土层的修补材料）微观形貌特征观察的基础上，进一步对墓葬原址不同深度土样、壁画所结合的原始土样以及地仗层补做土样的矿物组成进行检测分析，为研究补做土样的来源提供了依据。

8.1 原始黏土层与补做黏土层微观形态观察

利用 KH-7700 型三维超景深显微系统和 VEGA-3XMU 型扫描电镜-能谱分析仪（SEM-EDX）对壁画地仗层原始土样和补做黏土进行观察分析。

根据超景深显微系统和扫描电镜观察结果，壁画原始黏土层与补做黏土层矿物复杂，含有多种砂粒。但是原始黏土层各种砂粒的粒径相差不大，并且黏土混合体中各种组分相对均匀，结合比较紧密，孔隙率基本一致；而补做黏土层所含砂粒相对粗糙，各种组分分布不均，砂粒粒径相差较大，结团现象比较普遍（图 8-20～图 8-23）。

图 8-20　原始黏土层显微照片

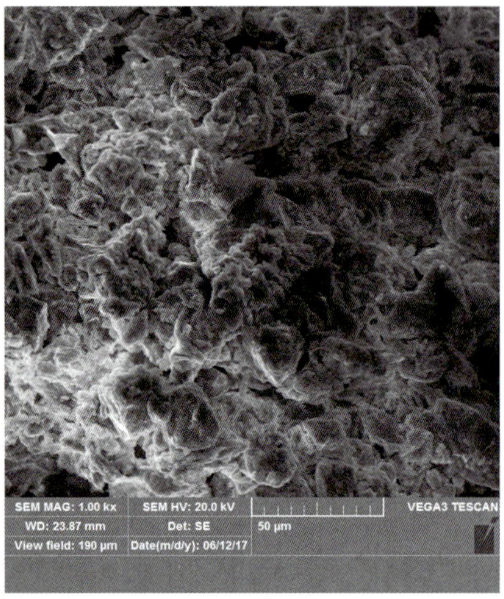

图 8-21　原始黏土层扫描电镜照片

图 8-22　补做黏土层显微照片

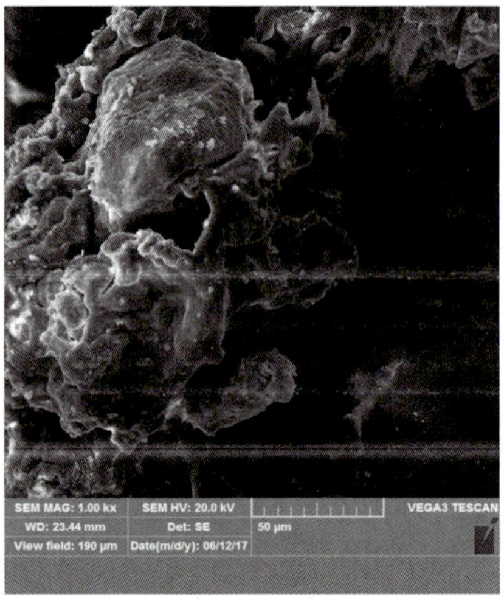

图 8-23　补做黏土层扫描电镜照片

8.2　原始黏土层与补做黏土层矿物组成分析

早期研究结果显示，隋代史射勿墓葬所在区域土壤属粉砂中壤质黄绵土[2]，含有细砂 2.5%、粗粉砂 56%、细粉砂 11.8%、泥粒 9.2%、黏粒 20.5%，总孔隙率 46.3%。由于这类的土壤黏粒度较低，粗粉砂以及孔隙率较高，整体结构比较疏松，特别是在潮湿环境下，黏结性将会降低甚至完全丧失，从而使整体结构遭到破坏。为了进一步研究土壤属性与其矿物组成的关系，分别利用便携式 X 射线荧光光谱仪和 X 射线衍射仪（XRD）对所采集的样品进行分析，分析结果见表 8-11。

表 8-11　壁画黏土层成分分析结果　（单位：%）

样品编号	Na_2O	MgO	Al_2O_3	SiO_2	K_2O	CaO	Ti_2O	Fe_3O_4
原始黏土层 1	4.32	1.088	6.096	31.942	4.574	26.655	1.901	19.165
原始黏土层 2	0.139	0.613	5.2	32.858	4.615	34.859	1.621	16.752
补做黏土层 1	2.08	2.598	7.145	40.383	5.08	26.027	1.199	13.397
补做黏土层 2	3.362	2.774	6.452	44.76	4.411	23.805	1.287	10.961

根据分析结果可知，壁画原始黏土层和补做黏土层的元素含量基本一致，主要是 Ca、Si、Fe、Al，其中 Si 的含量在 40% 左右，Ca 的含量在 30% 左右，Fe 的含量在 10%～20%，Al 的含量在 5%～7%。原始黏土层中 Fe 的含量要高于补做黏土层，这可能与红色颜料的渗透有关。补做黏土层的 Si 的含量高于原始黏土层。总体来看，隋代史射勿墓葬壁画地仗层在修复过程中，所使用的黏土具有很好的兼容性，应该来源于壁画本体残留黏土。

9　墓葬原址土样分析

为了进一步了解补做黏土的来源，对比研究原始黏土与补做黏土分析结果，对隋代史射勿墓葬原址不同深度土样进行了分析检测。分析检测样品分别来源于 1m、2m、3m、4m、5m 五个不同深度，其编号依次为 H_{1m}、H_{2m}、H_{3m}、H_{4m}、H_{5m}。

9.1　X 射线荧光光谱分析

由于隋代史射勿墓原址所采集试样均为粉末状潮湿样品，无法直接进行分析检测。因此，在检测前，将其置于型号为 DHG-9055A 的电热鼓风干燥器中进行烘干。烘干时间设定为 40min，烘干温度设定为 105℃（图 8-24）。

烘干后的土样冷却至室温，放入研钵中研磨成均匀的粉末，然后利用型号为 769YP-15A 的粉末压片机对其进行压片，压力设定为 10MPa，压片时间为 30s。为了防止 X 射线荧光打穿土样压片，将压片厚度确定为 1cm（图 8-25）。

压片试样采用便携式 X 射线荧光光谱仪进行检测分析，仪器型号为德国布鲁克公司生产的 TRACER 型，测试标样选择 GeoExploration，方法为 Oxide3phase，测试时间为 90s，气氛为空气环境，分析结果见表 8-12。

图 8-24　土样烘干

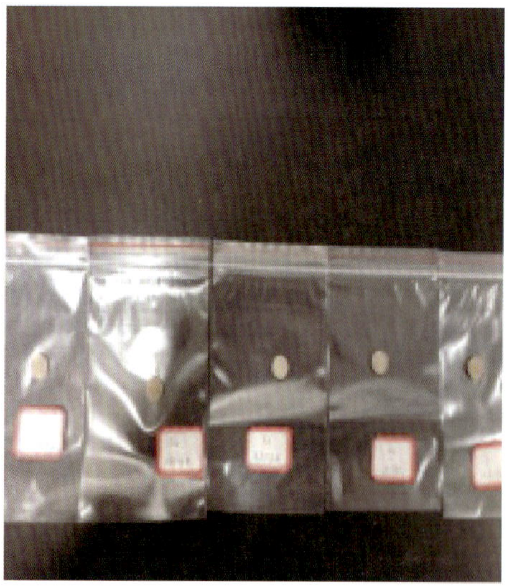

图 8-25　土样压片

表 8-12　隋代史射勿墓原址土样分析结果　（单位：%）

样品编号	MgO	Al_2O_3	SiO_2	K	Ca	Fe	Ti
H_{1m}	1.2386	5.1714	26.0036	1.0839	4.1266	2.3147	0.1437
H_{2m}	1.5532	4.3269	23.9808	0.9219	2.9529	2.3573	0.1404
H_{3m}	1.4494	5.2342	27.4226	1.0539	2.9434	2.3832	0.1574
H_{4m}	1.1948	5.1132	26.9571	1.0471	3.0368	2.4562	0.1741
H_{5m}	＜LOD	5.8026	29.9571	1.1665	2.8594	2.6533	0.1844
原始黏土层	1.088	6.096	31.942	4.547	26.655	19.165	1.901
补做黏土层	2.598	7.145	40.383	5.08	26.027	13.397	1.199

注：＜LOD 表示该元素含量小于检出限

分析结果显示，不同深度的土样在成分上并无明显差异，但是与壁画的原始黏土层和补做黏土层在成分上差异很大，尤其是 Ca 和 Fe 的含量尤为突出。出现这种差异的主要原因，在于 X 射线荧光光谱仪测量的是某种元素在总含量中的相对比例，壁画的原始黏土层试样与补做黏土层试样，在 X 射线的击穿作用下，极易受到红色颜料和白灰层的干扰。如果排除干扰因素，测量结果与壁画保留的原始黏土土样分析检测数据并无明显的差异。

9.2　X 射线衍射分析

使用 X 射线衍射仪进行土样分析时，首先要将土样烘干并研成粉末，然后压平在 X 射线衍射仪专用的载玻片上（图 8-26），再将其插入仪器内进行测试。测试电压 40kV，电流 150mA，使用 Diffracted Beam Monochromator Method，利用 Jade 晶体分析软件对分析数据进行解谱。不同深度土样矿物 XRD 衍射图谱如下（图 8-27～图 8-31）：

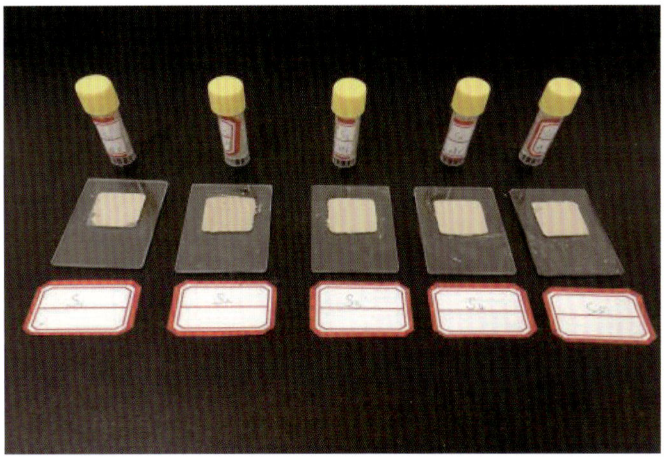

图 8-26 XRD 分析样品

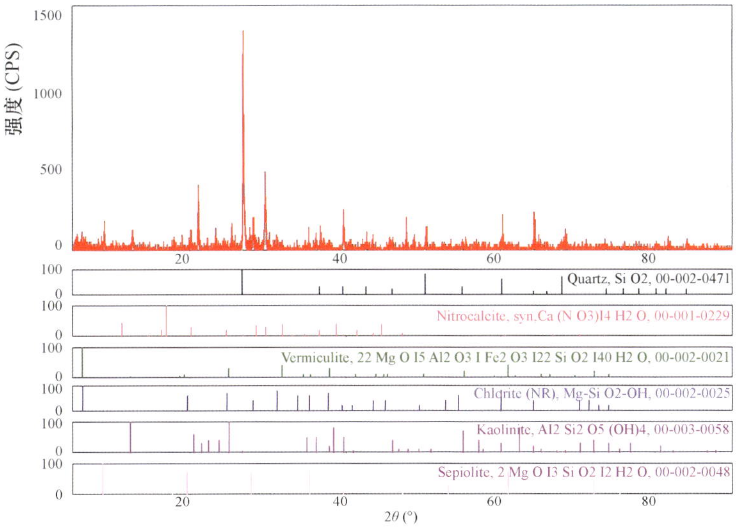

图 8-27 土样 H_{1m} 的 XRD 图谱

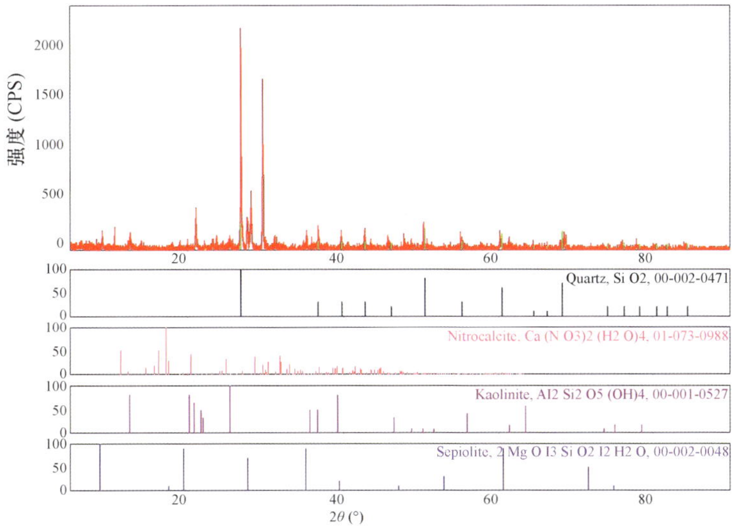

图 8-28 土样 H_{2m} 的 XRD 图谱

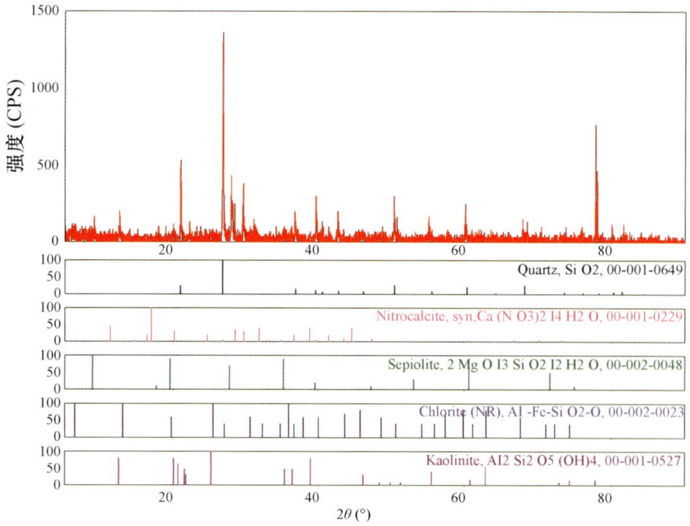

图 8-29　土样 H_{3m} 的 XRD 图谱

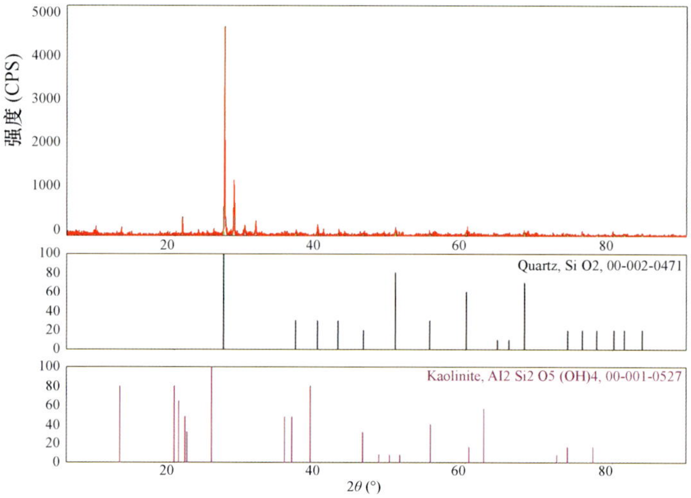

图 8-30　土样 H_{4m} 的 XRD 图谱

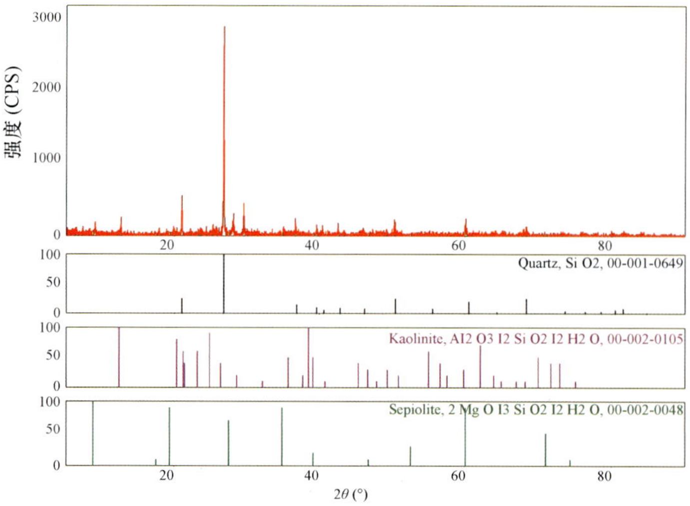

图 8-31　土样 H_{5m} 的 XRD 图谱

根据 XRD 衍射图谱可以看出，不同深度的土样的主成分是相同的，都含有石英、高岭石，但是深度为 1m、2m、3m 的三个土样，明显具有绿泥石、伊利石和方解石的特征峰，矿物组成相对复杂，这种情况可能与它们更接近地表有关。而更深层的 4m、5m 处的土样成分相对简单。由此可见，随着深度增加土壤所受到的干扰越小，黏土矿物组成相对固定。

9.3　含水率测定

分别将不同深度的黏土样品置于有称量纸的试样盒中，各称重 40g，确保误差小于 0.1g。然后将土样和试样盒放入电热鼓风干燥器中进行烘干，烘干时间为 8 小时，烘干温度为 105℃，烘干后冷却至室温，最后连同试样盒一起进行称量，烘干前后试样称量结果见表 8-13。

表 8-13　隋史射勿墓原址黏土土样含水率　（单位：g）

样品编号	H_{1m}	H_{2m}	H_{3m}	H_{4m}	H_{5m}
烘干前	40.0016	40.0497	40.0850	40.0374	40.0608
烘干后	37.0791	37.4960	37.8778	37.4527	37.8401
Δm	2.9225	2.5537	2.2072	2.5847	2.2207
含水率（%）	7.31	6.38	5.51	6.46	5.54

通过不同深度土样含水率测定结果可以看出，距离地表 1m 深度的土样含水率最高，其他深度土样含水率并没有明显的变化规律。总体来看，隋史射勿墓葬壁画原始黏土材料含水程度处于比较低的水平，这当是隋代史射勿墓葬壁画未制作地仗层，而只是在墓壁表面刷涂一层白灰层即可作画的主要原因。另外，通过土样含水率较低这一特性，也正好回答了隋代史射勿墓葬选址的问题。

10　环氧树脂支撑体分析

环氧树脂支撑体平均厚度约为 1cm，主要由环氧树脂与玻璃纤维布交替制作而成。为了研究环氧树脂性能变化对壁画整体结构的影响，利用三维超景深显微系统、扫描电镜-能谱分析仪，对其形貌特征进行观察；利用傅里叶红外光谱仪对其老化特征进行分析研究。

10.1　实验仪器与方法

利用三维超景深显微系统对样品进行形貌特征观察，仪器型号为日本浩视公司生产的 KH-7700 型。

利用扫描电镜-能谱分析仪对样品进行微观结构分析，仪器型号为捷克 TESCAN 公司生产的 VEGA-3XMU 型。

利用傅里叶红外光谱仪对样品进行老化特征分析，仪器型号为 TENSOR27 型。扫描次数 16，分辨率 40。

使用 Brillant200 号切割机将条状环氧树脂样品切割成 5 块 5cm×5cm×1cm 的样块，从样块纵向切割面（剖面）可以观察到环氧树脂层位关系、分布形态以及各层颜色的差异。然后对环氧树脂样块横向切割，可以获得每一层环氧树脂样品的横切面，从而对其形貌特征进行观察分析（图 8-32）。

图 8-32　环氧树脂支撑体样品横切面示意图

10.2　不同层位环氧树脂颜色差异性分析

通过环氧树脂样块纵切面显微照片可知，环氧树脂支撑体分为四层，各层环氧树脂厚度由外到内依次增厚，并且各层环氧树脂颜色差异也较大。最内层环氧树脂（D_1）颜色最深，其次为最外层环氧树脂（D_4），而中间两层因为没有与外界环境和其他物质直接接触，颜色较浅，环氧树脂纵切面显微照片见图 8-33。

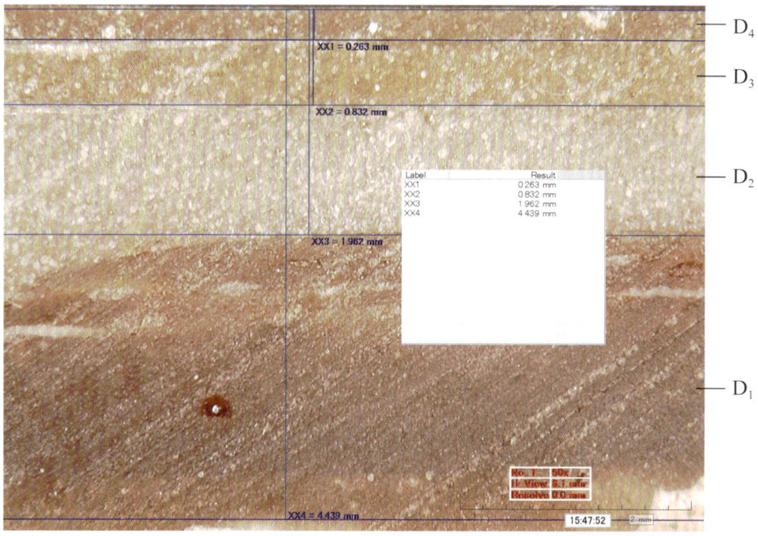

图 8-33　环氧树脂支撑体纵切面显微照片

为了进一步研究不同层位环氧树脂颜色变化的原因，在同等条件下，利用扫描电镜对各层环氧树脂放大 200 倍进行观察，结果发现颜色较深的三层环氧树脂，在单位面积内的孔洞数量逐渐增多（图 8-34～图 8-37）。这是由于环氧树脂样品老化后，随着单位面积内微观孔洞数量的增加，阴影面积就会增大，在视觉感知上环氧树脂的颜色变深了。因此，环氧树脂中微孔数量越多、空洞直径越大、颜色就会越深[3]。

10.3　麻点分析

通过对环氧树脂形貌观察，发现在颜色较深的第二层和第四层，无规律分布有数量较多的深褐色麻点（图 8-38）和气泡（图 8-39）。通过扫描电镜对麻点进行观察，发现麻点并不是局部颜色变化所引起的，而是局部收缩内陷所引起的（图 8-40）。在此基础上，利用傅里叶红外光谱分析仪对麻点和正常颜色区域分别进行打点分析，其中蓝色为麻点区域、红色为正常区域（图 8-41）。分析结果表明，

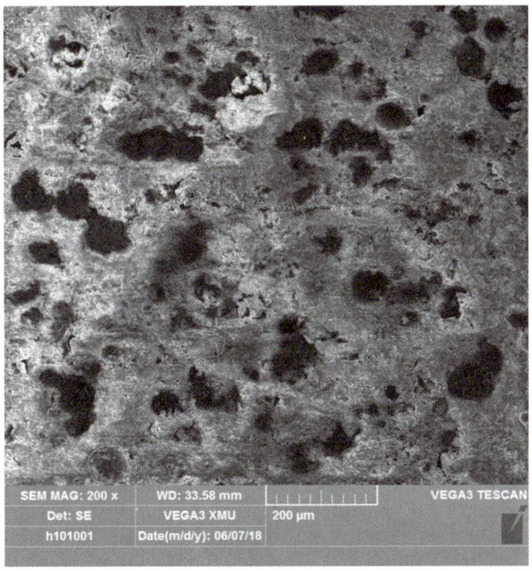

图 8-34　环氧树脂 D_1 扫描电镜照片

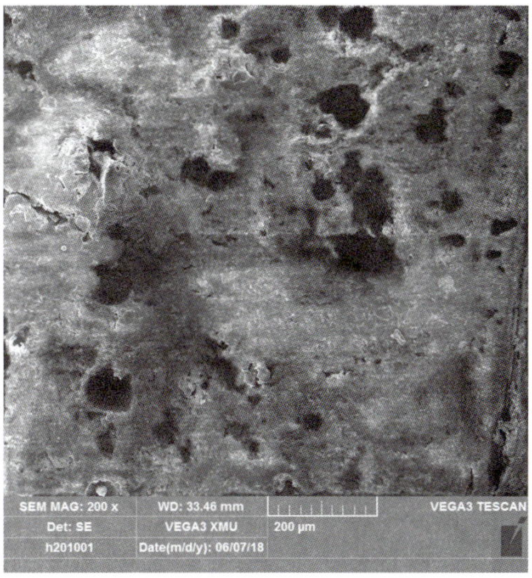

图 8-35　环氧树脂 D_2 扫描电镜照片

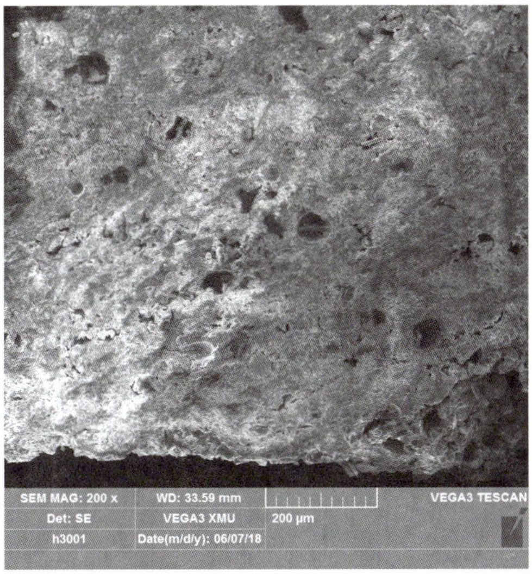

图 8-36　环氧树脂 D_3 扫描电镜照片

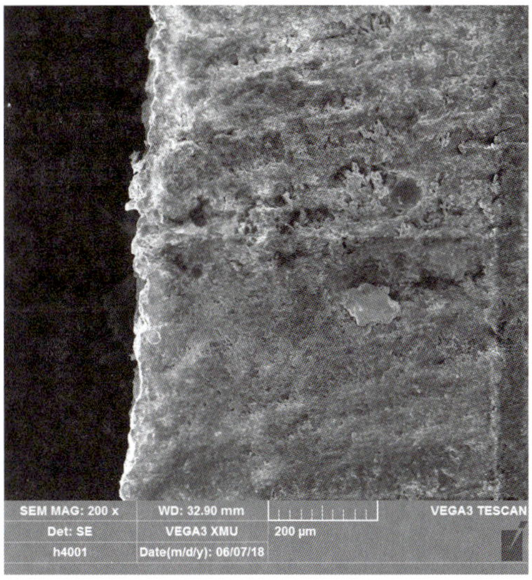

图 8-37　环氧树脂 D_4 扫描电镜照片

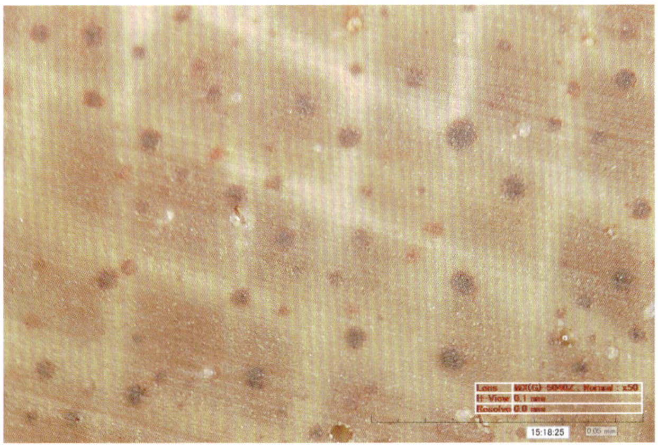

图 8-38　环氧树脂中的麻点

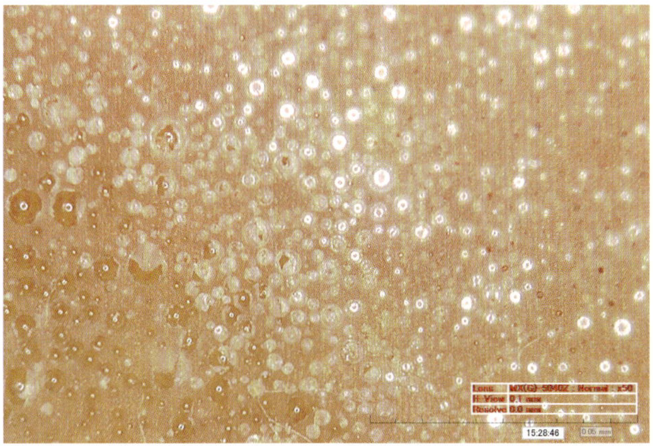

图 8-39　环氧树脂中的气泡

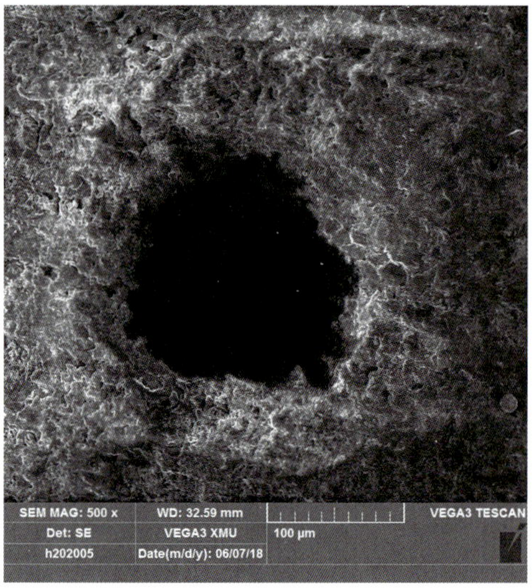

图 8-40　环氧树脂麻点扫描电镜照片

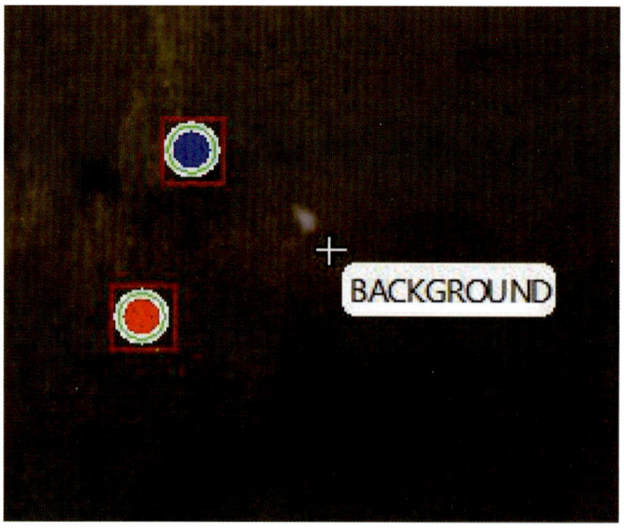

图 8-41　傅里叶红外光谱分析打点示意图

二者在其组成成分上并没有差异（图 8-42）。由此可见，麻点是环氧树脂老化过程中的一种物理变化，其形成可能与施工过程中，玻璃纤维布对胶液流动性的阻滞作用有关。这种作用使其出现了很多凹陷的麻点，麻点过多会造成环氧树脂支撑强度降低。

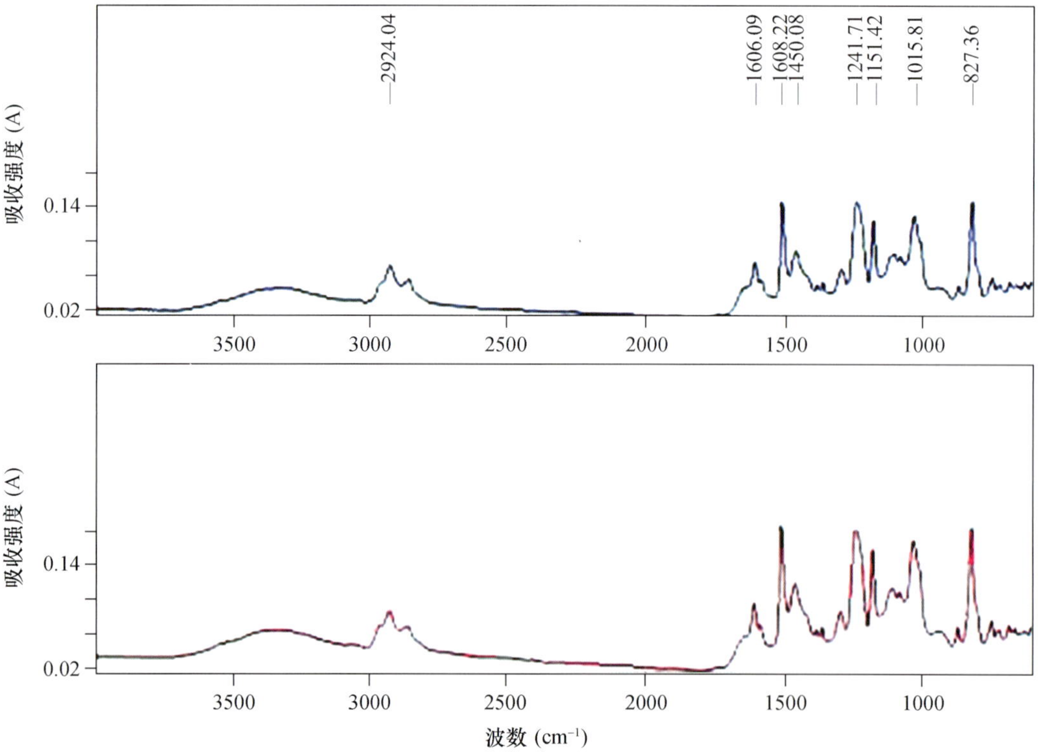

图 8-42　麻点和正常部位红外光谱图

10.4　成分变化分析

通过环氧树脂结构式（图 8-43）可以看出，分子结构两端有环氧官能团，因环的张力和—O—原子的极性，使环氧树脂具有活泼的化学性质。带有苯环的双酚 A 型刚硬骨架赋予了环氧树脂强韧、耐热和高硬度的性能；甲基和亚甲基链则使环氧树脂具有柔顺性；醚键赋予耐化学药品性和柔顺性；羟基赋予反应活性、黏结性或兼催化作用[4]。

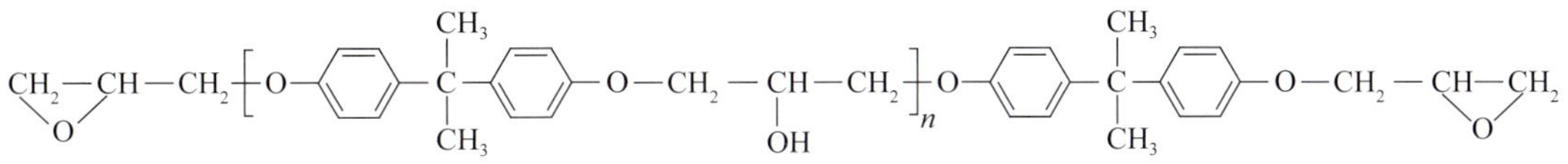

图 8-43　环氧树脂分子结构式

隋代史射勿墓葬壁画支撑体所使用的环氧树脂为 E-44 双酚 A 型环氧树脂，图 8-44～图 8-47 分别为 D_1、D_2、D_3、D_4 四层环氧树脂红外光谱图，表 8-14 为环氧树脂特征吸收峰。两者对照可知，环氧树脂在波数 3492cm^{-1} 处的 O—H 键特征吸收峰已经不明显了，这说明老化的环氧树脂已经不再起到应有的黏接作用。2967cm^{-1}、2929cm^{-1}、2897cm^{-1} 三个波数在 CH_2、CH_3 收缩振动中，在 2967cm^{-1} 处的吸收峰没有出峰，这说明环氧树脂涂膜的附着能力降低，这会使环氧树脂更容易开裂。3037cm^{-1}、1608cm^{-1}、1582cm^{-1}、1510cm^{-1}、832cm^{-1} 五个波数为苯环的特征吸收峰，其中只有 3037cm^{-1} 的吸收峰不明显，说明壁画支撑体所使用的环氧树脂硬度和韧性还依然存在。1246cm^{-1}、915cm^{-1}、831cm^{-1} 为环氧基团的吸收峰，其中 831cm^{-1} 与苯环对位取代两个相邻氢原子的 832cm^{-1} 面外弯曲振动重叠，1246cm^{-1} 与脂肪芳香醚 C—O 对称伸缩振动重叠，所以 915cm^{-1} 常作为环氧基团的特征吸收峰，而固化剂是含有胺基、羟基等官能团的亲核试剂，其固化机理就是亲核试剂进攻环氧基团发生亲核反应，

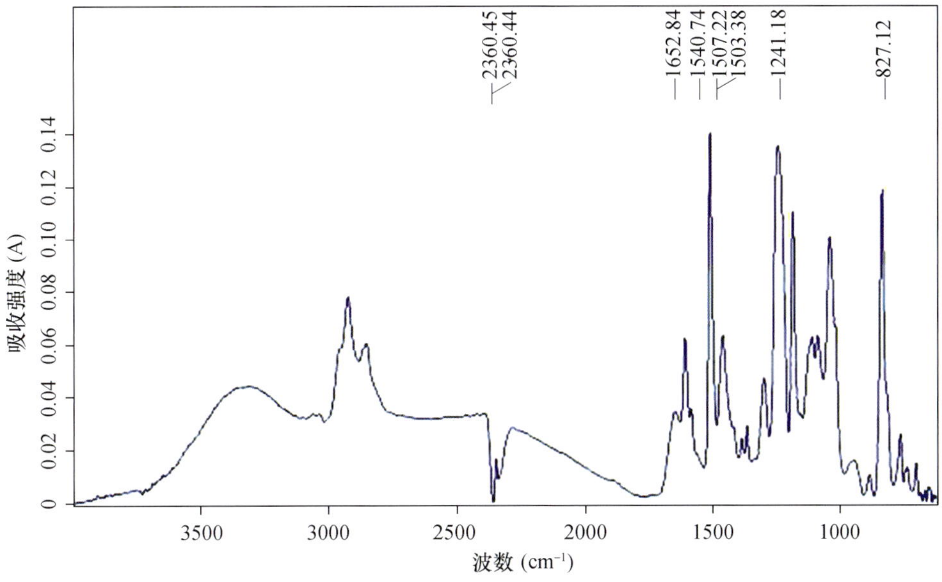

图 8-44　环氧树脂 D_1 红外光谱图

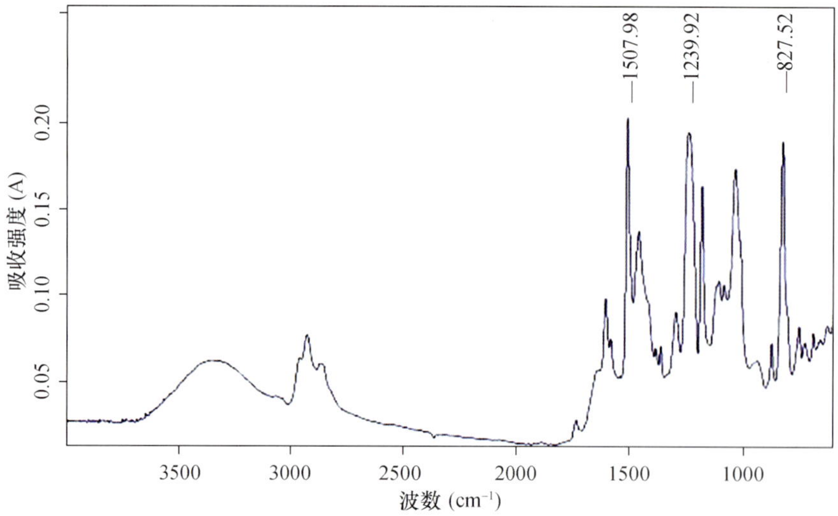

图 8-45　环氧树脂 D_2 红外光谱图

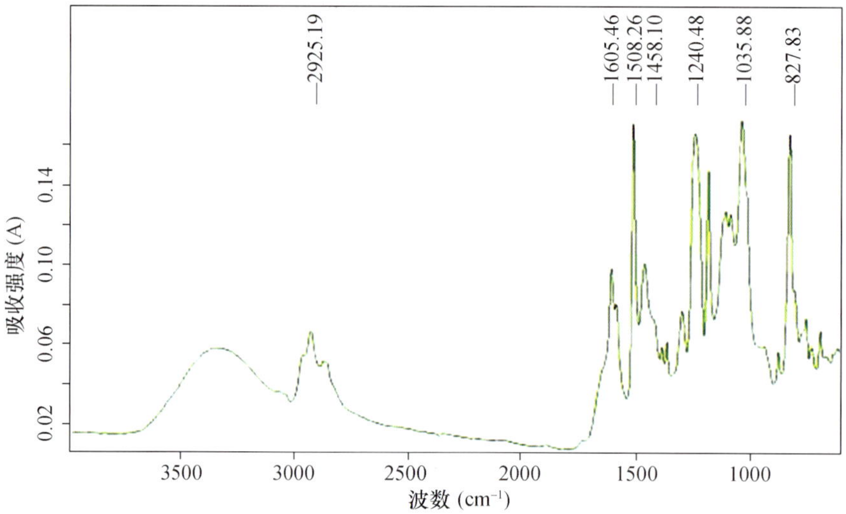

图 8-46　环氧树脂 D_3 红外光谱图

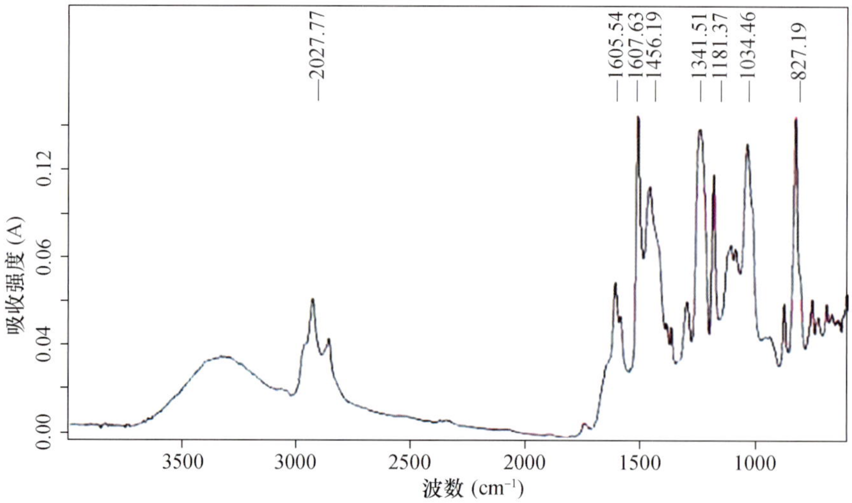

图 8-47　环氧树脂 D_4 红外光谱图

使环氧基开环形成三维网络结构。所以在已经固化的环氧树脂中，没有环氧基团的特征峰，这说明隋史射勿墓壁画支撑体使用的环氧树脂固化程度较高。

表 8-14　环氧树脂的红外吸收光谱中特征吸收峰对照表

吸收峰波数（cm^{-1}）	归属
3492	为 O—H 或氢键的倍频吸收峰
2967、2929、2872	CH_3、CH_2 收缩振动
1429	CH_3 剪式振动
1385、1362	双酚 A 中双甲基对称变形振动谱带
1457、728	CH_2 剪式振动
3037	苯环 C—H 收缩振动
1607、1581、1510	苯环 C=C 骨架收缩，变形振动
831	对位取代苯环 C—H 变形振动
1700～2100	苯环的 C—H 面外弯曲振动的倍频和合频
1297、1246、1036、1100	脂肪芳香醚 C—O 对称和不对称伸缩振动
3056	环氧环 C—H 收缩振动
1246、915、831	环氧环 C—O 收缩振动

11　结论

通过壁画组成材料综合分析可知，隋代史射勿墓葬壁画所保留的原始组成材料，基本被两种不同性质的高分子材料包裹于其间。随着高分子材料老化失效，位于其间的原始材料被各类病害破坏严重。

首先画面加固材料对画面图像的破坏，主要是表面富集的 PVB 材料老化失效而引发的。根据红外光谱分析结果，PVB 中所包含的大量醇羟基易被氧化为过氧化物，特别是随着温度的升高，部分醇羟基易被氧化为羰基，从而使 PVB 的黏结性能减弱。另外 PVB 中弱键—COO—受热极易生成自由基，自由基将会进一步诱发 PVB 分子链断裂，这应是画面加固材料起甲开裂的主要原因。

其次根据地仗补做材料成分分析，发现壁画实际使用的地仗补做材料与文献记载的“聚醋酸乙烯酯（PVAc）乳液—石膏—细沙—白水泥”混合材料并不一致，在混合体系中并未发现石膏存在。结合地仗组成材料形貌特征，推测地仗补做材料应由“聚醋酸乙烯酯乳液—熟石灰—细沙—羊毛”组合而成的混合材料。但是利用这一混合体系补做的地仗层整体结构疏松，材料颗粒粗大，染色羊毛结团现象严重。这充分说明熟石灰组分在未经沉降处理的情况下，直接利用 PVAc 作为稀释剂，对混合材料调配后进行施工，势必导致地仗补做材料分布不均、疏松多孔，为环氧树脂局部渗透污染提供了便利条件。

另外结合环氧树脂支撑体形貌特征可知，弱碱性地仗组成材料使最内层环氧树脂颜色变化最大，最外两层环氧树脂颜色虽有变化，但是变化程度不及最内层。这充分说明最内层环氧树脂所形成的微观孔洞数量远远高于最外两层，由此而导致的最内、最外两层环氧树脂表面张力变化不均衡的问题十分突出。除此以外，环氧树脂利用丙酮作为稀释剂进行稀释后，其内部产生大量气泡，气泡破裂后，为水分进入环氧树脂内部创造了有利条件。总体来看，引发环氧树脂老化的因素较多，除环境因素以外，配置工艺和施工工艺不当，也能造成环氧树脂支撑体内部缺陷，这些缺陷也是导致环氧树脂支撑体结构变化的一个普遍性因素。

参考文献

[1] 杨璐, 黄建华, 王丽琴, 马涛, 曹雪筠, 李晓溪. 文物彩绘常用胶料的氨基酸组成及红外光谱特征研究. 文物保护与考古科学, 2011, 23 (01): 36-39.

[2] 隋代史射勿墓葬壁画环氧树脂支撑体样品来源于唐代梁元珍墓葬壁画修复切割余料。由于唐代梁元珍墓葬壁画与史射勿墓葬壁画为同一时期揭取, 所使用的修复材料与工艺完全一致, 并且在同一环境的文物库房中保存, 因此两者环氧树脂支撑体材料老化状态相同。

[3] 王思嘉, 方世强, 张秉坚. 典型环氧类粘结材料老化过程的探索性研究. 文物保护与考古科学, 2017, 29 (02): 15-25.

[4] 赵娟. 双酚A 环氧树脂体系主要性能表征技术研究. 青岛科技大学博士学位论文, 2016.

第九章　隋代史射勿墓壁画病害机理研究

根据病害调查结果来看，隋代史射勿墓葬壁画病害既包括人为因素引发的各类病害，又包括自然因素引发的各类病害，同时还包括修复材料之间作用方式变化所引发的各类病害。人为因素所引发的病害，主要是壁画揭取和修复过程中，通过改变壁画原有结合方式所引发的各种病害。在其表现形式上，基本涵盖了划痕、裂隙、表面覆盖物等各类病害。自然因素引发的各类病害比较复杂，主要是在不稳定的环境因素作用下，通过改变壁画组成材料性能以及结合方式所引发的各类病害。最为典型的就是画面加固材料以及环氧树脂支撑体组成材料性能弱化，导致画面图像遭受破坏的同时，壁画整体结构稳定性也遭到破坏，致使壁画弯曲变形甚至出现局部断裂。

1　加固材料老化机理研究

壁画表面刷涂的聚乙烯醇缩丁醛（PVB）加固材料，以非晶态的形式分布于壁画表面，严重影响画面图像的稳定性，特别是随着老化程度的加剧，PVB 薄膜变黄、变硬，抗拉伸能力降低，甚至出现了起甲开裂，对画面图像造成严重破坏。

由于聚乙烯醇缩丁醛（PVB）是在酸催化下，经过聚醋酸乙烯酯（PVAc）水解和聚乙烯醇（PVA）与正丁醛缩醛反应而制备，其结构式如下：

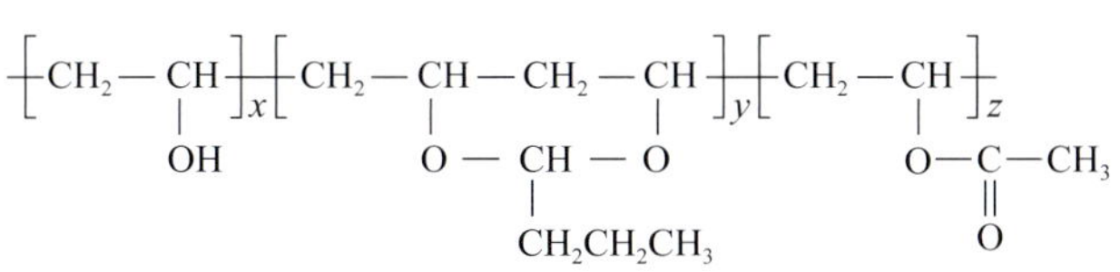

图 9-1　聚乙烯醇缩丁醛分子结构式

根据聚乙烯醇缩丁醛分子结构式可知，PVB 树脂中含有一定量的聚乙烯醇（PVA）和聚醋酸乙烯酯（PVAc）。因此，在 PVB 树脂中包含有醇羟基（—OH）、缩丁醛基、乙酸酯基（—COO—）三种官能团。其中，醇羟基（—OH）因其能够与黏结物表面形成氢键，使 PVB 树脂具有良好的黏结性能，但是—OH 并不稳定，在空气中受热易氧化成羰基，这将会使 PVB 树脂损失大量—OH，从而使其黏结能力下降。除此以外，PVB 树脂中—C—O—C—减少以后，使缩丁醛六元环结构所提供的分子链强度和非结晶性能降低，导致 PVB 树脂变黄、发硬、透光性能下降，特别是 PVB 树脂中所存在的大量弱键—COO—，受热后极易分解形成自由基，经过自由基进一步诱导，PVB 分子的主链或侧链会发生断链降解，这会导致 PVB 树脂因其性能的变化，对画面图像带来不可逆转的破坏。

2 壁画色彩弱化机理研究

隋史射勿墓葬壁画颜料种类相对较少，仅仅使用炭黑（C）和铁红（Fe_2O_3）两种颜料进行绘制。李最雄[1]对土红（Fe_3O_4）、铅丹（Pb_3O_4）及朱砂（HgS）三种红色矿物颜料变色机理研究后，发现土红（Fe_3O_4）最为稳定，不论是早期壁画，还是中期、晚期壁画，无论是石窟内壁画还是室外崖体壁画，其色度都没有发生较大变化，也没有新的变色产物形成。盛芬玲等[2]在不同湿度条件下，对土红（Fe_3O_4）、铅白（$Pb_3(OH)_2(CO_3)_2$）、朱砂（HgS）和铅丹（Pb_3O_4）四种颜料进行光照老化实验，结果发现土红（Fe_3O_4）非常稳定，不论在何种湿度条件下，经光照老化都不会变色。马清林等[3]对铁红（Fe_2O_3）、朱砂（HgS）、铅丹（Pb_3O_4）、白垩（$CaCO_3$）、生石膏（$CaSO_4 \cdot 2H_2O$）等颜料进行微生物破坏实验，结果发现铁红（Fe_2O_3）仍然是最稳定的一种红色颜料，在微生物作用下其色度没有任何变化，也没有铁的络合物生成。

虽然隋代史射勿墓葬壁画所使用的两种颜料性质十分稳定，不会受到光照、微生物以及温湿度变化的影响，但是物理因素以及人为因素引起的壁画表界面结构的变化，对画面颜料的影响作用却十分突出。苏伯民等[4]通过模拟敦煌壁画的制作方法，对常用的聚醋酸乙烯乳液、丙烯酸乳液和丙烯酸树脂（Paraloid B-72）三种加固材料对画面色度的影响程度进行了监测。结果发现，同一浓度的不同加固材料对壁画颜色的影响不同，其中 Paraloid B-72 因其不溶于水，易于成膜，对各种颜色的影响都大，平均色差最大达到 12.67 个 CIELAB。如果单纯以色差为依据，对三种加固材料进行评估，其影响程度由大到小，依次为 Paraloid B-72、聚醋酸乙烯乳液、丙烯酸乳液。

隋代史射勿墓葬壁画利用 PVB 进行画面加固，无论使用浓度、加固方式，均超过画面加固材料的使用范围。这不仅仅对画面颜料色度的产生影响，随着老化程度的不断加剧，直接影响到画面图像的完整性和稳定性。因此，壁画表面加固材料对画面的影响，完全属于覆盖层的范畴，并不能将其作为一种改变壁画表界面的物理介质。石美凤等[5]对山西忻州九原岗北朝墓葬壁画红色区域、黄色区域、蓝色区域和黑色区域表面含水量及其色度变化进行监测后，结果发现在埋藏环境中，矿物颜料性质稳定，并不易变色和褪色，但是壁画出土以后，画面色彩饱和度随着表面水分的散失而不断下降，最终导致画面色彩变浅。

壁画表面水分散失之所以能够导致画面颜料色彩饱和度下降，关键在于壁画表面不均匀的结构，这种不均匀的结构使表面固体材料原子之间受力不均匀，从而使多孔隙的表面结构具有很高的吸附性，能够使水分子进入到矿物颜料颗粒所形成的孔隙内部，并通过氢键作用形成一层水膜，使壁画表面结构由原来的多界面固体结构转变为液固界面。由于这种界面结构能够使入射光产生单一的反射作用，因此在视觉效果上所呈现出的画面颜料的色彩饱和度较高。但是这种液固界面并不稳定，当水分完全散失以后，使壁画表面又恢复到固有的多界面结构，也就是转变为气（空气）固（空隙）界面。由于这种界面结构所存在的大量微观孔隙，不但能够减少入射光在颜料层中的光程，而且还会增加光在气（空气）固（空隙）界面的散射作用，从而导致颜色在视觉上饱和度降低。

对于表面结构变化与其孔隙的关联作用，刘影等[6]通过对植物叶子及合成多孔薄膜材料结构参数与色彩特性的关联性研究，证明了材料表面多孔结构产生的光散射对于颜色具有特别显著的影响。曹琳等[7]通过调节水胶凝的交联度、溶胀度及厚度等因素，制备了以水胶凝高分子骨架为连续相、以孔隙为分散相的彩绘层模样进行试验，结果发现彩色薄膜材料颜色深浅与其孔隙结构有关，空隙结构的光散射是导致颜色变浅的直接原因。吴雅静等[8]为了揭示多孔薄膜材料孔结构与光散射及色彩特征之间的关系，通过调节聚丙酰胺溶液浇筑制备的多孔结构胶薄膜的孔径结构，并利用非挥发性离子液体涂覆具有孔隙结构的薄膜材料，发现离子液体填充薄膜中的空隙后，散射强度下降，彩色薄膜颜色变深。基于这一原理，裴继芬等[9]利用甲基丙烯酸甲酯与苯乙烯共聚物、三氟氯乙烯与偏二氟乙烯共聚物、癸二酸二酯（1，2，2，6，6-五甲基-4-哌啶基）、亚磷酸苯二异辛酯、香蕉水配制成显现加固剂，对四种实验模板进行刷涂显现加固。结果显示，当画面土锈剩余层粒径在 120μm、厚度在 70μm 的时候，显现加固剂能够渗透颜料层和地仗层，并使其成为半固体状态，从而填充了颜料层与壁画地仗层内部孔隙，使被破坏的连续相再次恢复，进而消除了光散射导致的色彩淡化现象，以此达到使画面色彩恢复原貌的目的。

通过画面颜料褪色机理研究可知，隋代史射勿墓葬壁画在其颜料性质稳定的情况下，PVB 树脂完全改变了壁画表面固有属性，除对画面颜料色度具有较大影响之外，最根本的问题是改变了颜料层固有的结合方式，这是目前亟待解决的首要问题。

3　地仗层病害机理研究

根据壁画材料组成关系，地仗层主要由原始黏土层和“聚醋酸乙烯酯乳液—白灰—细沙—羊毛”混合材料组成的补做地仗层结合在一起共同构成（图 9-2）。但是后期补做的地仗层，由于石灰组分未进行沉降分离处理，致使地仗组成材料颗粒物大小不一，材料之间形成的孔隙分布不匀，甚至出现较大的空洞。羊毛组分前期处理不到位，依然保持原始的毛线状态，使其在混合材料中出现结团现象，导致混合材料各组分之间存在一定的差异。这种差异无疑为病害产生创造了有利条件。特别是在保存环境湿度较高的情况下，地仗组成材料中的颗粒物通过层间吸水，使固体颗粒物表面形成一层水膜，引起固相组织体积增大，导致地仗组织发生膨胀作用。当保存环境温度较高，湿度较低的时候，固体颗粒物层间吸水作用较弱，颗粒物表面形成的水膜散失后，导致地仗固相组织产生收缩作用。如果壁画长期处于温湿度无法有效调控的保存环境中，膨胀和收缩作用将会不断交替进行，最终将会打破材料之间固有的结合方式，使原始黏土层更加疏松，进而导致壁画原始黏土层及其画面层出现凹陷、脱落等病害。由此可见，地仗补做材料预处理不彻底，施工工艺设计精度不高，地仗组成材料存在过多缺陷，是导致壁画地仗组织病害多发的主要原因。这些缺陷基本处于地仗结构的中间部位，为后期病害治理带来了一定难度。

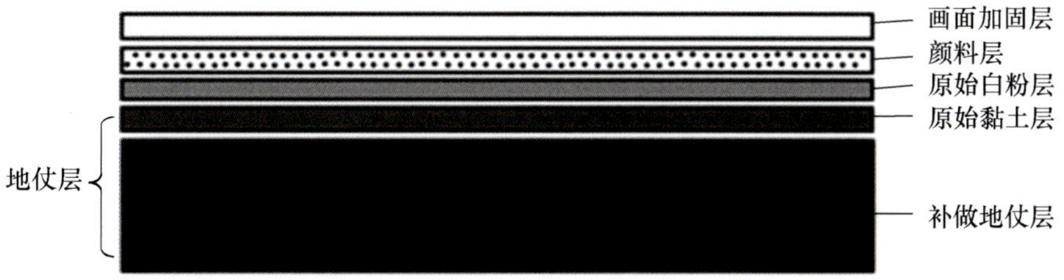

图 9-2　壁画地仗层材料组成关系图

4 支撑体病害机理研究

支撑体作为画面层及其他组成材料荷载的基础，如果对其性能研究不充分、施工工艺设计精度不高，必然会在保护修复过程中存在一些潜在的风险，为支撑体自身组织结构改变和病害产生提供有利条件。只有将支撑体制作材料性能研究、保护修复程序设计与文物保护修复理念有效结合起来，才能从根本上消除这种潜在的风险。否则，后期保护修复过程中所制作的支撑体，不但对壁画整体结构稳定性起不到应有的加固保护作用，反而会给壁画带来不可逆转的破坏。为此，在进行隋代史射勿墓葬壁画支撑体病害机理研究之前，通过对不同时期馆藏壁画支撑体和病害形态的对比研究，能够为隋代史射勿墓葬壁画支撑体病害类型的研究提供参考依据。

4.1 馆藏壁画支撑体比较研究

馆藏壁画受支撑体制作材料的影响，对壁画带来的各种破坏早就引起文物保护工作者的关注。杨文宗等[10]对陕西省历史博物馆 1952～2003 年期间揭取的初唐至中唐时期支撑体结构比较明确的 345 幅壁画病害特征进行了系统研究，并对支撑体类型与其病害关系进行了归类（表 9-1）。

表 9-1 不同支撑体壁画病害特征对比研究

支撑体类型	壁画数量	使用年代	黏结材料	支撑体材料	病害		
					颜料层	地仗层	支撑体
石膏	144 幅	20 世纪 50～60 年代	石膏	石膏（加入麻刀、竹片、铁丝、钢筋）	颜料脱落、画面污染	断裂、变形、碎裂	断裂、磕伤
木龙骨+大漆	17 幅	20 世纪 50～60 年代	大漆	木龙骨	颜料脱落、胶质残留	木龙骨滋生霉菌	变形
木龙骨+环氧树脂	123 幅	20 世纪 60～70 年代	环氧树脂	木龙骨	颜料脱落、裂隙、起甲	碎裂、空鼓	开胶、变形、虫蛀
木龙骨(无缝钢管、角铁、铝合金型材)+环氧树脂	60 幅	20 世纪 70～80 年代	环氧树脂	木龙骨、钢管、角铁、铝合金型材	颜料脱落、起甲、胶质残留	碎裂、空鼓	开胶、变形
蜂窝铝板	1 幅	20 世纪 90 年代	环氧树脂、Paraloid B-72	蜂窝铝板	霉斑、泥渍	碎裂、酥碱	/

根据不同类型支撑体性能的比较研究可知，馆藏壁画揭取时间不同，加固支撑的方式完全不同，由此而导致的病害明显也存在一定的差异。自 20 世纪 50 年代开展墓葬壁画揭取工作以来，加固支撑方式基本经历了四个发展阶段[11]。

第一阶段是 20 世纪 50～60 年代，主要利用石膏进行加固支撑。壁画加固后质量大，支撑体极易出现粉化和断裂，尤其是加固材料中所使用的钢筋和铁丝的锈蚀产物发生膨胀，导致支撑体破碎，而且通过渗透作用使画面受到铁锈的污染。

第二阶段是 20 世纪 70～80 年代，为了解决石膏支撑体强度低、质量大、易断裂和粉化的缺点，利用木龙骨框架进行加固。木龙骨虽然具有较好的柔韧性，但是极易受到湿热变化的影响，不仅易使壁画整体结构发生变形，还会导致画面层出现空鼓、裂隙、颜料脱落等病害。

第三阶段是20世纪80～90年代。利用无缝钢管、角铁、铝合金型材代替木龙骨进行加固。金属框架虽然具有很好的物理性能，但是因黏结材料（大漆、环氧树脂）和支撑材料的材料不同而容易出现开胶现象，使壁画失去应有的加固支撑作用而变形，并导致画面出现起甲、裂隙、颜料脱落等病害。

第四阶段是新材料应用阶段。为了从根本上解决加固支撑材料不适应的问题，20世纪90年代末期，选择质轻、不易变形、表面平整的蜂窝铝板进行加固支撑，目前尚未发现因该支撑体不适而引起的病害。但是蜂窝铝板因其自身不透气，大面积使用后，能否使壁画不再产生新的病害，还有待进一步观察和研究。

综合馆藏壁画加固支撑材料的变化发展历程来看，隋代史射勿墓葬壁画在其加固支撑方式上具有一定的特殊性。这种特殊性源于20世纪80年代初期，高分子材料在壁画保护中的广泛应用[12]。因此，隋代史射勿墓葬壁画摒弃传统的支撑加固方式，直接利用E-44环氧树脂、3051聚酰胺树脂和玻璃纤维布制作成厚度为1.5～2cm的支撑体[13]（图9-3），而且所制作的环氧树脂支撑体背面不再利用木龙骨、角铁、铝合金型材等进行加固支撑。

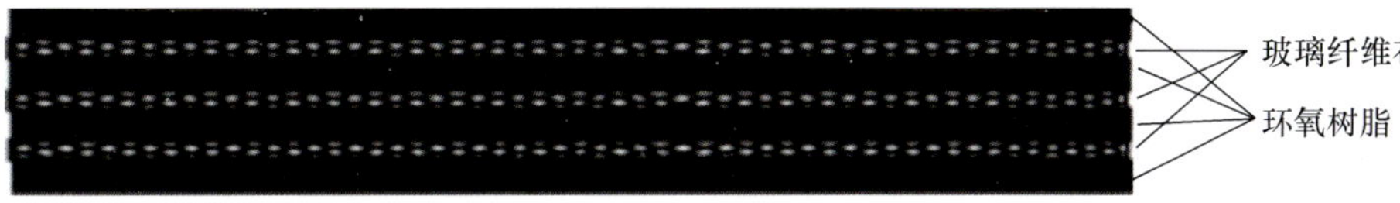

图9-3 环氧树脂支撑体结构示意图

4.2 环氧树脂支撑体病害机理研究

根据形貌特征观察结果，环氧树脂支撑体老化受损后，最为突出的特点是不同层位环氧树脂材料颜色变化明显不同，与石灰地仗层直接结合的最内层环氧树脂颜色变化最深，最外层颜色变化相对较深，次外层颜色变化相对较浅，中间一层环氧树脂颜色无明显变化（见图8-33）。由此可见，影响环氧树脂支撑体老化的因素主要包括两个方面的因素，一是地仗层组成材料所形成的弱碱性环境，对环氧树支撑体带来的破坏；二是保存环境温湿度以及其他不可控的环境因素对环氧树脂支撑体所带来的破坏。

在以上两种不同的老化环境中，不论是保存环境温湿度变化对环氧树脂带来的湿热、低温、光氧等老化作用，还是地仗组成材料弱碱性环境所引发的环氧树脂引老化作用，其本质上都是从其弱键开始的一系列复杂的化学反应。化学反应导致环氧树脂分子链断链降解，相对分子质量下降，使不同层位的环氧树脂产生大量微观孔洞（包括环氧树脂内部气泡破裂所造成的孔洞）（见图8-39）。微观孔洞的存在，不但会使不同层位的环氧树脂在外观颜色上存在差异，还会使环氧树脂支撑体原有的稳定状态遭到破坏。

王思嘉等[14]通过模拟自然环境，对环氧树脂进行紫外、湿热、低温、干热老化循环破坏实验，结果发现在上述各种因素中，紫外线是破坏环氧树脂的最主要因素。相对自然环境而言，隋代史射勿墓葬壁画在室内保存条件下，紫外辐射对环氧树脂支撑体造成的老化作用并不突出，因此，保存环境温湿度变化所引发的湿热老化，对隋代史射勿墓葬壁画环氧树脂支撑体的破坏起着主导作用。

由于环氧树脂聚合物在其组织结构中，含有大量羟基、胺基等极性亲水基团。因此，环氧树脂基体具有吸湿性强、吸水率高的特点。当壁画处于湿热环境之中，水分子首先通过环氧树脂固化物表面进入材料内部，在固化物内部进行扩散的同时，会对环氧树脂带来增塑和溶胀作用，导致高分子材料体系内部其他可溶性物质的溶解、抽出或迁移，从而使环氧树脂材料在其内部发生水解作用，最终导致分子断链降解形成微观孔洞。另外，空气中的臭氧分子（O_3）也会参与其中，通过化学反应对环氧树脂材料造成不可恢复的永久性破坏。

在湿热环境中，环氧树脂弱键部位容易受到外界因素的作用使其断裂成为自由基，所形成的自由基作为引发化学反应的起始点，使环氧树脂按照自由基化学反应机理进行自动氧化反应，反应过程主要包括以下三个阶段。

引发——产生 R · 或 RO_2 · 自由基

链增长——R · ＋O_2→RO_2 ·　RO_2 · ＋RH→ROOH＋R ·

链终止——2R · →R—R　RO_2 · ＋R · →ROOR

2RO_2 · →非活性化合物（R：高分子集团）

以上由自由基引发的化学老化之所以能够自发进行，是因为在湿热环境中，温度能够使一部分低能量的分子转变成活化分子，从而使环氧树脂具有较高的表观活化能。因此，与石灰地仗层直接结合的最内层环氧树脂，受 OH^-的影响程度较大，会使其断链降解形成的微观孔洞数量明显多于其他两层。这就是在同一湿热环境中，不同层位的环氧树脂形成较大色差的主要原因。

K. Sunil 研究表明，当含有一定数量孔隙的环氧树脂聚合物处于潮湿环境中时，渗入到聚合物基体中的水分子因具有很高的内聚能，使其能够在树脂基体中进行聚集，并与环氧树脂中的羟基、胺基等亲水集团形成强烈的氢键，从而致使环氧树脂发生水解老化。其过程是：水分被吸收到环氧树脂基体大分子链亲水基团以后，会使环氧树脂发生溶胀，自由体积增大，将会进一步加快水分的吸收，使部分水分渗透到树脂基体微孔之中，导致树脂老化以及后固化的副产物挥发并使其孔洞变大，对环氧树脂支撑体的稳定性带来不可逆转的破坏。溶胀作用将会使环氧树脂基体大分子结构间距增大，树脂基体增塑，刚性集团的活性增加，导致环氧树脂刚度下降。另外水分子向基体吸湿性扩散，会对环氧树脂基体产生一定的渗透压，导致环氧树脂基体内部气泡破裂，进一步对环氧树脂支撑体的稳定性带来不可逆转的破坏。

总之，在保存环境温湿度较高的情况下，环氧树脂聚合物分子链热运动就会加剧，分子之间的作用力就会减弱，高分子材料网络之间形成空隙的可能性就会增大，为水分渗入环氧树脂基体创造了有利条件。当壁画处于干燥环境的时候，渗入环氧树脂基体中的水分就会迁移脱出，增塑和溶胀作用虽可恢复，但是水分对环氧树脂基体造成的气泡破裂及其裂纹扩散是不可恢复的，会对环氧树脂造成永久性的破坏。因此，环氧树脂支撑体在保存环境温湿度交替变化的影响下，所受到的湿热老化作用就会不断进行，这是导致环氧树脂支撑体受损的根本原因。

4.3　关于壁画支撑体相关问题的研究

通过对环氧树脂支撑体老化机理的研究可知，影响环氧树脂材料老化的因素包括内部因素和外部因素两个方面。外部因素通过直接作用的方式对环氧树脂支撑体进行破坏。内部因素虽然不是以直接作用的方式导致环氧树脂老化，但是聚合物的分子结构、物理形态、配制工艺、施工工艺等，对环氧树脂的老化具有决定性作用。

在进行壁画支撑体制作的过程中，为了降低环氧树脂的黏度，利用丙酮作为稀释剂对其进行稀释后，环氧树脂与聚酰胺树脂进行固化反应时，由于这一过程是一个放热反应，因此将会加快丙酮稀释剂的挥发。随着固化反应的终止，混合体系的温度将会逐渐降低，部分未能挥发的丙酮被环氧树脂混合材料包裹于其中，使其形成大小不等的气泡。由此可见，利用环氧树脂作为文物保护加固材料时，应谨慎选择丙酮、咪唑等容易生成气泡的稀释剂，避免使环氧树脂材料内部形成缺陷，降低环氧树脂老化的风险。

壁画地仗补做材料对环氧树脂支撑体的老化作用颇具代表性。过去对环氧树脂的老化研究，大多集中于环境因素对其性能破坏的研究，很少涉及文物本体组成材料或修复材料对环氧树脂材料性能的破坏研究。隋代史射勿墓葬壁画地仗补做材料所形成的弱碱性环境，对环氧树脂材料的老化具有较大的影响。因此，利用环氧树脂对壁画进行黏结或加固支撑时，应充分考虑材料之间的兼容性问题，如使环氧树脂所接触的材料介质尽量以中性为宜。

在环氧树脂分子结构中，由于环氧基团中的—C—O—键具有较低的键能，位于分子链两侧末端的环氧基团具有很强的反应能力，弱碱性介质和湿热环境均能引起固化体系老化降解，使环氧树脂分子链中部分醇羟基（—OH）消失，从而降低了环氧树脂的黏结性能，导致环氧树脂出现结构性脱胶现象。

环氧树脂材料形成的微观孔洞，对壁画支撑体力学性能有较大影响。在保存环境温度较高的情况下，环氧树脂支撑体引发壁画整体结构弯曲变形，除了使壁画表面受到与之相对应的破坏之外，最为突出的就是木质边框对其弯曲形变的反作用，导致高曲率表面出现断裂。如果将环氧树脂与玻璃纤维混合材料组成的支撑体视作一个只有能量交换，没有物质交换的热力学体系，保存环境所提供的热量会使环氧树脂材料内能发生变化。结合环氧树脂老化机理研究，最内层环氧树脂因其老化程度较高，所形成的微观孔洞数量相对密集，由此导致的表面分子间相互作用较弱，特别是在保存环境温度较高的情况下，环氧树脂混合体系吸收热量后，使其表面分子之间的相互作用进一步减弱，从而使环氧树脂表面张力也进一步减弱。最外两层环氧树脂相较最内层环氧树脂而言，老化程度相对较轻，所形成的微观孔洞数量相对较少，表面分子之间的相互作用较强，保存环境所提供的热量使其表面张力增大。由此可见，环氧树脂混合体系在温度较高的环境下，首先使其热平衡遭到破坏，然后通过最内外层环氧树脂表面张力的改变，使其分子间作用的平衡遭到破坏，导致壁画整体结构向环氧树脂支撑体背面弯曲变形。

5　支撑体稳定性评估

由于隋代史射勿墓葬壁画各部分组成材料分布不均，彼此之间结合在一起后，不仅会形成一定的约束机制，而且在同一环境条件下，各部分材料之间温度分布不均，由此而引起的热变形不能自由进行，就会在壁画结构内部产生应力（热应力或温度应力），从而使其结构稳定性遭到破坏。

根据表 9-2 可知，在隋代史射勿墓葬壁画组成材料中，环氧树脂是热膨胀系数最大的一种材料。说明环氧树脂混合材料相对其他组成部分更易受环境温度的影响而变形。因此，环氧树脂是引起壁画应力变化的主要根源。为了消除温度应力对壁画所带来的破坏，唯一有效的途径就是通过更换支撑体，并使壁画各部分组成材料的热膨胀系数趋于一致，才能从根本上消除热应力所带来的破坏。

表 9-2　隋代史射勿墓葬壁画各部分组成材料性能参数

材料名称	弹性模量（MPa）	泊松比	热膨胀系数（10^{-6}/℃）
原始黏土层	120	0.35	6
石灰地仗层	150	0.34	12.5
环氧树脂	3780	0.35	62.4
玻璃纤维布	73000	0.22	2.6

通过隋代史射勿墓葬壁画组成方式来看，如果直接通过更换支撑体的方式来消除热应力，不仅会使不可控的风险因素增加，而且还会对壁画带来新的破坏。因此，为了科学评估隋代史射勿墓葬壁画环氧树脂支撑体的去留问题，通过构建有限元模型的方式，对不同温度下壁画结构强度和刚度进行分析，以此获得壁画应力、应变、变形的基本规律，进而为决定壁画支撑体的去留提供依据。

5.1　几何模型与有限元模型

有限元分析是将一个物体或系统分解为多个相互连接的、简单的、独立的点组成的几何模型。隋代史射勿墓葬壁画几何模型单元为六面体结构（图 9-4）。对几何模型进行网格划分后，所得到的有限元模型节点数为 23575 个，单元数为 4660 个（图 9-5）。

图 9-4　隋代史射勿墓葬壁画的结构模型

图 9-5　隋代史射勿墓葬壁画的有限元模型

5.2　有限元计算的基本原理

有限元通过单元离散法将连续弹性体分割成有限个单元体，而且每个单元体的性质（几何性质和物理性质）用节点来表达。对于节点结构应力状态和外力作用之间的平衡关系，通过平衡方程来表示；对于微元体的位移与应变之间的关系，通过几何方程来进行描述；对于物质宏观性质的应力和应变率，或应力张量与应变张量之间的函数关系，则用物理 / 本构方程来表示。

平衡方程为：

$$
\begin{aligned}
&\frac{\partial \sigma_{xx}}{\partial x}+\frac{\partial \sigma_{xy}}{\partial y}+\frac{\partial \sigma_{xz}}{\partial z}+f_x=0\\
&\frac{\partial \sigma_{xy}}{\partial x}+\frac{\partial \sigma_{yy}}{\partial y}+\frac{\partial \sigma_{yz}}{\partial z}+f_y=0\\
&\frac{\partial \sigma_{xz}}{\partial x}+\frac{\partial \sigma_{yz}}{\partial y}+\frac{\partial \sigma_{zz}}{\partial z}+f_z=0
\end{aligned}
\qquad \text{（式 9-1）}
$$

几何方程为：

$$
\varepsilon_{xx}=\frac{\partial u}{\partial x} \qquad \varepsilon_{yz}=\frac{\partial w}{\partial y}+\frac{\partial v}{\partial z}
$$
$$
\varepsilon_{yy}=\frac{\partial v}{\partial y} \qquad \varepsilon_{xz}=\frac{\partial w}{\partial x}+\frac{\partial u}{\partial z} \qquad \text{（式 9-2）}
$$
$$
\varepsilon_{zz}=\frac{\partial w}{\partial z} \qquad \varepsilon_{xy}=\frac{\partial u}{\partial y}+\frac{\partial v}{\partial x}
$$

物理 / 本构方程为：

$$
\begin{pmatrix}\sigma_{xx}\\ \sigma_{yy}\\ \sigma_{zz}\\ \sigma_{yz}\\ \sigma_{xz}\\ \sigma_{xy}\end{pmatrix}=\frac{E}{(1+\boldsymbol{v})(1-2\boldsymbol{v})}\begin{pmatrix}1-\boldsymbol{v} & \boldsymbol{v} & \boldsymbol{v} & & & \\ \boldsymbol{v} & 1-\boldsymbol{v} & \boldsymbol{v} & & & \\ \boldsymbol{v} & \boldsymbol{v} & 1-\boldsymbol{v} & & & \\ & & & 0.5-\boldsymbol{v} & & \\ & & & & 0.5-\boldsymbol{v} & \\ & & & & & 0.5-\boldsymbol{v}\end{pmatrix}\begin{pmatrix}\varepsilon_{xx}\\ \varepsilon_{yy}\\ \varepsilon_{zz}\\ \varepsilon_{yz}\\ \varepsilon_{xz}\\ \varepsilon_{xy}\end{pmatrix} \qquad \text{（式 9-3）}
$$

物理 / 本构方程是反映物质宏观性质的数学模型。利用本构方程进行计算时，将求解域剖分为网格后，对节点变量进行单元分片插值，使单元矩阵形成规范，然后考虑边界条件，求解矩阵方程即可得到节点未知量。但是在未知量的具体求解过程中，采用单元上的分片假设近似函数，将积分方程转化为代数方程组。

$$
u=N_i u_i
$$
$$
Ka=P \qquad \text{（式 9-4）}
$$

当温度发生变化时，物体由于膨胀或收缩而产生变形，线型应变的计算公式为：

$$
\varepsilon=\alpha\left(T-T_0\right) \qquad \text{（式 9-5）}
$$

5.3　边界条件和载荷

边界载荷条件主要采用温度载荷。由于隋代史射勿墓葬壁画在不同库房保存期间，室内温度在－15.9～30.7 ℃之间波动。因此，对壁画模型底部施加固定边界条件时，温度变化范围设定在－20～50℃之间。

5.4　壁画原始黏土层及补做地仗层形变与应力计算结果

5.4.1　形变计算结果

计算结果显示，在不同温度下，壁画原始黏土层中部热变形较大，四个角点的变形较小（图 9-6）。补做地仗层在不同温度下，其变形规律与壁画原始黏土层基本相似，仍然是中部热变形较大，四个角点热变形较小（图 9-7）。

根据表 9-3 可知，刚开始，壁画原始黏土层与补做地仗层最大变形随温度的增加而减小，当温度达到 20℃时变形最小，随着温度的增加，原始黏土层与补做地仗层形变将会增大，并且二者形变量差

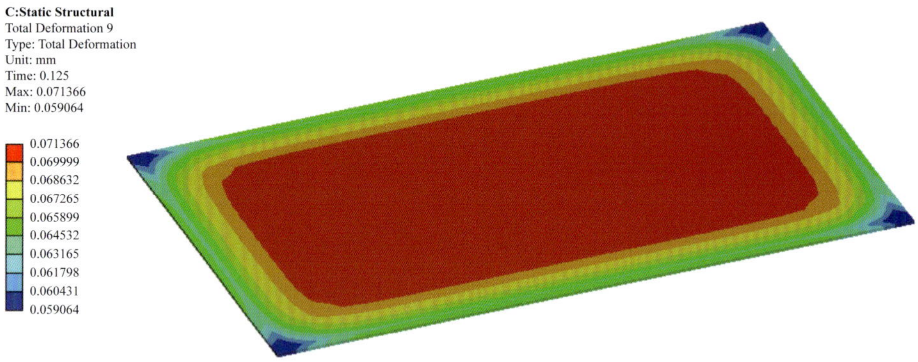

图 9-6　不同温度条件下壁画原始黏土层形变结果

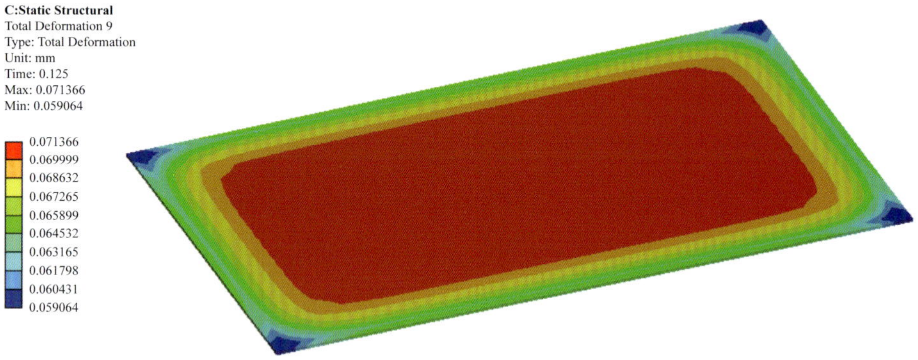

图 9-7　不同温度条件下壁画补做地仗层形变结果

异不大，这说明补做地仗材料与壁画所保留的原始黏土层的物理属性基本相同，二者之间具有较好的兼容性，形变曲线见图 9-8。

表 9-3　不同温度下壁画原始黏土层与补做地仗层形变结果

温度（℃）		−20	−15	−10	−5	0	5	10	15
形变（mm）	原始黏土层	0.07137	0.06287	0.05437	0.04588	0.03738	0.02889	0.02039	0.01189
	补做地仗层	0.06978	0.06147	0.05316	0.04486	0.03655	0.02824	0.01994	0.01163
温度（℃）		20	25	30	35	40	45	50	
形变（mm）	原始黏土层	0.00340	0.00510	0.01359	0.02209	0.03059	0.03908	0.04758	
	补做地仗层	0.00332	0.00498	0.01329	0.02160	0.02991	0.03821	0.04652	

5.4.2　应力计算结果

计算结果显示，在不同温度下，壁画原始黏土层与补做地仗层最小应力均位于靠近四个角点的区域，中间区域应力较大，分布范围较为均匀。相比之下，原始黏土层所受应力较小，对壁画起到很好的保护作用（图 9-9）。补做地仗层所受应力虽然略高于原始黏土层，但是总体相差不大，基本与原始黏土层一致，仍然对壁画起到应有的保护作用（图 9-10）。

根据表 9-4 可以看出，从−20℃开始壁画原始黏土层与补做地仗层应力变化，均随温度的增加而减小，当达到 20℃时应力最小，随着温度进一步升高，应力继续增大。相较之下，原始黏土层应力变

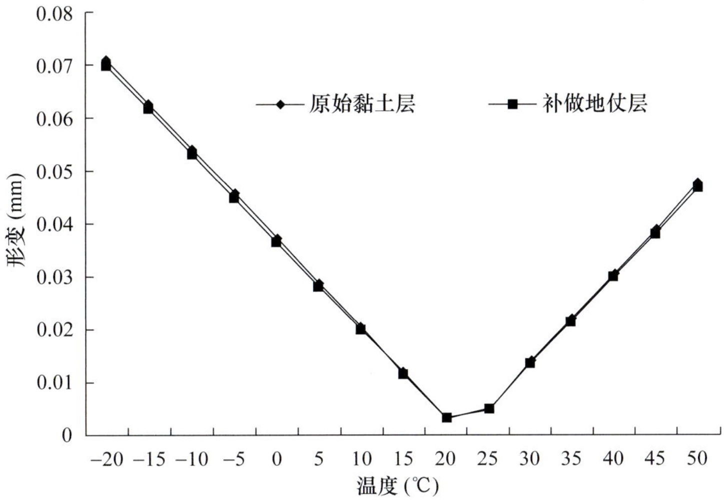

图 9-8 壁画原始黏土层与补做地仗层形变随温度变化曲线

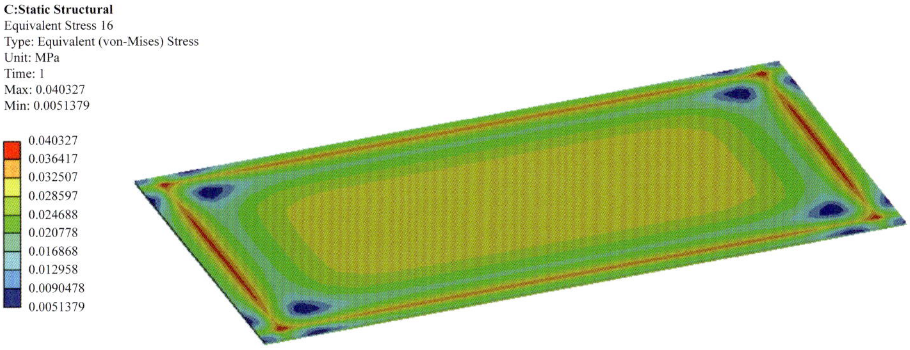

图 9-9 不同温度条件下壁画原始黏土层应力变化结果

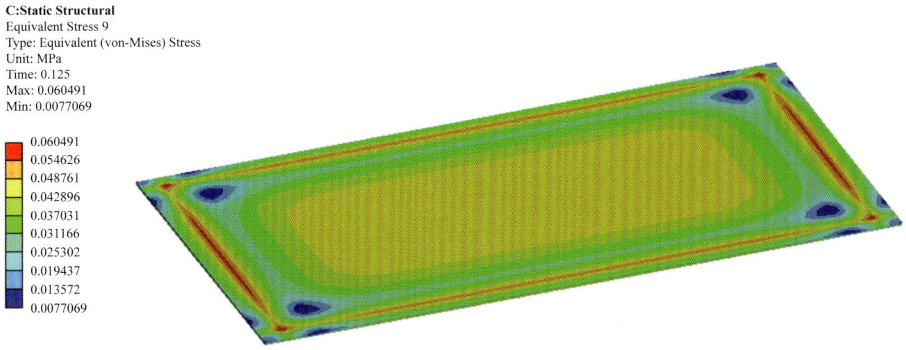

图 9-10 不同温度条件下壁画补做地仗层应力变化结果

化趋势较补做地仗层更为平缓，并且应力明显低于补做地仗层。这充分说明补做地仗层对温度应力具有很大的平衡作用，从而使画面所依附的黏土层受热应力的作用较小。不同温度条件下，壁画原始黏土层与补做地仗层应力变化曲线见图 9-11。

表 9-4　不同温度下壁画原始黏土层与补做地仗层应力变化

温度（℃）		−20	−15	−10	−5	0	5	10	15
应力（MPa）	原始黏土层	0.06049	0.05329	0.04609	0.03889	0.03169	0.02448	0.01728	0.01008
	补做地仗层	0.15516	0.13669	0.11822	0.09975	0.08128	0.06280	0.04433	0.02586
温度（℃）		20	25	30	35	40	45	50	
应力（MPa）	原始黏土层	0.00288	0.00432	0.01152	0.01872	0.02593	0.02448	0.01728	
	补做地仗层	0.00739	0.01108	0.02956	0.04803	0.06650	0.06280	0.04433	

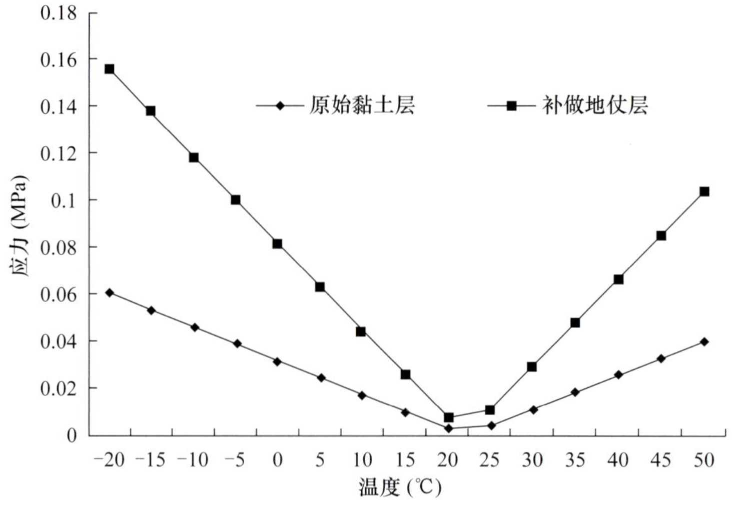

图 9-11　壁画原始黏土层与补做地仗层应力随温度变化曲线

5.5　环氧树脂层形变与应力计算结果

5.5.1　形变计算结果

计算结果显示，环氧树脂 H_3 在不同温度下的变形分布比较均匀（图 9-12）；环氧树脂 H_2 在不同温度下，中间变形比较均匀，四周出现较大变形（图 9-13）；环氧树脂 H_1 在不同温度下的变形与 H_2 基本一致（图 9-14）。

图 9-12　不同温度条件下环氧树脂 H_3 形变结果

图 9-13　不同温度条件下环氧树脂 H_2 形变结果

图 9-14　不同温度条件下环氧树脂 H_1 形变结果

通过表 9-5 可以看出，不同温度下环氧树脂 H_3、H_2 和 H_1 形状变化完全一致，从−20℃开始，均随温度的升高而减小，当达到 20℃时形变最小，但是随着温度进一步升高，变形继续增大，但是不同层位的环氧树脂形变量呈现出一定的规律性，即 $H_3>H_2>H_1$，不同温度条件下，环氧树脂形变曲线见图 9-15。

表 9-5　不同温度下环氧树脂形变结果

温度（℃）		−20	−15	−10	−5	0	5	10	15
环氧树脂形变（mm）	H_3	0.05748	0.05063	0.04379	0.03695	0.03011	0.02326	0.01642	0.00958
	H_2	0.04770	0.04202	0.03634	0.03066	0.02499	0.01931	0.01363	0.00795
	H_1	0.03454	0.03043	0.02632	0.02221	0.01809	0.01398	0.00987	0.00576
温度（℃）		20	25	30	35	40	45	50	
环氧树脂形变（mm）	H_3	0.00274	0.00411	0.01095	0.01779	0.02463	0.03148	0.03832	
	H_2	0.00227	0.00341	0.00909	0.01476	0.02044	0.02612	0.03180	
	H_1	0.00164	0.00247	0.00658	0.01069	0.01481	0.01892	0.02303	

注：H_3、H_2、H_1 分别代表由内向外环氧树脂层位序列数

5.5.2　应力计算结果

计算结果显示，相对于原始黏土层和补做地仗层而言，环氧树脂层应力明显增大，说明环氧树脂是壁画主要受力结构层。其中环氧树脂 H_3 和 H_2 中部和四周的应力较大，但是环氧树脂 H_1 的应力变化更

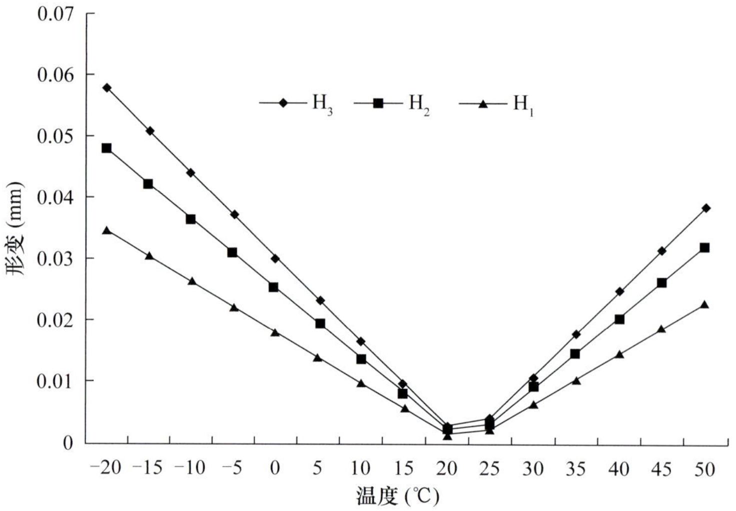

图 9-15　环氧树脂 H_3、H_2 和 H_1 形变随温度变化曲线

为突出，作用范围涵盖了壁画中部及四周，不同层位环氧树脂应力随温度变化结果见图 9-16～图 9-18。

根据表 9-6 可知，从－20℃开始，随着温度的升高，环氧树脂所受应力随温度的升高而下降，当达到 20℃时应力最小，随着温度升高，应力将会增加。总体来看，环氧树脂 H_3 与 H_2 所受应力基本一致，而环氧树脂 H_1 应力最大。这一现象充分说明随着环氧树脂层数的增加，环氧树脂内部结构所受应力将会逐步减小，不同温度条件下，各层位环氧树脂应力变化曲线见图 9-19。

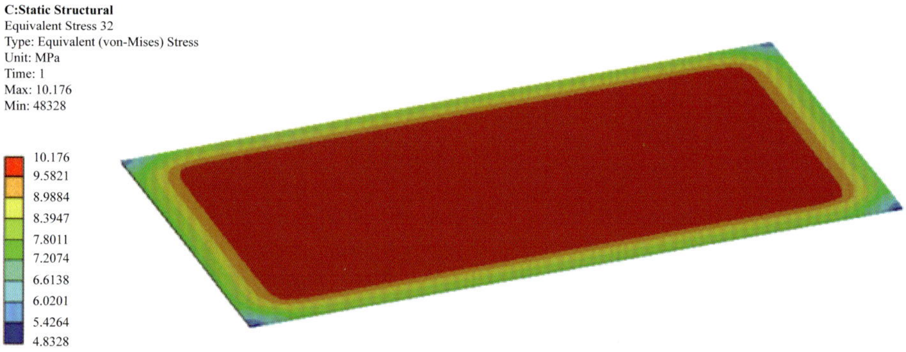

图 9-16　不同温度条件下环氧树脂 H_3 应力变化结果

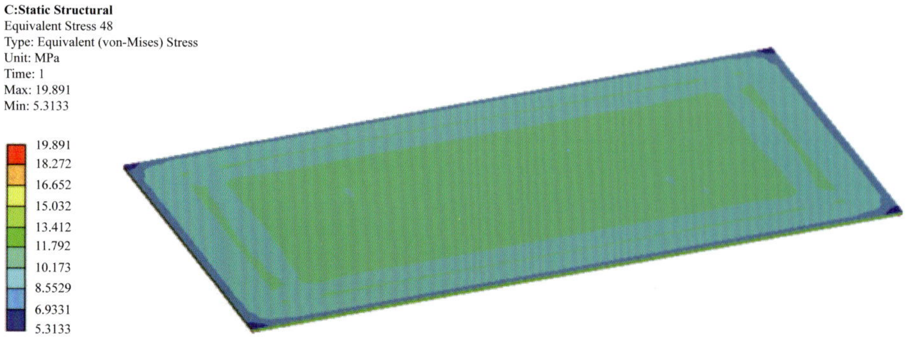

图 9-17　不同温度条件下环氧树脂 H_2 应力变化结果

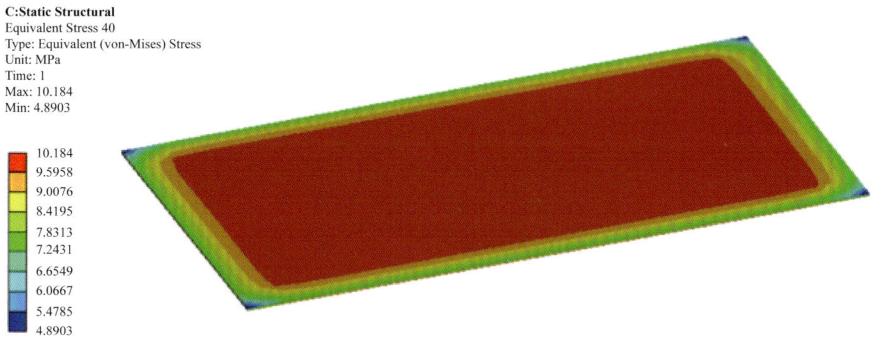

图 9-18　不同温度条件下环氧树脂 H_1 应力变化结果

表 9-6　不同温度下环氧树脂应力变化计算结果

温度（℃）		−20	−15	−10	−5	0	5	10	15
环氧树脂应力（MPa）	H_3	15.264	13.446	11.629	9.8123	7.9952	6.1781	4.361	2.5439
	H_2	15.276	13.457	11.639	9.8203	8.0017	6.1831	4.3646	2.5460
	H_1	29.837	26.285	22.733	19.181	15.629	12.077	8.5249	4.9728
温度（℃）		20	25	30	35	40	45	50	
环氧树脂应力（MPa）	H_3	0.72684	1.0903	2.9073	4.7244	6.5415	8.3596	10.179	
	H_2	0.72743	1.0991	2.9097	4.7283	6.5469	8.3654	10.184	
	H_1	1.4208	2.1312	5.6382	9.2353	12.787	16.339	19.891	

注：H_3、H_2、H_1 分别代表由内向外环氧树脂层位序列数

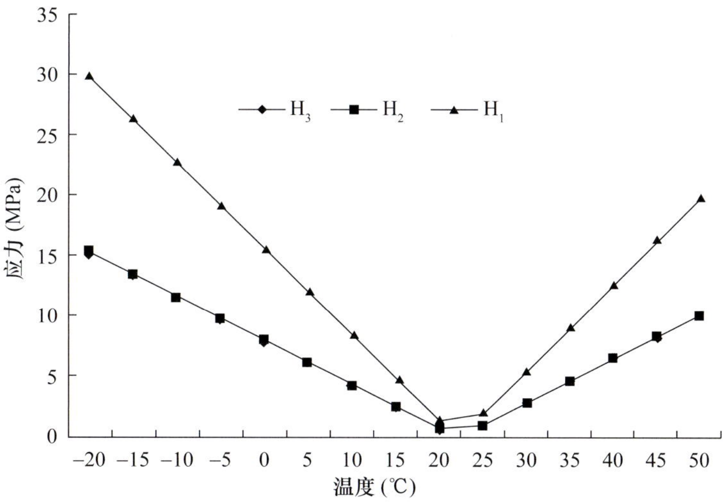

图 9-19　环氧树脂 H_3、H_2 和 H_1 应力随温度变化曲线

5.6　玻璃纤维形变与应力计算结果

5.6.1　形变计算结果

计算结果显示，玻璃纤维 B_3 四个角点的变形较小，中间形变较大，整体分布较为均匀（图 9-20）。玻璃纤维 B_2 和 B_1 整体形变较大，而且分布较为均匀（图 9-21、图 9-22）。

图 9-20　不同温度条件下玻璃纤维 B_3 形变结果

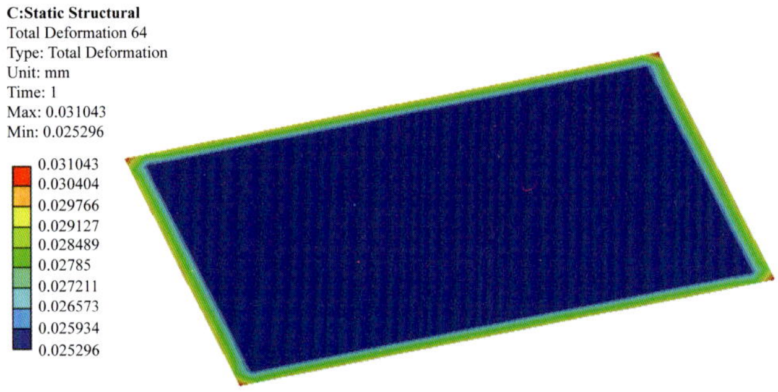

图 9-21　不同温度条件下玻璃纤维 B_2 形变结果

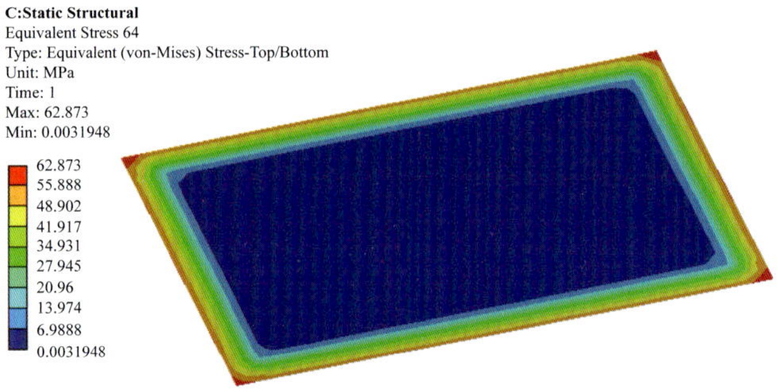

图 9-22　不同温度条件下玻璃纤维 B_1 形变结果

根据表 9-7 可知，从－20℃开始，随着温度升高，玻璃纤维形变逐步变小，当在 20℃时形变最小，但是随着温度升高，玻璃纤维形变将会增大，并且形变量呈现出一定的规律，即 $B_3 > B_2 > B_1$，不同温度条件下，各层位玻璃纤维形变曲线见图 9-23。

表 9-7　不同温度下玻璃纤维形变结果

温度（℃）		－20	－15	－10	－5	0	5	10	15
玻璃纤维形变（mm）	B_3	0.05637	0.04966	0.04295	0.03624	0.02953	0.02282	0.01611	0.00939
	B_2	0.04656	0.04102	0.03548	0.02993	0.02439	0.01885	0.01330	0.00776
	B_1	0.03297	0.02904	0.02512	0.02119	0.01727	0.01334	0.00942	0.00549

温度（℃）		20	25	30	35	40	45	50	
玻璃纤维形变（mm）	B_3	0.00268	0.00403	0.01074	0.01745	0.02416	0.03087	0.037	
	B_2	0.00222	0.00333	0.00887	0.01441	0.01996	0.02550	0.03104	
	B_1	0.00157	0.00236	0.00628	0.01021	0.01413	0.01805	0.02198	

注：B_3、B_2、B_1 分别代表由内向外所分布的玻璃纤维层序列数

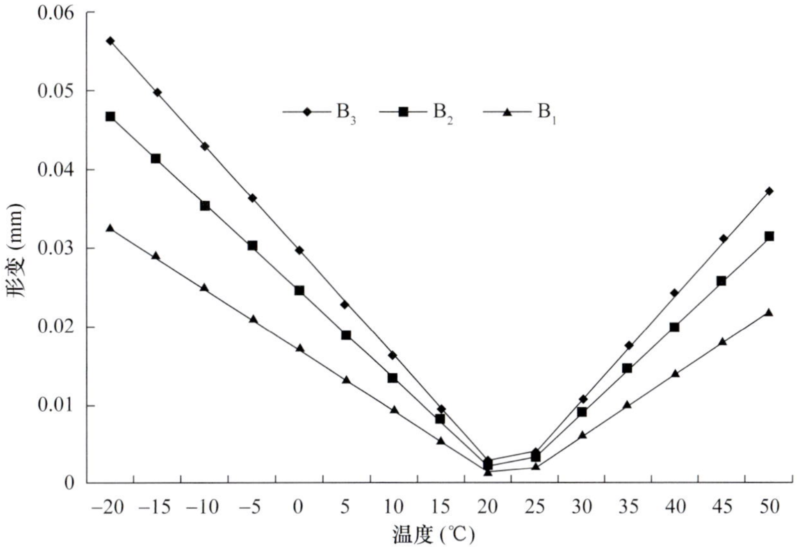

图 9-23 玻璃纤维 B_3、B_2 和 B_1 形变随温度变化曲线

5.6.2 应力计算结果

计算结果显示，不同温度下玻璃纤维的应力明显大于壁画原始黏土层、补做地仗层和环氧树脂层。因此，玻璃纤维层在整个壁画结构中起到类似于“龙骨”的作用，是壁画的核心受力部分。总体来看，玻璃纤维 B_3、B_2 和 B_1 应力分布较为均匀，主要出现在中部，四周应力变化较小，不同层位玻璃纤维应力随温度变化结果分别见图 9-24～图 9-26。

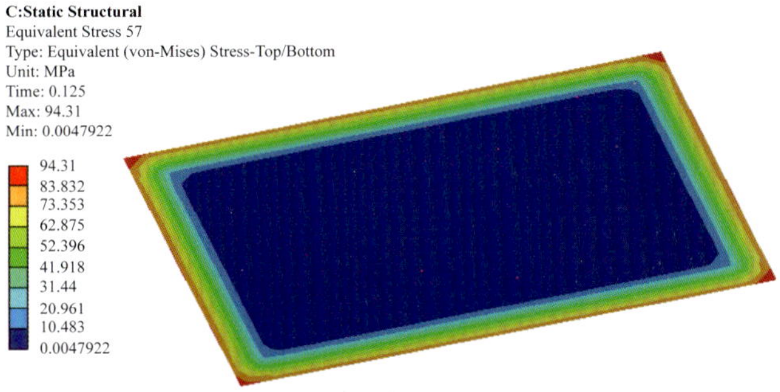

图 9-24 不同温度下玻璃纤维 B_3 应力变化结果

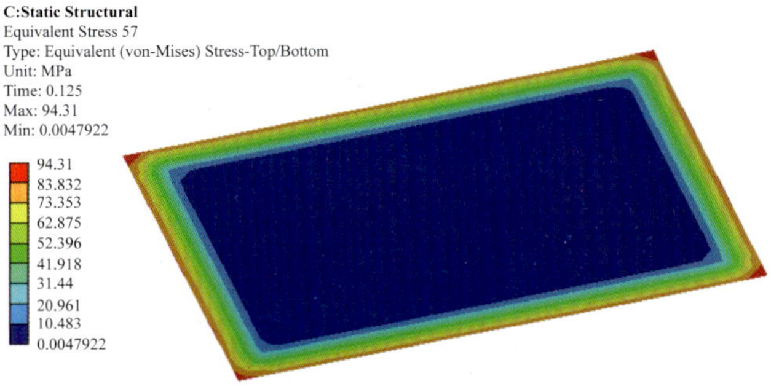

图 9-25 不同温度下玻璃纤维 B_2 应力变化结果

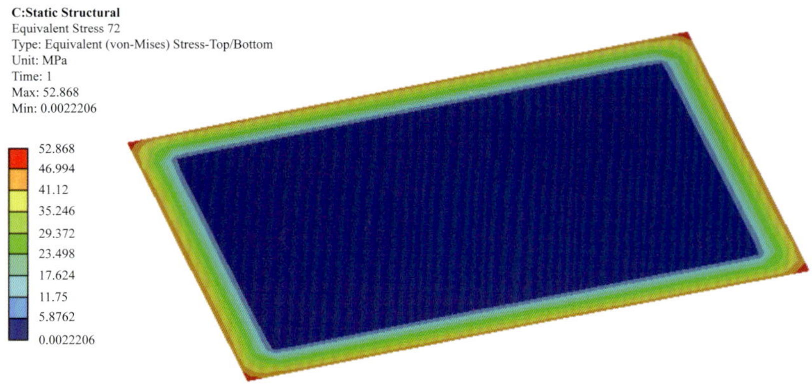

图 9-26　不同温度下玻璃纤维 B_1 应力变化结果

根据表 9-8 可知，从−20℃开始，玻璃纤维应力随温度的升高而减少，当温度达到 20℃时应力最小，随着温度进一步升高，应力则随之增大。相较之下，中间层 B_3、B_2 应力最大，B_1 层应力最小，不同温度条件下，各层位玻璃纤维应力变化曲线见图 9-27。

表 9-8　不同温度下玻璃纤维应力变化

温度（℃）		−20	−15	−10	−5	0	5	10	15
玻璃纤维应力（MPa）	B_3	92.08	81.118	70.156	59.194	48.232	37.27	26.308	15.347
	B_2	94.31	83.082	71.855	60.628	49.40	38.173	26.946	15.718
	B_1	79.302	69.861	60.421	50.98	41.539	32.098	22.658	13.217
温度（℃）		20	25	30	35	40	45	50	
玻璃纤维应力（MPa）	B_3	4.3847	6.5771	17.539	28.501	39.463	50.425	61.386	
	B_2	4.4909	6.7364	17.964	29.191	40.419	51.646	62.873	
	B_1	3.7763	5.6644	15.105	24.564	33.987	43.427	52.868	

注：B_3、B_2、B_1 分别代表由内向外所分布的玻璃纤维层序列数

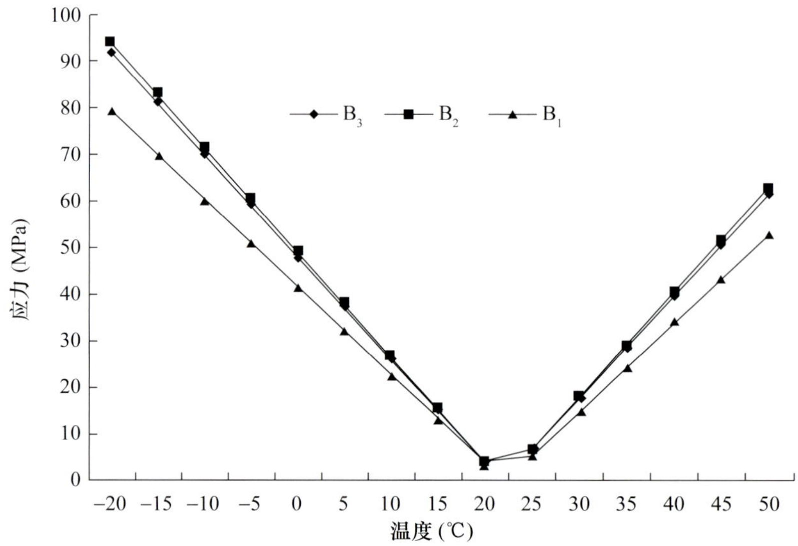

图 9-27　玻璃纤维 B_3、B_2、B_1 应力随温度变化曲线

5.7　墓葬壁画总形变计算结果

综合壁画不同组成部分随温度形变情况来看，当温度低于常温时，壁画发生凹陷变形，壁画中部发生较大的收缩变形，四角上翘（图 9-28）；当温度接近 20℃时，壁画形变较小（图 9-29）；当温度高于 20℃时，壁画发生较大的鼓腹凸起现象，其中部发生较大的凸起形变（图 9-30）。

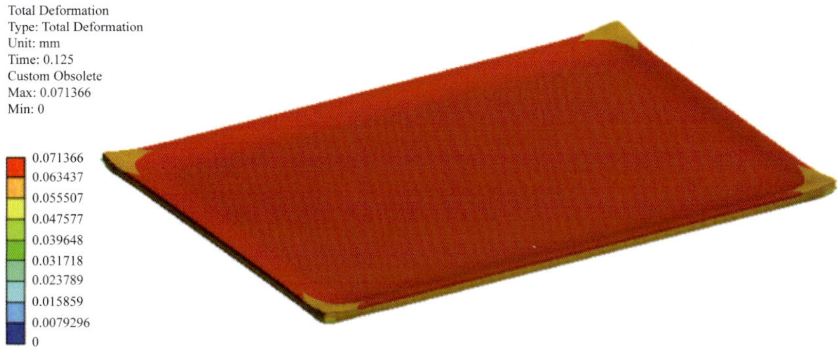

图 9-28　低于常温条件下墓葬壁画总体形变结果

图 9-29　常温条件下墓葬壁画总体形变结果

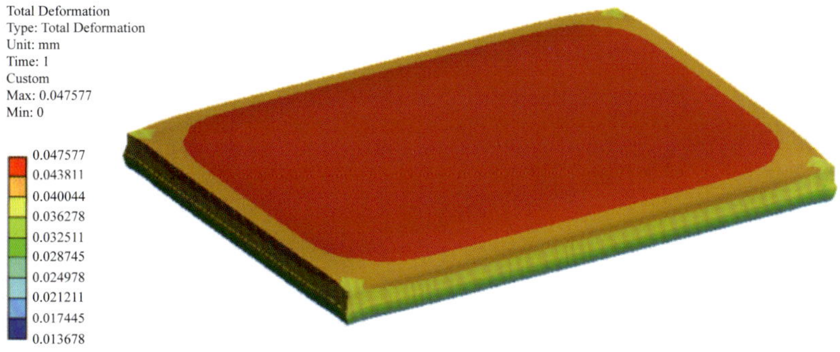

图 9-30　高于常温条件下墓葬壁画总体形变结果

从图 9-31 可以看出，不同温度条件下壁画界面处有较大的剪切应力突变，在两个极端温度条件（－20℃和 50℃）下剪切应力突变最大，温度偏离常温越大，剪切应力突变越大。常温时，壁画界面处剪切应力很小，有利于壁画的保存。如果剪切应力较大，将造成壁画界面出现脱黏和鼓包等现象。

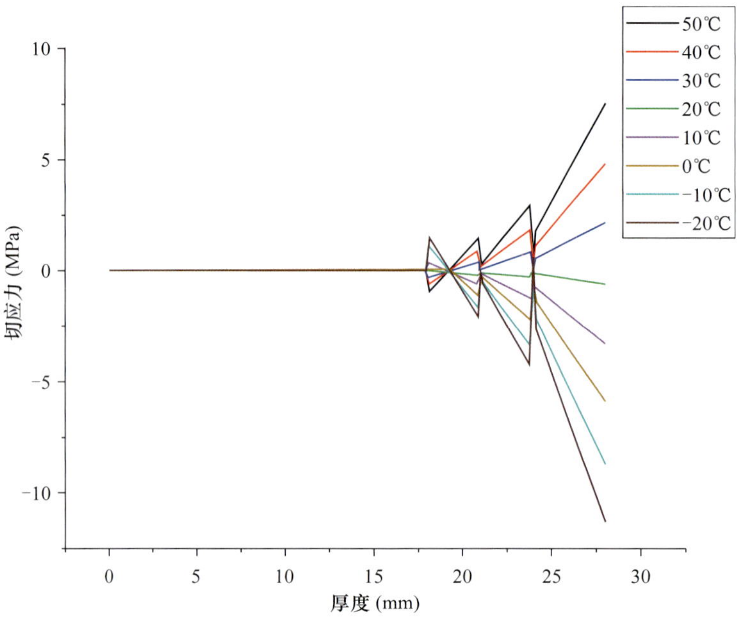

图 9-31　不同温度条件下墓葬壁画剪切应力变化曲线

6　结论

壁画表面富集的聚乙烯醇缩丁醛（PVB）材料，在改变壁画表面性质的同时，改变了画面颜料固有的结合方式，消除 PVB 材料对颜料层的破坏，恢复其固有结合方式，是目前各类病害治理的首要问题。壁画表面 PVB 材料清洗技术路线的研发和清洗材料的筛选，显然是恢复画面颜料固有结合方式的技术关键。环氧树脂支撑体，因其对环境温湿度的高敏感性，保存环境温湿度波动范围过大，是影响环氧树脂支撑体力学稳定性的主要因素。补做地仗层组成材料不均一，缺陷过多，因其处于中间隐蔽位置，且无过渡层存在，治理难度较大。

结合环氧树脂支撑体形变及应力计算结果可知，温度是影响环氧树脂支撑体稳定性的主要因素，但是所引起的热应力在木质边框的约束作用下，对环氧树脂并未造成实质性的破坏，依然具有支撑加固能力。因此，在后期修复工作中，应以消除热应力引起的变化为主要目标。

参考文献

[1]　李最雄. 莫高窟壁画中的红色颜料及其变色机理探讨. 敦煌研究, 1992, (3): 41-54, 128-129, 135-147.

[2]　盛芬玲, 李最雄, 樊再轩. 湿度是铅丹变色的主要因素. 敦煌研究, 1990, (4): 104-109, 128-129.

[3]　马清林, 胡之德, 李最雄. 微生物对壁画颜料的腐蚀与危害. 敦煌研究, 1996, (3): 136-144.

[4]　苏伯民, 李茹. 三种加固材料对壁画颜色的影响. 敦煌研究, 1996, (2): 171-179.

[5]　石美凤, 任建光, 张秉坚, 黄继忠, 霍宝强. 山西忻州九原岗北朝墓葬壁画颜料及颜色变化分析. 文物保护与考古科学, 2018, 30 (1): 18-24.

[6]　刘影, 胡道道. 表面微观结构对色彩特性的关联性研究. 中国化学学会第十四届胶体与界面化学会议论文摘要集——第5 分会: 胶体与界面化学中的理论问题, 2013, 7: 37-38.

[7]　曹琳, 胡道道. 基于光散射的表面多孔结构构建研究. 中国化学学会第十四届胶体与界面化学会议论文摘要集——第

5 分会: 胶体与界面与纳米材料结构, 2013, 7: 400-401.
[8] 吴雅静, 胡道道. 聚丙烯酰胺多孔薄膜制备及其光散射研究. 中国化学学会第十四届胶体与界面化学会议论文摘要集——第5 分会: 胶体与界面与纳米材料结构, 2013, 7: 407-408.
[9] 裴继芬, 李玉虎, 汪娟丽. 古代壁画、彩绘显现剂应用机理和性能研究. 文物保护与考古科学, 2012, 24 (3): 52-58.
[10] 杨文宗, 王佳, 张蜓. 从支撑体的不同类型谈陕西历史博物馆馆藏唐墓壁画的病害特征. 文博, 2014, (1): 75-79, 56.
[11] 郭宏, 马清林. 馆藏壁画保护修复技术. 科学出版社, 2011: 162-167.
[12] 苏伯民, 张化冰, 谈翔, 张瑞. 高分子材料应用于莫高窟壁画保护的历史、现状与研究. 敦煌研究, 2018, (1): 80-84.
[13] 冯国富, 黄丽荣. 固原北周隋唐墓部分壁画修复. 固原师专学报, 2001, 22 (4): 66-67, 89.
[14] 王思嘉, 方世强, 张秉坚. 典型环氧类粘结材料老化过程的探索性研究. 文物保护与考古科学, 2017, 29 (2): 15-25.

第十章　壁画表面加固材料清洗研究

壁画表面加固材料对画面图像所带来的破坏，不仅能够改变壁画表面性质，更重要的是能够改变画面颜料固有的结合方式。随着加固材料的不断老化，导致壁画颜料脱离原始结合层的现象日趋严重。因此，画面加固材料对壁画所带来的破坏，已成为目前馆藏壁画保护领域一个亟待解决的热点和难点问题。成倩等[1]针对馆藏壁画修复材料对画面图像的影响，通过分析国内外早期修复材料老化失效的具体案例，对壁画保护修复材料“失效”的概念进行了界定，并对胶凝和微乳液清洗画面加固材料的有效性和前瞻性进行了探讨。李佳佳等[2]基于胶凝技术在文物保护领域的广泛应用，通过文献计量学的方法对 2000～2014 年国内文物保护传统胶凝材料和现代胶凝材料的应用情况进行定量分析，发现以现代胶凝为基础的研究与应用已成为文物保护胶凝材料的发展趋势。

1　壁画表面加固材料应用概述

据分析研究，古代壁画所使用的颜料基本为无机颜料，其中矿物颜料使用最为广泛。但是利用这类颜料在进行壁画绘制时，因其固着能力较差，并且很难与水及其他溶液形成均匀的分散体。因此，在壁画绘制过程中，往往会加入一些天然动植物胶结材料来解决矿物颜料固着能力差、画面颜料分布不均的问题。颜菲、葛琴雅等[3]对北方原址保存的 5 世纪墓葬壁画颜料胶结材料进行检测分析，发现红色颜料中含有狗胶原蛋白，说明画面颜料主要利用动物胶进行胶结。苏伯民等[4]通过高效液相色谱（HPLC）技术，对克孜尔石窟壁画胶结材料进行分析，发现画面颜料主要利用牛皮胶进行胶结。李实[5]对敦煌壁画颜料的胶结材料进行分析后，发现壁画制作过程中，依然使用牛皮胶作为画面颜料的胶结材料。孙延忠等[6]通过红外光谱、激光拉曼光谱、气相色谱质谱仪，对广西宁明花山岩画颜料胶结材料进行分析，未检测到具有蛋白质的氨基酸，而是检测到果胶、树胶所具有的大量单糖，说明花山岩画并非利用动物胶进行颜料胶结，而是利用天然植物胶液来提高画面颜料的固着能力。杨璐等[7]为了探索鉴定古代文物彩绘胶结材料的综合分析方法，对彩绘文物常用的桃胶、鸡蛋清、骨胶、皮胶以及奶类等 5 种胶结材料的红外光谱特征进行了研究，为判定彩绘文物常用胶结材料的归属问题提供了科学依据。由此可见，天然动植物胶结材料在彩绘文物，特别是在壁画绘制过程中，是提高画面颜料固着能力最为常用的胶结材料。

据李最雄[8]对敦煌壁画胶结材料老化的研究，发现画面颜料层病害与其胶结材料掺加量的多寡具有直接关系。如果胶结材料掺加量过少，画面颜料失去应有的加固能力，将会使其出现粉化、脱落等病害。如果胶结材料掺加量过大，胶结材料老化降解后，将会导致画面颜料层出现龟裂、起甲、剥落等病害。因此，对于壁画原始胶结材料老化降解所引起的各类病害，行之有效的方法就是通过引入兼容性较好的外来修复材料进行再次干预，才能取得良好的治理效果。但是在进行画面图像病害治理的过程中，如果所筛选的加固材料与原始胶结材料理化性能差异较大，亦即兼容性较差，不但起不到应有的保护加固作用，反而会给壁画带来新的病害，特别是现代高分子胶凝材料的应用，对壁画带来的危害较大。据此，苏伯民等[9]对现代高分子胶凝材料应用于莫高窟壁画保护修复的历史、现状进行全面研究，发现自20世纪60年代起，就先后利用聚醋酸乙烯酯（PVAc）乳液、聚乙烯醇（PVA）、聚乙烯醇缩丁醛（PVB）、乙基纤维素（EC）、甲基丙烯酸甲酯（PMMA）等水性和油性合成高分子材料，对起甲、脱落和酥碱的壁画进行修复。根据修复结果来看，水溶性聚醋酸乙烯酯乳液、聚乙烯醇溶液对疏松多孔的壁画更具兼容性，而且成膜质地柔软无眩光，其他材料均会造成二次开裂。目前基本形成了以聚醋酸乙烯酯（PVAc）乳液、丙烯酸、有机硅丙烯酸和明胶四类胶凝材料，作为莫高窟壁画修复常用的高分子材料。

自20世纪60年代敦煌莫高窟壁画利用高分子材料进行修复以来，现代高分子材料在墓葬壁画保护修复工作中也得以广泛应用。河北磁县湾漳村所发现的北朝壁画墓，画面内容丰富，艺术性极高，在对壁画原始胶结材料未进行分析研究的情况下，揭取前利用三甲树脂进行加固[10]。辽宁北票莲花山辽墓壁画揭取时，同样在未进行画面颜料胶结材料分析研究的情况下，利用三甲树脂丙酮溶液对画面进行整体加固[11]。除此以外，内蒙古赤峰市砂子山元墓壁画[12]、内蒙古乌兰察布元代蒙古贵族墓壁画[13]、高句丽墓葬壁画[14]在修复过程中，均利用三甲树脂进大面积加固。

聚乙烯醇缩丁醛（PVB）因其黏结性能高、成膜能力好，除在敦煌莫高窟壁画修复中有所应用之外，在墓葬壁画中的应用也十分广泛。最为突出的就是在固原南郊发现的北周李贤墓壁画[15]、北周田弘墓壁画[16]、隋代史射勿墓葬壁画、唐代梁元珍墓葬壁画[17]均利用PVB材料进行大面积加固。通过上述墓葬壁画揭取方法以及画面颜料分析结果的对比研究，不难发现PVB均是在画面颜料层胶结材料未进行分析研究的情况下，直接对其画面进行加固。显而易见，此类加固方法并非针对画面病害治理而进行，而是为了提高壁画原始黏土的支撑强度，确保壁画揭取过程中，不会对其造成结构性损伤而进行的一种做法。此类做法显然与画面局部病害治理所进行的加固，无论是加固目的，还是加固材料所发挥的作用，明显具有一定的差异性。造成这种差异性的根本原因，一方面在于当时的技术措施以及保护修复理念，相较目前的技术条件而言具有一定的差异性；另一方面在对画面颜料固有的结合方式未进行有效评估的情况下，通过积极的加固措施对壁画进行加固，虽然对画面颜料固有的结合方式带来了不同程度的改变，并且使其表面产生较强的眩光，但却使这一大批珍贵的文化遗产能够留存至今，其做法还是值得肯定的。

总之，我国壁画分布地域广泛，类型较多，各地壁画所处的环境条件也大不相同。目前常见的加固材料主要有天然高分子材料和人工合成高分子材料。天然高分子材料主要包括桃胶、糯米、淀粉、阿拉伯胶、皮胶、骨胶、鱼鳔胶等，人工合成高分子材料主要包括聚醋酸乙烯乳液、聚乙烯醇缩丁醛、硅酸乙酯、聚乙烯醇、丙烯酸乳液、丙烯酸树脂（Paraloid B-72）、三甲树脂等材料。因此，在进行加固材料的筛选时，一定要结合壁画保存状况和病害特点，按照兼容性原则，根据不同对象和保存条件分别对待，才能取得良好的效果。

2　壁画表面加固材料清洗原则及技术要求

基于现代高分子胶凝材料在一些材质脆弱的文物的保护中应用非常广泛，特别是壁画保护工作中，高分子胶凝材料应用较为普遍。由于高分子胶凝材料种类较多，既有油性高分子材料，又有水溶性高分子材料。相对来说，油性高分子材料对画面图像所带来的各类病害更为突出。最为典型的就是隋代史射勿墓葬壁画表面所使用的PVB加固材料，不仅使其表面结构发生变化，而且还导致画面颜料随着加固材料的老化出现起甲脱落，给画面图像生存带来严重威胁。

针对画面加固材料老化失效所带来的破坏，对其进行有效清洗是确保画面图像不受其损害的最重要的技术手段。目前对壁画表面高分子材料的清洗，主要包括化学清洗和物理清洗（机械清洗）两种方法。化学清洗主要根据高分子材料的理化性能及其老化特点，采用单一清洗材料或者复合清洗材料，通过溶解或者溶胀原理，达到去除壁画表面加固材料的目的。但是利用单一清洗材料或者复合清洗材料直接进行清洗，对其安全性和有效性无法控制。因此，在传统清洗技术的基础上，根据老化材料不可逆的特性，意大利文物保护工作者针对教堂壁画上喷涂的 Paraloid B-72，利用微乳液进行清洗[18]，达到了很好的清洗效果。

胶凝作为近几年来发展起来的一种清洗技术，具有安全性高，作用时间长，针对不同的高分子胶结材料具有可改性，并且能够减小清洗液挥发对环境和工作人员的影响等优点，因此，被广泛应用于壁画表面胶结材料的清洗。贾成思等[19]通过模拟古代壁画，结合乙酸乙酯、对二甲苯、正戊醇、碳酸丙烯酯等清洗剂，对壁画表面常用的聚醋酸乙烯乳液、纯丙烯酸乳液、有机硅改性丙烯酸乳液和 Paraloid B-72 四种加固材料，对破坏性以及加固材料老化后的去除效率等方面进行了综合研究，从而为壁画表面其他类型的胶凝材料的清洗，提供了极有价值的参考依据。

物理清洗是在不改变加固材料理化性能的情况下，利用竹签、毛刷等工具，通过机械方法将老化材料缓慢去除的一种技术手段。利用机械方式进行老化材料清洗时，往往利用水、2A 溶液等试剂配合进行清洗，但是所选用的试剂很难改变加固材料的胶结性能，因此操作过程不易控制，甚至还会对画面图像带来损伤。目前针对机械清洗不易控制的特点，近几年发展起来的激光清洗技术，因其具有高效、安全、可控等优点，在石质文物[20]、青铜文物[21]表面污染物清洗工作中取得了较为理想的效果。为了探索激光清洗技术在馆藏壁画保护修复工作中的应用，王佳等[22]通过壁画模拟试验样块，确定了激光对试样表面不同污染物的损伤阈值与清洗阈值，并在损伤阈值与清洗阈值范围内，根据不同污染物采用不同激光能量密度进行清洗试验，证实了激光清洗技术可有效清洗部分壁画表面污染物，这为壁画表面失效材料进行物理清洗提供了可借鉴的依据。

由于馆藏壁画在加固材料使用类型、加固方式、加固范围等方面也存在一定的差异，由此而导致的病害类型并不完全相同。因此，在确定失效加固材料清洗方法时，要根据加固材料带来的破坏形态，选择适宜的清洗方式，才能有效去除失效修复材料对壁画带来的破坏。但是值得注意的是，不论采用化学方法进行清洗，还是采用物理方法进行清洗，必须在不改变文物原状的前提下，以安全性原则、有效性原则和毒性试验原则为准则，才能取得良好的清洗效果。

2.1　安全性原则

由于画面加固材料的清洗是一个不可逆的过程。在此过程中，如果在对病害类型及其破坏形态研究不充分的情况下，不论是采取物理方法进行清洗，还是采取化学方法进行清洗，都会给壁画带来新的破坏。特别是对于经大面积加固的隋代史射勿墓葬壁画而言，在其加固层较厚、加固材料黏结能力较强的情况下，为了彻底消除失效加固材料对画面图像的影响，采用相应的技术手段对其进行清洗，是解除画面加固材料黏附作用的唯一有效途径。在进行画面加固材料清洗前，首先要对加固材料引起的龟裂、起甲等病害进行预加固处理，使画面颜料回归固有的结合方式，然后根据实验结果确定的技术路线，选择适宜的清洗方法进行清洗，才能确保文物安全。

尽管隋代史射勿墓葬壁画表面加固材料老化后，分子链中的部分醇羟基被氧化，其黏结性能有所下降，但是六元环结构为其成膜提供了刚性骨架，使其变黄发硬的现象更为突出。针对画面加固材料性能变化较大的特点，如果采用物理方法进行清洗，极易导致画面颜料受损。相比之下，采用化学方法进行清洗，在清洗材料的溶胀作用下，不仅能够有效降低加固材料的硬度，还能够降低加固材料对画面颜料层的黏附作用，使画面颜料不会受到更大的损伤。但是利用化学方法进行清洗时，所筛选的清洗材料需符合以下要求，才能在清洗过程中，不会对壁画造成新的损害。

一是对加固材料具有明显的溶解溶胀作用，并且能够有效降低加固材料对画面颜料的胶结能力，才能使画面颜料不会受到损害。

二是所筛选的清洗材料与画面颜料不发生化学反应，确保画面颜料的组成方式和结合方式不会发生变化。

三是所选择的清洗材料，须进行毒性试验，要确保清洗材料不会对工作人员带来毒副作用，并且不会对环境造成污染，特别是不能在壁画表面永久残留，使其对壁画造成为二次污染。

画面加固材料清洗前必须以模拟实验为基础，了解单一清洗材料或者复合清洗材料的清洗效率，为实际操作的有效性摸清相关数据，并以此为标准，在确定的区域内进行小范围清洗试验，同时建立起清洗效果的评价标准。

2.2 有效性原则

根据壁画表面加固材料清洗目标，老化失效材料清洗的有效性主要包括两个方面：一方面是对清洗技术路线和清洗方法的科学性提出了具体要求，另一方面则是对清洗效果的评价方法提出了具体要求。对于隋代史射勿这类大面积进行封护，并且封护层较厚的墓葬壁画而言，不论是修复材料老化所导致的壁画外观变化，还是表面加固材料失效所导致的壁画表面性质的改变[23]，均会对画面图像构成潜在的危害。因此，只要上述两种现象中的任何一种现象存在，均应通过相应的技术手段对其进行清洗，才能从根本上解除修复材料老化失效对壁画带来的潜在危害。在清洗前，首先要对壁画表面胶结材料的种类、老化形态及其老化机理进行研究，并在此基础上，结合加固材料的化学性质，根据模拟清洗实验结果，在对清洗效率和清洗效果进行科学评价之后，采取适宜的方法进行清洗，才能使其达到理想的清洗效果。胡钢等[24]在对库伦一号辽墓壁画表面封护材料进行分析的基础上，根据聚乙烯醇缩丁醛（PVB）的化学性质，利用 50% 的乙醇溶液对其进行清洗，并通过画面颜料色差分析的方法，对清洗效果进行了评估。结果显示，失效封护层清洗后，不会改变画面颜料的化学组成，并且对其色差变化影响也较小。

根据库伦一号墓壁画表面胶结材料清洗结果可知，尽管隋代史射勿墓葬壁画同样利用聚乙烯醇缩丁醛（PVB）进行封护，但是相较前者而言，壁画表面加固材料分布范围较广，并且厚薄不均，特别是壁画表面裂隙及凹陷部位完全被加固材料所填充，使其相对于其他部位厚度有所增大，如果利用单一试剂进行清洗，显然难以达到有效清洗的目的。针对隋代史射勿墓葬壁画表面加固材料分布形态的特殊性，为了有效阻止加固材料对画面图像的破坏，目前唯一的途径则是根据其老化特点，通过模拟实验不断优化技术路线，才能取得良好的清洗效果。值得注意的是，壁画表面失效胶结材料清洗结束后，并非等同于画面图像所受到的危害完全解除，还需要对壁画表面失效胶结材料残留、清洗材料残留情况进行分析检测，并且对画面颜料化学组成、结合方式以及色差变化等进行科学评估以后，才能对清洗效果的有效性做出科学判断。

3 高分子材料溶解溶胀原理

高聚物的溶解相对于小分子物质更为缓慢，这主要与其结构的复杂性有关。一是高聚物分子量大，而且具有多分散性；二是高聚物分子形态复杂，既有线型结构，又有支化型和交联型结构；三是高分子聚集状态复杂，有晶态和非晶态之分，其中晶态又有极性和非极性之分。因此，对于分子结构和聚集状态极为复杂的高聚物而言，溶解的过程就是通过溶剂分子的渗透作用克服其内聚能的过程。在这一过程中，由于高聚物与溶剂组成的混合体系之间，存在三种不同的分子间作用力：一为溶质分子间的引力，一为溶剂分子间的引力，一为溶质分子与溶剂分子间的引力。前面两种分子间引力阻止高聚物与溶剂分子的扩散，而后一种分子间引力则可促使溶剂小分子向高聚物大分子之间渗透、扩散[25]，削弱大分子之间的作用力，使其体积膨胀，形成溶胀的聚合物。当高聚物溶胀后，分子整链运动加剧，分子链松动、解缠结，使其空位增大，进一步提高了溶剂分子的渗透能力，最终使其能够达到双向扩散均匀。由此可见，高聚物溶解必先经过溶胀阶段，然后再进入到溶解阶段。但是在溶解阶段，分子间作用力是影响高聚物溶解度的主要因素。因此，凡是足以影响分子间作用力的各种因素，诸如分子量、极性、链的揉曲性、对称性、结晶度、支链及交联结构等，均会对溶解性具有一定的影响。

3.1 相对分子量对高聚物耐溶剂性的影响

高分子聚合物的特点，一是分子量大（一般在10000以上），二是分子量分布具有多分散性。这主要是高分子在聚合过程中，形成了不同分子量大小的许多高聚物的混合物。因此，高聚物相对于溶剂分子来说，分子尺寸要大得多，扩散能力较弱，特别是大分子链之间的缠结作用，使分子间存在较大的作用力，溶剂分子较难渗入其中。但是对于线型高聚物来说，分子量在1000～5000之间的高分子极易溶解成低黏度溶液，分子量在10000以上的高聚物在同一溶剂中，经过溶胀、破断及分散的历程较长，溶解速度很慢，所形成的溶液黏度也较大。因此，高聚物的溶解度与其分子量的大小具有密切关系。分子量大的溶解度小，分子量小的溶解度大。在分子量相同的情况下，支化型比线型高聚物更易溶解。

3.2 分子形态对高聚物耐溶剂性的影响

由于高聚物的聚集形态比较复杂，大分子链结构单元的化学组成、连接方式、空间构型、序列结构以及大分子链的几何形状等，对高聚物的性能具有较大影响。在一般情况下，线型高聚物相对于支化型和交联型高聚物较易溶解。这主要是交联聚合物分子链之间有化学键联结，使其形成三维网状结构，从而使整个材料形成一个大分子。对于这样一个大分子而言，因其网链尺寸大，而溶剂分子相对较小，溶剂分子钻入其中后，使其网链间距增大，能够引起高聚物体积膨胀（有限膨胀），但却不能使其网链破断（无限溶胀）。因此，交联高聚物只能溶胀，不能溶解，并且溶胀程度与其交联度大小有关，交联度大的溶胀度小，交联度小的溶胀度大。这就是高分子材料老化后溶解性能降低的主要原因。尤其是当高分子材料老化到一定程度后，交联度增大，就会使其不再具有溶解性[26]。

3.3 聚集状态对高聚物耐溶剂性的影响

聚合物凝聚态是在分子间力的作用下，使大分子相互敛集在一起所形成的组织结构。高聚物凝聚态主要有晶态结构和非晶态（无定形）结构两种类型。分子结构简单、规则以及分子间作用力强的大分子易形成晶态结构。一次结构比较复杂和不规则的大分子往往形成无定形的非晶态结构。当然聚合物能否结晶以及结晶程度的大小与外界条件有密切关系。

非晶态高聚物分子堆砌较松，分子间相互作用较弱，溶剂分子较易渗入其中，使之溶胀和溶解。晶态高聚物分子排列规则整齐，堆砌紧密，分子间相互作用力较强，以致溶剂分子渗入高聚物内部非常困难。因此，晶态高聚物溶解要比非晶态高聚物困难得多，非极性晶态高聚物（如 PE）在室温时很难溶解，往往要升温至熔点附近，待晶态转变为非晶态后才能溶解；而极性晶态高聚物在室温时就能溶解在极性溶剂中，这是由于极性大分子与极性溶剂分子之间具有较大作用力所致。

应该指出的是，在一些线型高聚物中，也存在着只溶胀不溶解的现象。究其原因，一方面是由于所含晶形部分分子间作用力较大，不易被溶剂分子所贯穿；另一方面结晶部分能够使分子结构有序排列和有规则重复链接，导致溶剂分子难以贯穿。这为结晶性高聚物分子链的平行排列提供了基本条件，平行度愈高，分子间的引力愈高。如果结晶高聚物分子的对称性小或不对称，分子链之间的引力将会因为不能获得致密的链束而减小，从而使高聚物的结晶性降低，溶胀与溶解的倾向增大。另外，在具有重复对称性的分子链中，由于所含偶极矩相等，每一偶极矩致使其周围发生强烈的定向效应，使分子间的引力达到最大值。反之，如果分子链中所含偶极定位于有规则的距离上，即使具有整齐地排列，仍无法使所有偶极皆能配合成对。未能配合成对的偶极虽然也会对其周围产生诱导效应，但是由此而产生的引力极其微弱，对高聚物的溶解度影响不大。

总之，高分子的溶解、溶胀性能受到高分子材料本身化学结构、分子量、结晶性、支化或交联程度的影响，主要有如下特点：线型聚合物先溶胀，后溶解；交联聚合物只溶胀，不溶解；结晶聚合物先熔融，后溶解。

3.4 高聚物溶解的热力学解释

高分子聚合物溶解的过程就是溶质分子和溶剂分子相混合的过程。在恒温恒压下，这一过程能自发进行的必要条件是 Gibbs 自由能的变化 $\Delta G_m \leqslant 0$。

$$\Delta G_m = \Delta H_m - T\Delta S_m < 0 \qquad \text{（式 10-1）}$$

式 10-1 中，T 表示溶解时的温度，ΔS_m 和 ΔH_m 分别为混合熵和混合热焓。

因为在溶解过程中，分子排列趋于混乱，熵是增加的，所以 $\Delta S_m > 0$。因此 ΔG_m 的正负取决于混合热 ΔH_m 的正负及大小，具体来看主要有以下三种情况：

① 如果溶解时 $\Delta H_m < 0$，即溶解时系统放热，必有 $\Delta G_m < 0$，说明溶解能够自动进行，通常是极性高的分子能够溶解在极性溶剂中。由于极性高聚物在极性溶剂中，溶质分子与溶剂分子具有强烈的相互作用，$\Delta H_m < 0$，使体系自由焓下降，所以溶解能自发进行，这就是判断溶解能否进行的溶剂化原则，这一原则说明高聚物的溶胀和溶解与溶剂化作用有关。

② 如果溶解时 $\Delta H_m = 0$，即溶解时系统无热交换，必有 $\Delta G_m < 0$，说明溶解能自动进行。通常是非

极性高的分子溶解在与其相似的溶剂中。

③ 如果溶解时 $\Delta H_m>0$，即溶解时系统吸热，只有加热使其熔解，才能自动进行。显然 $\Delta H_m\rightarrow 0$ 和升高温度有利于溶解。

对于非极性高聚物与溶剂相互混合时的混合热焓 ΔH_m，也可以借用小分子的溶度公式来计算。

根据希尔德布莱德（Hildebrand）经验公式：

$$\begin{aligned}\Delta H_m&=V_m\Phi_1\Phi_2\left[(\Delta E_1/V_1)^{1/2}-(\Delta E_2/V_2)^{1/2}\right]^2\\&=V_m\Phi_1\Phi_2(\delta_1-\delta_2)^2\end{aligned}\qquad（式 10-2）$$

在式 10-2 中，V_m 为溶液总体积，Φ_1 与 Φ_2 分别为溶剂和溶质的体积分数。

$\Delta E_1/V_1$、$\Delta E_2/V_2$ 分别为溶剂和溶质的内聚能密度，它们反映了分子间作用力的大小，其量纲为 J/cm^3。

$\delta_1=(\Delta E_1/V_1)^{1/2}$ 为溶剂的溶解度参数，$\delta_2=(\Delta E_2/V_2)^{1/2}$ 为溶质的溶解度参数，由式 10-2 可知，δ_1 与 δ_2 相差越小，ΔH_m 越小，越有利于溶解，但是当 $|\delta_1-\delta_2|>1.7\sim 2\ (J/cm^3)^{1/2}$，则聚合物不溶，因此溶解度参数 δ 可作为选择溶剂的主要参数。

应该注意的是：

① 在 Hildebrand 公式中，δ 仅适应于非晶态、非极性聚合物，只是考虑了单元之间的色散力，因此利用 δ 选择试剂时就会有例外。这主要是 δ 只是相近原则的必要条件，还要充分考虑偶极力和氢键作用，则有下式：

$$\Delta H_m=V_m\Phi_1\Phi_2(\delta_{d1}-\delta_{d2})^2+(\delta_{p1}-\delta_{p2})^2+(\delta_{h1}-\delta_{h2})^2\qquad（式 10-3）$$

式 10-3 中 d、p、h 分别代表色散力、偶极力和氢键的贡献，这样会使 δ 更具广义性。

② 对高度结晶的聚合物，还应该把熔化热 ΔH_m 和融化熵 ΔS_m 包含到自由能中，即：

$$\Delta G_m=(\Delta H+\Delta H_m)-T(\Delta S+\Delta S_m)\qquad（式 10-4）$$

当 $T>0.9T_m$ 时，溶解度参数规则仍可应用。

3.5 高聚物溶胀的热力学解释

溶胀对线型和交联高聚物与溶剂的混合过程都存在，只是线型高聚物溶胀到一定程度而溶解，叫无限溶胀。交联高聚物因大分子链间由于化学键的存在而不能溶解，只能溶胀到一定程度达到平衡，称之为有限溶胀。要使交联高聚物的溶胀过程能够自发进行，只有使 $\Delta G_m<0$。同线型高聚物溶解一样，δ_1 与 δ_2 相差越小，溶胀就越能自发进行。所不同的是交联高聚物溶胀过程中，自由能的变化应由两部分组成，一部分是高聚物与溶剂的混合自由能 ΔG_m，另一部分是网链弹性自由能 ΔG_{el}，即 $\Delta G=\Delta G_m+\Delta G_{el}$。

由于高聚物在溶胀过程中体积膨胀，从而引起三维分子网的伸展，使交联点间因为分子链的伸展而降低了构象熵值，引起分子网的弹性收缩力，力图使分子网收缩。当这两种相反作用相互抵消时，就会达到溶胀平衡。

4 溶剂选择原则

如何选择适合的溶剂对高分子材料进行溶解，是文物保护工作中经常遇到的问题，尤其是壁画表面所使用的高分子加固材料，经过长时间老化，交联度增大，溶解性能降低，选用何种性质的溶剂对其进行有效去除（清洗），既保证不会对文物安全带来威胁，又不会对壁画颜料组织结构和结合方式带来危害。这就需要运用判断高分子溶解度及相容性的一般规律来进行溶剂的选择，才能在确保文物安全的情况下，有效去除壁画表面失效的加固材料。因此，灵活运用这些规律，将有助于文物保护工作。

4.1 极性相似原则

极性大的聚合物溶于极性大的溶剂中，极性小的聚合物溶于极性小的溶剂中，非极性聚合物溶于非极性溶剂中。溶质、溶剂的极性（电偶极性）越相近，越易互溶。但是对于非晶态极性聚合物而言，不仅要求溶剂的溶解度参数与聚合物接近，而且还要求溶剂的极性与聚合物也接近才能使之溶解。

4.2 溶解度参数相近原则

对于一般的非极性或弱极性非晶态聚合物来说，选择溶解度参数与聚合物相近的溶剂，可以很好地溶解、溶胀该聚合物。这主要因为内聚能是分子间聚集能力的反映，若溶质的内聚能密度与溶剂的内聚能密度相近，混合体系中两类分子的相互作用力彼此差不多，那么，通过破坏高分子和溶剂各自的分子间相互作用，建立起高分子和溶剂分子之间的相互作用，这一过程所需要的能量就低，聚合物就易于发生溶解。因此，在高聚物溶解过程中，要选择同高分子内聚能密度相近的小分子做溶剂。但是在高聚物溶解研究中，更常用的是溶解度参数 δ，它定义为内聚能（E）/ 摩尔体积（V）的算术平方根，即 $\delta=(E/V)^{1/2}$。

低分子化合物或者挥发性液体的溶解度参数一般可通过汽化热、蒸汽压及沸点进行测定，但是高聚物分子间内聚能很大，欲使其汽化比较困难，往往未达到汽化点已先裂解。所以聚合物溶解度参数不能直接从汽化能直接测定，而是要采用间接方法进行测定，常用的方法有平衡溶胀法（测定交联聚合物）、黏度法、浊度滴定法等。

由于内聚能密度相近与溶解度参数相近是等价的，通常聚合物与溶剂两者的溶解度参数相差值在 ±1.5 以内可以溶解，但是当非极性高分子溶质与溶剂的溶解度参数相差 3.5（J/cm^3）$^{1/2}$ 时，聚合物就不能发生溶解了。

如果在高分子溶解过程中，无法找到一个很好的溶剂，则可以采取混合溶剂，有时也可以取得很好的效果。混合溶剂的溶解度参数可由下式进行计算。

$$\delta_{混合}=\Phi_1\delta_1+\Phi_2\delta_2 \quad （式 10-5）$$

式 10-5 中 Φ_1、Φ_2 分别为两种纯溶剂的体积分数；δ_1、δ_2 分别为两种纯溶剂的溶解度参数。

通过调节混合溶剂中各溶剂的体积比使混合溶剂的溶解度参数与聚合物相近，可以达到更好的溶解效能。混合溶剂之所以能够取得较好的溶解效果，这主要是溶剂分子极性较强的一端必定会趋向于高分子链中的极性集团，使极性集团发生溶剂化作用。通过溶剂化作用后，高分子链的极性相较溶剂化之前减弱。如果第二种溶剂的极性弱于第一种溶剂，则第二种溶剂的加入可使已被溶剂化的高分子链外围极性减少，当外围极性减少至与被溶剂化的高分子链所具有的极性相似或相近，则会使其溶解度有所增加。

4.3 溶剂化原则

溶剂化作用是指溶质和溶剂分子之间的作用力大于溶质分子之间的作用力，以致使溶质分子彼此分离而溶解于溶剂中。在一般情况下，溶解度参数相近原则适用于判断极性非晶态聚合物的溶解性，但是如果溶剂与高分子之间有强偶极作用或有生成氢键的情况则不适用。在此情况下，就需要考虑广义酸碱作用原则。

广义的酸是指电子接受体，即亲电子体。广义的碱是指电子给予体，即亲核体。聚合物的酸碱性取决于分子中所含基团。具体来看，极性高分子的亲核基团能与溶剂分子中的亲电子基团相互作用，亦即亲电性溶剂能和给电子高分子进行溶剂化而易于溶解。极性高分子的亲电子基团则与溶剂分子的亲核基团相互作用，这种溶剂化作用能够促进聚合物的溶解，也就是给电子溶剂能和亲电性高分子“溶剂化”而有利于溶解。具有相异电性的两个基团，极性强弱越接近，彼此之间的结合力越大，溶解性也就越好，但是亲（给）电性相同的溶剂与高分子之间，因为不能进行溶剂化作用，故不利于溶解，即使溶解度参数相近也不例外。氢键是一种强烈的溶剂化作用，如果溶剂与高分子之间能形成氢键，则有利于溶解。

下列基团为亲电子基团，按其亲和力大小排序，主要有：

—SO_2OH>— COOH>— C_6H_4OH>—CH_2CN>—CH_2NO_2>$COHNO_2$>— CH_2Cl>=CHCl

下列基团为亲核基团，按其亲和力大小排序，主要有：

—CH_2NH_2>—C_6H_4OH>—CON（CH_3）$_2$>—$CONH_2$>≡PO_4>—CH_2COCH_2—>—CH_2OCOCH_2—>—CH_2OCH_2—

实际上溶剂的选择相当复杂，除以上原则外，还要考虑溶剂的挥发性、毒性以及溶剂对壁画和环境的影响。另外溶剂分子结构对高聚物溶解度的影响也是一个不可忽略的因素，这主要是溶剂分子越小，缔合度就会越低，对聚合物的溶解性能影响越大。这就是小分子溶剂对聚合物的溶解性具有较大影响的主要原因。

5 PVB 溶解度参数测定

5.1 PVB 溶解度参数理论计算

根据聚乙烯醇缩丁醛树脂基团的摩尔相互作用常数（*E*）和摩尔体积（*V*）计算溶解度参数 δ_p 值。已知聚乙烯醇缩丁醛树脂分子结构中有—CH_3(2),—CH_2—(6),—O—(3)，>CH—(5),—OH(1),>C=O（1）。

$$\sum E=113410\text{J/mol（摩尔内聚能）}\quad V=190.8\text{cm}^3\text{/mol（摩尔体积）}$$

$$\delta_p=\left(\frac{\sum E}{V}\right)^{1/2}=(113410/190.08)^{1/2}=24.38\ (\text{J/cm}^3)^{1/2}$$

5.2　PVB 溶解度参数测定

聚乙烯醇缩丁醛溶解度参数选用浊度滴定法进行测定。由于利用浊度滴定法进行测定时，老化后的聚乙烯醇缩丁醛的浓度并不会影响其溶解度参数，只是浓度太小影响浊点的直观判断[27]。因此，测定试验样品用沉淀剂正庚烷和乙二醇直接进行滴定，使其出现浊点后进行计算。

运用浊度滴定法时，测定老化聚乙烯醇缩丁醛溶解度参数的上限和下限或溶解度参数范围，然后取其平均值，即为 PVB 聚合物的溶解度参数值 δ_p。

$$\delta_p=(\delta_h+\delta_l)/2 \quad （式 10\text{-}6）$$

式 10-6 中 δ_h 和 δ_l 分别为聚合物进行滴定时，溶液在浊点时高低溶解度参数，计算方法如下：

$\delta_{(h或l)}=\delta_{溶剂}\times\Phi_{溶剂}+\delta_{沉淀剂}\times\Phi_{沉淀剂}$（$\Phi_{溶剂}$和 $\Phi_{沉淀剂}$分别是溶剂和沉淀剂的体积分数）。

5.2.1　溶剂选择实验

按照溶剂选择原则，准确称取 6 份 0.06 克干燥的聚乙烯醇缩丁醛分别置于 6 个 50ml 的烧杯中。用量筒量取四氢呋喃、无水甲醇、无水乙醇、乙酸乙酯、三氯乙烷、正丁醇各 10ml。分别加入到装有聚乙烯醇缩丁醛的烧杯中，用保鲜膜封住烧杯口，每 10 分钟轻微摇晃烧杯，使其充分溶解，溶解情况见表 10-1。

表 10-1　单一试剂对老化 PVB 溶解测试

溶剂名称	溶剂体积（ml）	老化 PVB 树脂质量（g）	溶解时间（min）	溶解情况
无水甲醇	10	0.06	50	部分溶解，无絮状物，有结块
无水乙醇	10	0.06	50	部分溶解，有絮状物
四氢呋喃	10	0.06	50	部分溶解，有絮状物
正丁醇	10	0.06	50	未溶解，稍有溶胀
乙酸乙酯	10	0.06	50	未溶解
三氯乙烷	10	0.06	50	未溶解

在单一溶剂实验的基础上，又进行了两组混合溶剂的实验，分别是四氢呋喃和无水甲醇各 5ml，无水乙醇和无水甲醇各 5ml，溶解情况见表 10-2。

表 10-2　混合试剂对老化 PVB 溶解测试

混合溶剂	混合溶剂体积（ml）	老化 PVB 树脂质量（g）	溶解时间（min）	溶解情况
四氢呋喃、无水甲醇	5	0.06	50	完全溶解
四氢呋喃、无水乙醇	5	0.06	50	几乎完全溶解，有少量的絮状物

通过表 10-2 可知，四氢呋喃和无水甲醇混合溶剂对壁画表面老化的 PVB 树脂溶解性最好，能完全溶解，是溶解老化 PVB 的良溶剂。

综合单一试剂与混合试剂的溶解情况来看，混合溶剂对聚乙烯醇缩丁醛的溶解效果优于单一溶剂。

5.2.2　溶解度参数测定结果

根据溶解实验结果，在进行老化 PVB 溶解度参数测定时，显然以四氢呋喃和无水甲醇作为溶剂进行溶解，能够提高浊点判定的准确性。

测定前，首先用蒸馏水清洗带有地仗层等其他杂质的聚乙烯醇缩丁醛，待其在自然条件下晾干。然后准确称取0.06克聚乙烯醇缩丁醛置于50ml的烧杯中，用量筒量取5ml的四氢呋喃和5ml的无水甲醇加入到装有聚乙烯醇缩丁醛的烧杯中。待其完全溶解，溶解过程中用保鲜膜封住烧杯口，每10分钟轻微摇晃烧杯，使其充分溶解。

完全溶解的聚乙烯醇溶液在手电筒照射下，用酸式滴定管将乙二醇和正庚烷分别滴入其中。为避免液滴表面张力造成的溶解滞后性，应边滴定边震荡。当滴定到浊点附近时，应缓慢滴加，并加大震荡频率，直至出现浊点为止。最后用滴加的沉淀剂毫升数，计算出老化后的PVB树脂溶解度参数δ_p，计算结果见表10-3。

表10-3　溶解度参数测定结果

聚乙烯醇缩丁醛质量（g）	良溶剂体积（ml）		沉淀剂体积（ml）		Δh/（J/cm^3）$^{1/2}$	δ_1/（J/cm^3）$^{1/2}$	δ_p/（J/cm^3）$^{1/2}$
	四氢呋喃	甲醇	正庚烷	乙二醇			
0.06	5	5	9.5	8.4	28.31	20.16	24.23
溶剂溶解度参数/（J/cm^3）$^{1/2}$	20.20	29.67	15.20	32.1			

从表10-3可以看到，经过30多年老化的聚乙烯醇缩丁醛的溶解度参数为24.23（J/cm^3）$^{1/2}$，与理论值24.38（J/cm^3）$^{1/2}$很接近。说明老化后的PVB树脂结构虽然发生了变化，但在混合溶剂中的溶解性依然很大，这为壁画表面PVB树脂的清洗提供了科学依据。

6　清洗试剂筛选

由于壁画表面加固材料PVB树脂为线型聚合物，在其分子结构中含有—OH，从而使PVB树脂中有部分结晶区（或称微晶区）。因此，在选择清洗溶剂时，首先要按照极性相似原理，选择极性溶剂或强极性溶剂；其次还要按照溶解度参数相近的原则选取溶剂。

通过浊度滴定法测定的PVB溶解度参数δ_p为24.23（J/cm^3）$^{1/2}$，在理论计算值范围20.20～24.38（J/cm^3）$^{1/2}$之间，因此溶剂的溶解度参数应在这一范围之内筛选。虽然四氢呋喃（THF）溶解度参数与PVB极为接近，对老化后的PVB具有很好的溶解性能，但是四氢呋喃（THF）因其毒性大，对环境污染严重，并不符合壁画表面加固材料清洗的要求。

乙醇作为强极性试剂，其溶解度参数与PVB也十分接近，特别是结合以往壁画表面PVB加固材料清洗应用实例来看，乙醇完全可以作为隋代史射勿墓葬壁画表面加固材料清洗的良溶剂优先选择，但是无水乙醇的挥发性对清洗效果具有明显的影响。因此用含水乙醇进行清洗，不仅能够降低其挥发性，而且还有利于对清洗操作控制。

孙宏坚等[28]通过对比乙醇中水含量对PVB溶解性的影响试验。结果显示，无水乙醇不如含水乙醇对PVB的溶解性好，其中95%的乙醇溶液的PVB树脂溶液的特性黏数（η）最大。因此，综合考虑壁画表面加固材料PVB树脂分布不均等各种因素，选用试剂进行清洗试验。

6.1 混合试剂清洗试验

PVB 树脂老化后，交联度增大，是导致 PVB 难溶的主要原因。PVB 在老化过程中，除了能够使缩醛基六元环发生开环作用外，还有酮、醛、醇、酯等老化产物的生成。因此，混合试剂主要由乙醇、乙酸乙酯和丙酮按照一定比例配制而成，混合试剂配比见表 10-4。

表 10-4 混合试剂配制比例

编号	A		B			C		
试剂	乙醇	乙酸乙酯	乙醇	乙酸乙酯	丙酮	乙醇	乙酸乙酯	丙酮
体积（ml）	75	25	50	25	25	25	25	50

为了对比以上三种混合试剂的清洗效果，分别将浸润有 A、B、C 三种混合试剂的纱布，覆盖于所选定的区域进行溶解试验。结果发现混合试剂 A，不仅能使 PVB 树脂溶胀，而且能使纱布表面轻微变黄，说明试剂 A 具有一定的溶解性；混合试剂 B 只能使 PVB 溶胀，而不能使其溶解，因此纱布表面无明显变化；混合试剂 C 既不能使其溶胀，又不能使其溶解，说明试剂 C 对 PVB 树脂无任何作用。

经过对比实验筛选出来的混合试剂 A，虽然对 PVB 树脂具有一定的清洗效果，但是因其挥发性较强，为了进一步验证混合试剂 A 对 PVB 树脂的溶解能力，利用保鲜膜对其进行覆盖，使其与 PVB 树脂充分作用 3min 后，揭取纱布（图 10-1）。结果显示，混合试剂 A 同样只能使 PVB 树脂溶胀，而且 PVB 分布较薄的区域溶胀现象更为突出，并且白灰层在 PVB 的黏结作用下，出现局部脱落现象（图 10-2、图 10-3）。由此可见，混合溶剂 A 无法使 PVB 树脂与颜料层有效分离，显然不适宜画面加固材料的清洗。

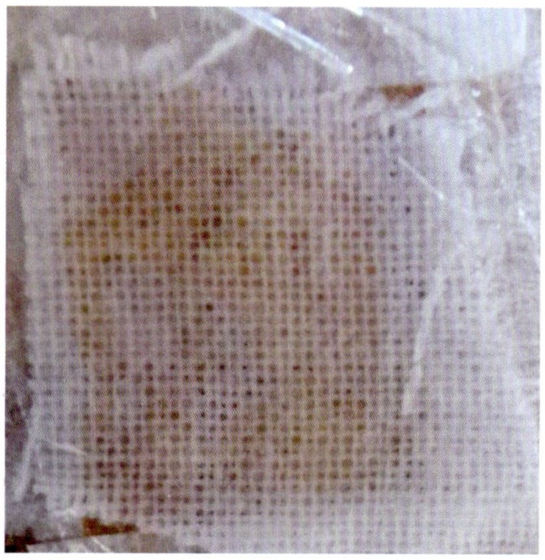

图 10-1 混合试剂 A 利用保鲜膜进行覆盖以降低其挥发性

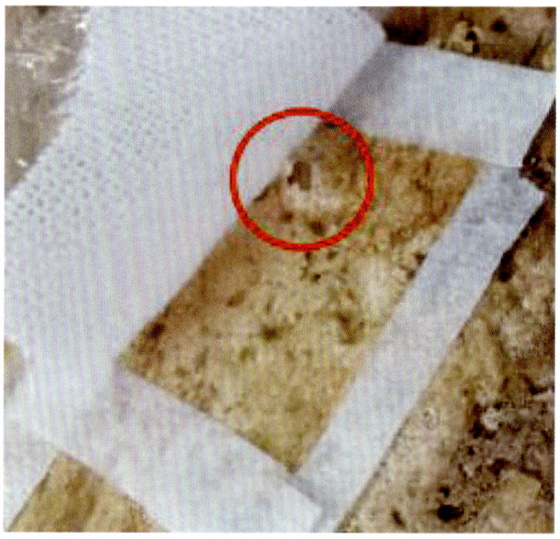

图 10-2 纱布揭取后白灰层局部裸露

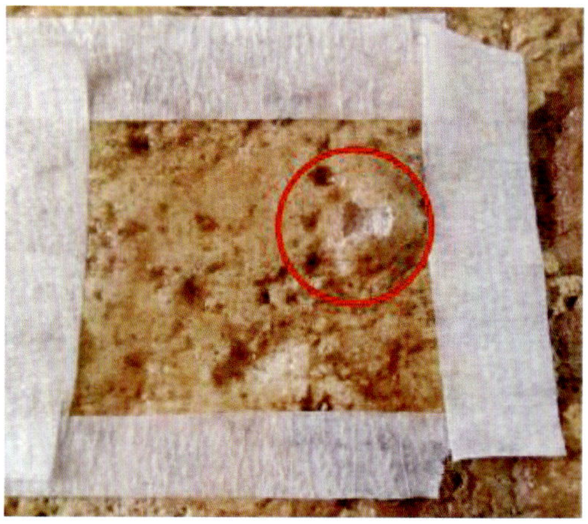

图 10-3 白灰层裸露区域局部放大情况

6.2 单一试剂清洗试验

在混合试剂清洗无效的情况下，基于 95% 的乙醇溶液对 PVB 树脂具有最强的溶解能力这一特性，将清洗试剂完全浸润的纱布贴敷于选定区域，待纱布表面出现黄色时揭去纱布（图 10-4），观察清洗区域 PVB 表面变化情况。如果清洗效果不理想，每间隔 0.5h 重复一次。

结果显示，95% 的乙醇溶液对 PVB 树脂具有较好的溶解能力，而且每次揭取纱布时，在其表面均会出现黏结现象，特别是随着清洗次数的增加，PVB 表面眩光逐步消失，PVB 厚度逐渐减小，透明性增强。说明 95% 的乙醇溶液清洗效果优于混合试剂，而且能够达到分层清洗的目的，清洗效果见图 10-5～图 10-9。

图 10-4　经过 95% 的乙醇溶液浸润的纱布表面出现黄色

图 10-5　95% 的乙醇溶液第一次清洗效果

图 10-6　95% 的乙醇溶液第二次清洗效果

图 10-7　95% 的乙醇溶液第三次清洗效果

图 10-8 95% 的乙醇溶液第四次清洗效果

图 10-9 95% 的乙醇溶液第五次清洗效果

总之，混合试剂挥发速度较快，可控性较差，对其进行覆盖操作，虽然能够降低挥发性，但是如果作用时间过短，纱布会和老化材料相互黏结无法揭取；如果作用时间较长，则会导致 PVB 溶胀程度加剧，使白灰层受溶剂的浸润而变得更为疏松，导致 PVB 树脂与白灰层无法有效分离。

相对混合试剂而言，95% 的乙醇挥发性相对较小，能够和老化材料充分作用，特别是在稍加压力的情况下，能使其与老化材料充分作用。尤其是当清洗试剂的溶解速度与挥发速度达到平衡时，纱布表面轻微变黄。如果以此作为溶解程度的判断标准，充分说明只要控制好实验条件，利用 95% 的乙醇溶液完全可以使 PVB 表面溶解，在不使其发生溶胀的情况下即可达到分层去除的目的。

7 清洗效果比较研究

通过前期清洗试验，基本摸清了 PVB 树脂的溶解特性。但是仅仅通过清洗实验的做法进行实际操作，不仅清洗效率不高，而且可控性较差，很难达到均匀清除的目的。因此，结合实验结果，选择合适的清洗方法，是有效清除壁画表面老化加固材料的关键。

目前，胶凝材料因其能够通过减缓活性溶剂（即对聚合物类加固材料具有溶解能力的有机溶剂）释放的方式，来降低对壁画层的渗透和溶胀作用，同时因其自身特殊的网络结构有能够吸附溶解的高分子链段的特性，在壁画表面失效加固材料的清洗工作中得以广泛应用。利用胶凝材料进行清洗，对于壁画表面曲率变化不大、画面加固材料分布相对均匀的区域而言，在严格控制作用时间的情况下，通过胶凝材料释放的清洗试剂，基本能够达到预先设定的清洗效果。但是对于壁画表面曲率变化较大的部位，由于画面加固材料分布形态差异性较大，在相同的作用时间下，胶凝释放的清洗试剂会对画面加固材料会产生不同的作用效果，换言之，如果作用时间较短，则达不到应有的清洗效果；如果作用时间较长，不仅会引起画面加固材料整体溶胀，还会引起画面颜料层及底色层溶胀，从而导致溶胀后的 PVB 薄膜很难与颜料层有效分离，不可避免地对画面图像带来新的破坏。

因此，在对壁画表面老化的 PVB 材料清洗时，要综合考虑 PVB 分布形态、老化特点以及画面颜料的结合方式等因素。在清洗前，不仅要对清洗过程的安全性和有效性进行评价，更重要的是要确定好清洗标准。根据隋代史射勿墓葬壁画颜料层胶结物分析结果，画面颜料中所掺加的动物胶结材料降

图 10-10　清洗前壁画表面区块划分图

解流失严重，画面颜料固着能力很低，特别是针对 PVB 对画面颜料结合能力远大于其原始固着能力的现状，唯一有效的做法就是在清洗过程中，保留一定厚度的 PVB 加固材料，这样才能保证画面颜料固有的结合方式不会发生变化。

根据清洗目标及要求，为了降低其他清洗方法所带来的不可控因素，隋代史射勿墓葬壁画主要采用棉签进行清洗。清洗前，首先利用白色棉线将壁画表面划分成 10cm×10cm 的正方形区块（图 10-10），然后对每一区块画面加固材料分布形态进行评估，以此确定好清洗标准，然后逐层进行清洗。

通过对画面加固材料的清洗效果来看，有效解除了表面眩光对画面图像的影响；解除了黄色发色基团对画面图像的影响，进一步提高了 PVB 薄膜的透明度；同时，通过控制清洗试剂的溶解作用，有效降低了画面加固材料的厚度，使不同区画面加固材料分布形态相对均一，有效降低了画面加固材料再次起甲开裂的风险，基本达到了前期预定的清洗目标。

8　修复研究

对壁画表面失效加固材料的清洗，只是对其表面修复材料所引起的病害进行了初步治理。壁画表面所分布的划痕、裂隙、颜料层及底色层（白灰层）脱落、支撑体形变等病害，仍然对画面图像的稳定性具有较大的影响，特别是环氧树脂支撑体形变所引发的诸如裂隙增大、补做地仗层酥粉、画面颜料层及白灰层脱落等关联性病害，对画面图像具有极大的危害。因此，还需要对壁画支撑体稳定性以及能够引起壁画表面曲率变化的各类病害进行综合治理，才能使画面图像处于相对稳定的状态。

8.1　支撑体修复

根据隋代史射勿墓葬壁画支撑体稳定性评估结果，环氧树脂支撑体作为壁画主要受力结构层，其属环境温度高敏感性材料。为了阻止保存环境温度波动所引起的应力变化，对馆藏壁画带来进一步破坏，采用蜂窝铝板对其进行加固。蜂窝铝板作为一种轻型材料，相对于环氧树脂复合材料而言，其受环境温度波动的影响不大，因此通过蜂窝铝板对其进行加固后，将会从根本上解决壁画主要受力结构层不稳定的问题。

由于隋代史射勿墓葬壁画长期受温湿度波动影响，环氧树脂支撑体变形严重。因此，加固前，首先对环氧树脂支撑体进行打磨处理，使黏结面处于相对平整的状态，同时对蜂窝铝板黏结面也要进行打磨处理，以提高其黏结强度。环氧树脂支撑体经打磨处理后，采取 5cm×5cm 布点的方式，利用凤凰牌 601# 环氧树脂作为黏结剂对其进行加固（图 10-11）。

环氧脂支撑体经过加固后，其在壁画整体结构中的作用发生了根本性变化，也就是所保留的环氧

图 10-11　待加固支撑体表面环氧树脂黏结剂布点图

树脂层明显不再具有支撑作用，而是以过渡层的形式存在于壁画结构体系之中，从而为壁画的再次干预，预留了可操作的空间。

值得注意的是，对隋代史射勿墓葬壁画所进行的加固，并不仅仅只是为了遵循最小干预原则而进行的一种简单的干预方式，反而是对文物保护原则的灵活运用。此类形式，显然是建立在对其病害机理充分研究以及形变与应力计算的基础上，通过综合评估后，对环氧树脂支撑体保留并进行加固，进而来提高壁画结构稳定性。

8.2　壁画高曲率表面修复

病害调查结果显示，壁画表面的各种病害是导致壁画表面曲率变化的主要因素。如果将壁画表面所受到的破坏划分为纵向破坏和横向破坏两种形态，那么断裂、划痕、裂隙等病害，不仅对壁画在水平方向造成一定的破坏，最为突出的则是沿着画面图像垂直方向，通过剪切作用对壁画结构稳定性造成不同程度的破坏；起甲、龟裂、土质结垢、颜料层及白灰层脱落等病害，显然不会通过纵向剪切作用对壁画结构稳定性造成破坏，主要在水平方向上不断扩散蔓延，对画面图像完整性造成严重破坏。因此，在具体修复工作中，针对不同病害的破坏形态，将纵向剪切破坏作用的各类病害标识为同一类型病害进行修复；将具有水平扩散破坏作用的各类病害标识为另外一类病害进行修复，然后分别对其稳定性进行评估，并确定好修复程序。

由于具有剪切破坏作用的各类病害，因其形态复杂，对壁画结构稳定性具有较大影响，因此将此类病害列为优先修复对象。当壁画表面稳定性初步得到恢复后，再对具有水平扩散作用的各类病害进行修复。

8.2.1　表面修复材料筛选试验

根据有限元模型热应力计算结果，水硬石灰与细沙（沙子）组成的混合材料的力学性能与壁画原始黏土层十分接近，受保存环境温度变化影响较小。因此，隋代史射勿墓葬壁画表面修复材料主要以水硬石灰和细沙为主要组成材料，按照表 10-5 的比例，分别进行对照实验，结果发现 4 号修复材料配比与空白对照区域表面色差最小，也就是与壁画表面白粉层颜色最为接近，修复材料对照结果见图 10-12～图 10-19。

表 10-5　壁画表面修复材料组成情况及配置比例

编号	材料	比例	结论
1	水硬石灰：细沙	1：1	通过对比各个沙浆块表面的颜色深浅和粗糙程度，最终选用 4 号材料的配置比例
2	水硬石灰：50%AC33	1：适量	
3	水硬石灰：白灰膏：15%AC33	1：1：适量	
4	水硬石灰：白灰膏：细沙：15%AC33	1：1：1：适量	
5	水硬石灰：细沙：15%AC33	3：2：适量	
6	水硬石灰：细沙：15%AC33	3：2：适量	
7	水硬石灰：细沙：15%AC33	2：1：适量	

图 10-12　空白对照区域

图 10-13　1 号修复材料试验区域

图 10-14　2 号修复材料试验区域

图 10-15　3 号修复材料试验区域

图 10-16　4 号修复材料试验区域

图 10-17　5 号修复材料试验区域

图 10-18　6 号修复材料试验区域

图 10-19　7 号修复材料试验区域

8.2.2　剪切病害修复

裂隙：在进行裂隙修复时，对于微裂隙主要利用注射器进行渗透加固的方式进行修复。修复前，利用洗耳球将裂隙内部的尘土及杂物吹洗干净，然后用注射器将浓度 15% 的 AC33 乳液注入其中，待其干燥后，用 15% 的 AC33 乳液将熟石灰调配成糊状刷涂于壁画表面，使其与原始白灰层厚度一致。

对于宽度较大的裂隙，修复前，首先用洗耳球将裂隙内部的尘土及杂物吹洗干净，利用注射器将浓度 15% 的 AC33 乳液沿裂隙两侧对其进行渗透加固，然后将水硬石灰、白灰膏、细沙按照 1∶1∶1 的比例混合均匀，加入浓度 15% 的 AC33 乳液将其调成泥状，用修复刀将其填入缝隙内部，待其稍干后，利用修复刀将其压实，并使修复部位与壁画表面原始白灰层厚度保持一致。

如果裂隙部位存在画面局部缺失，以虚拟修复结果作为参考依据，并按照颜料分析结果对其进行全色。

划痕：利用洗耳球将划痕内部浮尘清理干净后，然后滴入浓度 15% 的 AC33 乳液进行渗透加固，待其干燥后，水硬石灰、白灰膏、细沙按照 1∶1∶1 的比例混合均匀，加入浓度 15% 的 AC33 乳液将其调成泥状，用修复刀将其填入划痕内部，并刮去多余部分，使其厚度与壁画原始白灰层保持一致。

如果划痕部位造成画面图像局部缺失，以虚拟修复结果为参考依据，并按照颜料分析结果对其进行全色。

8.2.3 水平扩散病害修复

龟裂：首先利用洗耳球将龟裂缝隙中灰尘吹洗干净，然后用2A溶液进行软化，待起甲部位完全乳化之后，用注射器将30%的AC33乳液注射到地仗层对其进行加固。当地仗层对黏结剂中的水分完全吸收后，用修复刀对龟裂部位进行回贴，并用棉球滚压，再利用硅油纸作为隔膜层，通过小型沙袋覆压至修复部位完全干燥为止。

起甲：首先用洗耳球将起甲部位灰尘吹洗干净后，用2A溶液对起甲部位进行软化，然后用注射器在地仗层中注入100%的AC33乳液，待地仗层对黏结剂中的水分完全吸收后，对软化后的加固材料进行回贴，并用棉球滚压，使其与地仗层结合紧密后，再在其表面覆盖一层硅油纸，并利用小型沙袋对其进行覆压，直至回贴部位完全干燥为止。

颜料层脱落：首先利用洗耳球将颜料层脱落部位灰尘吹洗干净，将水硬石灰、白灰膏、细沙按照1∶1∶1的比例混合均匀，加入浓度15%的AC33乳液将其调成糊状，然后用修复刀将其涂抹于脱落部位，待修复材料中水分被地仗层完全吸收后，利用自制竹刀将其表面处理平整，然后根据虚拟修复结果进行全色。

白灰层脱落：首先利用洗耳球将白灰料层脱落部位灰尘吹洗干净，将水硬石灰、白灰膏、细沙按照1∶1∶1的比例混合均匀，加入浓度15%的AC33乳液将其调成糊状，然后利用修复刀将其涂抹于脱落部位，白灰层中水分被地仗层完全吸收后，用自制竹刀将其表面处理光滑平整。

地仗缺失：首先用洗耳球将地仗缺失部位表面灰尘吹洗干净，然后利用滴管将15%的AC33乳液滴入缺失部位对其进行渗透加固，待加固部位水分完全吸收后，将水硬石灰、白灰膏、细沙按照1∶1∶1的比例混合均匀，加入浓度15%的AC33乳液将其调成糊状，用修复刀将其填入缺失部位，并刮去多余部分，然后用自制竹刀将其处理光滑平整。

如果地仗缺失部位存在画面图像缺失情况，依然按照虚拟修复结果作为参考依据，并根据颜料分析结果，对缺失部位进行全色。

壁画表面不当黏土层修复：首先利用滴管将2A溶液滴入表面使其软化后，将表面刷涂的黏土层轻轻铲去，然后利用2A溶液进一步对补做地仗层进行软化，铲除多余部分，使保留的白灰地仗层与其他部位原始白灰地仗层厚度一致，然后利用洗耳球将其表面灰尘及杂质吹洗干净，利用滴管将15%的AC33乳液滴入表面进行渗透加固。当加固剂中的水分被地仗层完全吸收后，将水硬石灰、白灰膏、细沙按照1∶1∶1的比例混合均匀，加入浓度15%的AC33乳液将其调成糊状，用修复刀将其均匀涂抹于铲除部位，待其水分被地仗层完全吸收后，用自制竹刀将其表面处理光滑平整。

参考文献

[1] 成倩, 赵丹丹, 郭宏. 早期失效保护修复材料对壁画的影响. 文物保护与考古科学, 2013, 25 (2): 77-82.

[2] 李佳佳, 张秉坚. 国内文物保护胶凝材料研究状况及发展趋势——基于中国知网近15年来期刊论文的定量分析. 文物保护与考古科学, 2016, 28 (4): 120-131.

[3] 颜菲, 葛琴雅, 李强, 于淼, 朱旭东, 潘皎. 应用酶联免疫吸附法 (ELISA) 初探古代墓葬壁画胶结材料中的狗胶原蛋白.

文物保护与考古科学, 2014, 26 (1): 71-75.
[4] 苏伯民, 真贝哲夫, 胡之德, 李最雄. 克孜尔石窟壁画胶结材料的HPLC 分析. 敦煌研究, 2005, 92 (4): 57-61.
[5] 李实. 对敦煌壁画中胶结材料的初步认识. 敦煌研究, 1993, (1): 108-117.
[6] 孙延忠, 王志良, 魏书亚. 广西宁明花山岩画颜料胶结材料分析研究. 文物保护与考古科学, 2014, 24 (2): 38-43.
[7] 杨璐, 黄建华, 王丽琴, 马涛, 曹学筠, 李晓溪. 文物彩绘常用胶料的氨基酸组成及红外光谱特征研究. 文物保护与考古科学, 2011, 23 (1): 36-39.
[8] 李最雄. 敦煌壁画中胶结材料老化初探. 敦煌研究, 1993, (3): 75-89.
[9] 苏伯民, 张化冰, 谈翔, 张瑞. 高分子材料应用于莫高窟壁画保护的历史、现状与研究. 敦煌研究, 2018, 167 (1): 80-84.
[10] 杨蕊. 邯郸湾漳北朝墓壁画的保护与再修复. 中国文物科学研究, 2008, (3): 58-60.
[11] 李宏伟. 辽宁北票莲花山辽墓壁画的揭取. 考古, 1988, (7): 655-657, 662, 680.
[12] 王丽华. 砂子山元墓壁画的揭取与修复. 内蒙古文物考古, 1986, (1): 108-110, 107.
[13] 张恒金, 恩和. 元代蒙古贵族墓葬壁画的揭取. 北方文物, 1995, (2): 106-107.
[14] 中国文化遗产研究院, 吉林省文物局, 集安市文物局. 文物保护科技专辑Ⅲ——高句丽墓葬壁画原址保护前期调查与研究. 文物出版社, 2014: 468.
[15] 徐毓明. 北周李贤墓壁画的揭取和修复新技术. 文物保护与考古科学, 1990, (1): 26-31.
[16] 原州联合考古队. 北周田弘墓. 文物出版社, 2009: 130.
[17] 冯国富, 黄丽荣. 固原北周隋唐墓部分壁画修复. 固原师专学报, 2001, 22 (4): 66-67, 89.
[18] 成倩, 赵丹丹, 郭宏. 早期失效保护修复材料对壁画的影响. 文物保护与考古科学, 2013, 25 (2): 77-82.
[19] 贾成思, 张秉坚. 基于胶凝法的古代壁画表面加固材料的去除技术模拟研究. 文物保护与考古科学, 2016, 28 (4): 9-17.
[20] 齐扬, 周伟强, 陈静, 叶亚云, 周萍, 侯静敏, 吴鹏. 激光清洗云冈石窟文物表面污染物的试验研究, 安全与环境工程, 2015, 22 (2): 32-38.
[21] 张晓彤, 张鹏宇, 杨晨. 激光清洗技术在一件鎏金青铜文物保护修复中的应用. 文物保护与考古科学, 2013, 25 (3): 98-103.
[22] 王佳, 霍晓彤, 杨文宗. 馆藏壁画表面污染物的激光清洗初步研究. 文物保护与考古科学, 2020, 32 (1): 61-69.
[23] 成倩, 赵丹丹, 郭宏. 早期失效保护修复材料对壁画的影响. 文物保护与考古科学, 2013, 25 (2): 77-82.
[24] 胡钢, 刘文兵. 库伦一号辽墓壁画表面失效封护材料分析与清洗. 文物修复与研究, 2014, (6): 559-565.
[25] 徐僖. 高分子物的溶解、溶胀及塑化作用. 高分子学报, 1959, 3 (6): 303-308.
[26] 中国文化遗产研究院, 吉林省文物局, 集安市文物局. 文物保护科技专辑Ⅲ——高句丽墓葬壁画原址保护前期调查与研究. 文物出版社, 2014: 468-471.
[27] 范广宇, 刘克静. 酚酞型聚芳醚砜的溶解度参数测定. 塑料工业, 1992, (1): 50-56.
[28] 孙宏坚, 张岩飞, 沈家瑞. PVB 树脂溶解性质的研究. 河南化工, 1996, (9): 9-11.

第十一章　修复后壁画保存环境控制要求研究

馆藏壁画修复后，由于新材料的引入和老化失效材料的去除，使其在组成方式上发生了不同程度的改变。引起馆藏壁画组成材料劣化的因素较多，除与自身组成材料的稳定性具有一定关系外，还与其保存环境具有密切关系。概括起来看，保存环境对壁画的影响因素主要有温度、相对湿度、光辐射、颗粒污染物、气态污染物、生物作用等[1]。其中，温湿度是最基本，也是最重要的两项环境因素。探索壁画组成材料与其保存环境之间的平衡关系，是有效抑制各类病害再次发生的重要手段。

1　温度对馆藏壁画的影响

温度对馆藏壁画的影响，一方面能够加速其组成材料的老化，特别是对有机修复材料具有较大影响。另一方面温度变化所引发的热胀冷缩效应，使壁画结构稳定性遭到破坏，产生与之相应的裂隙、画面加固材料起甲、画面颜料层所依附的黏土层疏松脱落等病害。除此之外，温度变化还能加速微生物的破坏作用，但是结合隋代史射勿墓葬壁画病害调查结果，微生物对壁画本体组成材料带来的腐蚀作用并不突出。因此，温度对壁画的影响，主要表现在修复材料的老化和热胀冷缩两个方面。

1.1　温度与壁画组成材料老化之间的关系

根据阿伦尼乌斯（Arrhenius）经验公式，壁画组成材料老化速率和室内温度之间存在着定量关系，而且这种定量关系是一种指数关系，即：

$$\ln K = -E_a/RT + \ln A \qquad \text{（式 11-1）}$$

式 11-1 中 K 为反应速率，E_a 为反应活化能，R 为摩尔气体常量，T 为热力学温度，A 为经验常数。

阿伦尼乌斯公式的指数项表示了温度对反应速度的影响，在一般情况下 A 和 E_a 不随温度而变化。反应速率 K 和热力学温度 T 之间的关系是一个指数函数，因此热力学温度 T 的微小变化将会使反应速率 K 值发生相对较大的变化。由此可见，当壁画保存环境温度升高的时候，将会加快壁画组成材料的老化速率。这主要是温度升高以后，不但会使壁画组成材料分子运动速度增大，而且还会使一些普通分子获得足够的能量成为活化分子，从而增大了活化分子的百分数。这就是高温环境下，壁画组成材料会加速老化的主要原因。

根据计算，温度每升高 10℃，壁画组成材料的老化速率将会成倍的增加。因此，低温环境明显有利于壁画保存，但是室内温度过低，会使壁画组成材料所产生的收缩效应，也会对壁画带来一定的破坏作用。

1.2　温度变化对壁画组成材料力学性能的影响

温度变化引起的热胀冷缩效应，与壁画组成材料之间的关系极为密切。隋代史射勿墓葬壁画修复后，仅仅只是对其表面 PVB 材料进行了清洗，余者依然由画面颜料层、白灰层、原始黏土层、补做地仗层和环氧树脂支撑体组成。其中，环氧树脂支撑体作为壁画结构稳定性的重要组成部分，相较其他组成材料而言，对环境温度的敏感性更高。由于环氧树脂支撑体内表面受老化降解作用的影响，表面张力衰减较快，致使其内外表面张力不平衡。因此，在温度较高的环境下，整幅壁画会发生变形，画面中部会向上凸起。反之，当室内保存环境温度较低的时候，整幅壁画则会发生反向弯曲。由此可见，保存环境温度频繁波动，不但会导致环氧树脂支撑体疲劳老化，还会导致画面所依附的原始黏土层、地仗补做材料更加疏松，同时还会导致环氧树脂支撑体出现脱胶现象。

为了定量评估环氧树脂支撑体稳定性与温度之间的关系，通过数值仿真计算，对不同温度下，壁画所保留的原始黏土层、补做地仗层、环氧树脂以及玻璃纤维的形变量和应力变化进行了计算，结果发现壁画整体结构形变与其保存环境之间的温度变化关系十分密切，当室内保存环境温度逐步升高时，壁画形变逐步减小；当室内保存环境温度达到 20℃的时候，壁画形变最小，也就是画面层所受到的应力破坏最小；当室内温度进一步升高时，所产生的热应力对壁画所带来的破坏也随之加剧。因此，在不更换壁画支撑结构的前提下，为了减小热应力对壁画的破坏，只有通过对其保存环境进行严格调控，并且对壁画支撑结构进行加固处理，才能消除热应力对壁画带来的破坏。

综合以上研究，隋代史射勿墓葬壁画保存环境温度单一因素应该控制在 20±2℃这一范围内较为适宜。

2　相对湿度对馆藏壁画的影响

相对湿度是影响馆藏壁画的另外一个重要因素，如果相对湿度较高，波动范围较大，极易引起壁画组成材料化学变化、物理变化以及引发生物腐蚀。特别是隋代史射勿墓葬壁画表面加固材料清洗后，画面恢复到揭取前的原始状态，更易受保存环境相对湿度、气态污染物等不稳定因素的影响。

盛芬玲等[2]在不同湿度条件下，对敦煌莫高窟壁画中的土红（Fe_3O_4）、铅白（$Pb_3(OH)_2(CO_3)_2$）、朱砂（HgS）和铅丹（Pb_3O_4）四种颜料进行光照老化实验。结果发现铅丹（Pb_3O_4）是最不稳定的一种红色颜料，当相对湿度 RH 大于或等于 70% 时，光照就能够加速铅丹（Pb_3O_4）老化变色，很显然 70% 是引起铅丹变色的一个临界湿度。

隋代史射勿墓葬壁画颜料仅有氧化铁红（Fe_2O_3）和炭黑（C）两种，这两种颜料性质稳定，基本不受光照和温湿度变化的影响，但是环氧树脂支撑体对其保存环境温湿度极为敏感，特别是当保存环境温度较高，湿度较大的时候，会使环氧树脂增强复合材料的性能发生变化，进而对壁画产生破坏。孙博等[3]对玻璃纤维增强环氧树脂材料性能在不同老化环境下（室温、37.8℃、60℃）进行研究，发现复合材料在室温条件下吸水率随温度的上升而增加，并且随着老化时间的增加，复合材料的弯曲强度分别下降了 21%、34% 和 35%，弯曲模量分别下降了 56.9%、66.7% 和 74%。可见，温度越高，湿度越大，复合材料吸水越多，复合材料的力学性能下降越显著。除此以外，弱碱性地仗补做材料在潮湿环境中通过水解作用所形成的弱碱性物质持续对环氧树脂复合材料进行腐蚀，使材料中的小分子和基体水解产物不断释出，为水分的进入提供了新的途径，最终导致环氧树脂材料力学性能不断下降。

总体来看，不论是单一因素对环氧树脂所带来的影响，还是多种因素交替作用对环氧树脂所带来的影响，当有水参与时，明显会加快环氧树脂的老化速度。因此，降低保存环境的相对湿度能够减缓环氧树脂的老化速度。

3　光辐射对馆藏壁画的破坏作用

光辐射几乎对所有材质的文物都能够引起光化学反应，而使其组成材料不断劣化。光辐射之所以能够导致壁画组成材料性能弱化，其根本原因在于光能够提高壁画组成材料中活化分子的百分数。大量实验证明，在不同波段的光辐射中，紫外辐射对文物所造成的损伤度最大，占到各波段损伤度的95%[4]。因此，馆藏壁画保存环境中，紫外线不仅能够导致壁画表面加固材料变黄发硬，使之起甲开裂，对画面图像造成破坏之外，还能引起壁画颜料变色等病害。李最雄[5]对敦煌莫高窟壁画颜料变色机理进行研究，发现朱砂（HgS）在光照作用下，由红色变为暗红色的黑辰砂，其变色过程属于红色波长范围内的线性变化。铅丹（Pb_3O_4）在湿度的影响下，经光照后首先生成铅白（$Pb_3(OH)_2(CO_3)_2$），再由铅白转变为棕黑色的二氧化铅（PbO_2），使画面颜色由红变黑。

黄玉金等[6]为了研究秦俑颜料变色与光照之间的关系，通过紫外灯、白炽灯、无紫荧光灯等不同光源，对方解石、褐铁矿、铅丹、孔雀石、褐锰等颜料制作的色板进行光照实验，结果发现紫外灯照射的色板光谱反射率、色品坐标和色差最大，白炽灯次之，无紫荧光灯最小，并且在相同条件下，变色程度以褐锰、孔雀石和铅丹最大，以铁红最小，说明不同颜料对光的敏感度不同。

馆藏壁画作为高度紫外光敏感材料，陈晓宇[7]认为当环境紫外线大于75μW/lm时，应对紫外光进行过滤。这一限量显然与加拿大文物保护所 Stefan Michalski 对紫外光照射文物寿命的预期结果是一致的[8]。郭宏等[9]根据我国馆藏壁画保存现状，参照国内外相关研究成果，对壁画保存环境光辐射提出明确要求，即光辐射应该小于150klx/h。由此可见，室内应该利用无紫外线光源进行照明。

4　颗粒污染物对馆藏壁画的影响

颗粒物是指以固态或者液态形式分散于大气当中的各种微粒，包括气溶胶、霾、烟炱、烟尘、烟雾等，其来源主要为自然因素和人为因素释放到大气当中的各种污染物。根据重力作用的沉降特性，颗粒污染物主要分为飘尘和降尘。一般情况下，如果颗粒物粒径小于10μm，则可以长期飘浮在空气之中，特别是粒径小于0.1μm的颗粒物不易沉降，此类颗粒物称为飘尘；粒径大于10μm的颗粒污染物受重力作用的影响能够很快沉降，因此，将此类颗粒物污染物称为降尘。

Whitby 等[10]为了研究颗粒物的来源与归宿，根据颗粒物表面积与其粒径分布情况，将其定义为三种模态：爱根核模态（$D\leq0.05\mu m$），积聚模态（$0.05\mu m<D\leq2\mu m$）和粗粒子模态（$D>2\mu m$），其中爱根核模态和积聚模态合称为细颗粒物。Hussein 等[11]进一步发现大气颗粒物中还有大量粒度在10nm以下的由气态前体物长大成核的颗粒物存在，因此又将 Whitby 定义的三种模态修改为四种模态，即核模态、爱根核模态、积聚模态和粗粒子模态。

4.1　博物馆保存环境颗粒物来源研究

颗粒物作为大气环境中的主要污染物，因其表面所具有的吸附性、吸湿性、混合物特性和不规则性[12]，已经成为影响文物保存环境的重要因素之一。陈远翔等[13]针对封闭式博物馆室内环境颗粒污染物来源及状况进行比较研究，发现博物馆室内颗粒物除室内源之外，主要还是室外源，主要通过空气交换和游客扰动而输入，其中人员活动是改变微环境的主要原因。Worobiec 等对波兰克拉科夫市的 Wawel Castle 博物馆 3 个展厅颗粒污染物的输送与沉降进行了研究，结果表明展厅内的颗粒污染物浓度与季节及其游客数量存在一定关系（表 11-1）。

表 11-1　Wawel Castle 博物馆夏、冬季不同地点 TSP　（单位：$\mu g \cdot m^{-3}$）

季节	1 号展厅	2 号展厅	3 号展厅（2 层）	室外
冬季	73（130）	79	61（90）	59
夏季	22（49）	7	11（29）	19

注：括号内为有游客时的 TSP

于颖[14]针对上海博物馆不同展厅的不同粒径颗粒物浓度进行监测，结果显示，粒径小于 0.5μm 的颗粒物浓度占 PM_{10} 的 90% 以上。在游客扰动的情况下，粒径大于 1μm 的颗粒物浓度明显增加，特别是“五一”假期颗粒物的质量浓度高于平时，而且 CH_3COO^-浓度提高了 7.87 倍，Ca^{2+}提高了 5.91 倍，Na^+提高了 4.68 倍。由此可见，博物馆室内环境颗粒物浓度和组成特征，主要受室外颗粒物和室内发生源共同影响，特别是受人员活动的影响最大。

4.2　颗粒物对馆藏文物的影响

颗粒物作为文物保存环境中气态污染物的主要成分，主要含有硫酸盐、硝酸盐、铵盐、有机碳（OC）、元素碳（EC）和 Fe、Ca、Si、Na、Cl、Al 等元素。因此，室内颗粒物对馆藏文物的危害，主要表现在物理作用、化学作用和生物作用等方面。

大气颗粒物因其组成复杂，形状不规则，并且多带有棱角，对馆藏文物所带来的物理损伤不容忽视。卢轩等[15]对陕西历史博物馆壁画库房降尘进行分析后，发现室内颗粒污染物主要以非水溶性物质 SiO_2、$CaCO_3$、Al_2O_3 为主，而且这些非水溶性固体颗粒物通过长期的物理磨蚀作用，使画面颜料脱落，表面光洁度降低。除此以外，大气颗粒污染物所具有的吸附性和吸湿性，可以将空气当中的有害气体吸附到自身表面，使其成为腐蚀性气态污染物的载体，从而对馆藏文物产生化学腐蚀作用。Narazoff 和 Cass 研究发现，博物馆室内颗粒物中元素碳（EC）可以催化加速 SO_2 形成硫酸盐。Goodman 等[16]研究了 SO_2 在 MgO 颗粒物表面的多相反应，结果表明，在干燥条件下，SO_2 能在 MgO 表面形成亚硫酸盐，而当颗粒物表面存在吸附水时，MgO 表面吸附的亚硫酸盐会转化为硫酸盐。

李华等[17]对秦俑馆陶器库房室内环境空气质量进行取样分析，结果显示，冬季 $PM_{2.5}$ 颗粒污染物浓度及所含水溶性 SO_4^{2-}、NO_3^-、NH_4^+离子高于夏季，夏季室内有机碳（OC）高于室外，元素碳（EC）低于室外。显然在夏季除了室外输入一部分有机碳（OC）之外，还有相当一部分来源于室内。由于有机碳（OC）所包含的各种有机酸，诸如甲酸、乙酸等直接参与的化学反应，能够对馆藏文物造成腐蚀。元素碳（EC）对馆藏文物能够造成污染，并在其表面形成黑色结壳。

颗粒物表面所附着的微生物，对馆藏壁画的危害也不容忽视。由于微生物在其生存过程中，所形成的酸、碱、霉等对馆藏文物会带来一定的腐蚀作用。于芳等[18]对密闭环境中悬浮颗粒物上附着的微生物进行检测。结果表明，粒径在10～100μm之间的颗粒物附着的微生物总数占TSP的59%，粒径小于2μm的颗粒物上附着的微生物总数、细菌总数占IP的64%和69%。由此可见，在密闭环境中，细颗粒物上携带有较多的细菌。

马清林等[19]通过模拟嘉峪关魏晋墓葬壁画的制作方法，对刷涂有朱砂（HgS）、铅丹（Pb_3O_4）、铁红（Fe_2O_3）、白垩（$CaCO_3$）、生石膏（$CaSO_4 \cdot 2H_2O$）等颜料的陶片进行培养，发现微生物不仅能够引起壁画颜色变化，而且在生石膏（$CaSO_4 \cdot 2H_2O$）与白垩（$CaCO_3$）中检测到了草酸钙，说明上述两种颜料对微生物生命活动起着重要作用，特别是在湿度超过75%的环境下，微生物对颜料的腐蚀作用更为突出。

5　气态污染物对馆藏壁画的影响

气态污染物是指在常温下，以气态方式输入并停留在大气中的污染物，包括SO_x、H_2S、O_3、CO_2、有机硫化物、氮氧化物等。对于博物馆文物储藏与陈列微环境而言，气态污染物主要包括大气环境中的各种腐蚀性气体和室内建筑装修、藏展材料挥发的各种气态污染物。其中，室外大气环境中以二氧化硫为代表的腐蚀性气体对壁画危害最大，其次是气溶胶、光化学烟雾、O_3[20]。O_3是一种光氧化剂，对大部分有机材料均有侵蚀作用，会造成馆藏文物的褪色。周浩等[21]利用石英晶体微天平（QCM）反应性监测技术，对石英晶振片上的电沉积银，在不同O_3浓度、不同温度和湿度条件下，对其质量变化情况进行监测。结果显示，O_3对金属银有很强的腐蚀破坏作用，特别是随着O_3浓度的增大，温度升高，会导致银质文物材料腐蚀速度加快。

氮氧化物是大气环境中另一种主要气态污染物，其来源和形成过程十分复杂，常见的主要为NO、NO_2、N_2O_3、N_3O_4、N_2O_5，造成大气污染的主要是NO和NO_2。大气中的NO和NO_2通过光化学反应能够达到平衡，特别是当NO_2与SO_2同时存在时，可以相互催化，使其形成硝酸的速度更快。因此，氮氧化物的存在，不仅会使石质文物和碱性材质的文物遭到腐蚀，而且还能引起聚合物降解和染料、颜料褪色。据研究，当NO_2的浓度在$0.5\times10^{-6}mg/m^3$（0.5ppm）时，能使姜黄、藤黄、虫胶等天然有机颜料和雄黄（As_4S_4）、雌黄（As_2S_3）等无机颜料发生明显的变色作用[22]。

二氧化碳作为一种弱酸性气体，在潮湿环境下，对壁画危害极大。张学超等[23]按照敦煌壁画已有的制作流程，通过模拟敦煌第85窟“十一”黄金周一天的温度、湿度和CO_2的环境，对壁画样品进行干湿循环与CO_2循环试验。结果显示，随着干湿循环次数的增加，白粉层首先出现裂缝，然后出现小块状剥离、翘曲。随着CO_2循环次数的增加，单个小块剥落变小，总剥落面积变大，破坏情况越来越严重。由此可见，游客呼吸作用使洞窟壁画处于在高温、高湿与CO_2包围的环境中，随着壁画表面孔隙和内部孔隙中水分不断凝结和蒸发，所产生的连续不均匀应力，使白粉层与地仗层在水分蒸发时收缩不一致，最终导致白粉层出现剥离、粉化、颜料褪色等病害。

根据以上研究可知，室外空间环境中的气态污染物对馆藏壁画带来的危害十分突出，博物馆室内空间环境藏展材料所释放的挥发性物质所导致的污染以及对文物的危害也已引起普遍关注。木质材料所含树脂中释放的乙酸能够引起铅制品的破坏[24]，氯乙烯塑料和一些化纤织物所释放的氯化物对金属材质的文物会产生腐蚀[25]。人造板材释放出来的甲醛，在博物馆密闭小环境中会长期积累，特别是氧化后所形成的甲酸直接参与的化学反应，对不同材质的文物都会带来腐蚀作用。因此，通过过滤、吸附等技术手段，对馆藏壁画保存环境进行优化，是减少馆藏壁画受损的重要措施。

6 修复后隋代史射勿墓葬壁画保存环境控制要求

馆藏壁画修复后，在保存过程中，不仅会受保存环境各种微观因素的影响，而且不恰当的存放方式也会使其受损。因此，在确定隋代史射勿墓葬壁画保存环境质量标准之前，首先对隋代史射勿墓葬壁画保存方式提出如下建议：

① 由于壁画材质脆弱，对保存环境要求较高，不宜与其他材质的文物混合存放，应该单独设立壁画储藏室，这样有利于室内小环境控制。

② 在条件许可的情况下，尽可能在壁画储藏、修复以及陈列展出环境入口设置除尘设备，以减少人员活动对室内细颗粒物浓度的影响。

③ 应根据相关规范，对室内源所产生的氨和甲醛等气态污染物进行定期监测，并根据监测结果，采取吸附等技术手段进行环境优化，使其符合馆藏壁画所需的空气质量标准。

④ 修复后的馆藏壁画应该设计专用无酸纸囊匣，以进一步阻断颗粒污染物与气态污染物对馆藏壁画带来的危害。

⑤ 馆藏壁画放置时，应尽可能采取水平放置，画面朝上[26]。如果使用密集柜架进行保管，要求柜架具有较好的密封性，并且在开启与关闭过程中，不会产生振动。

目前在没有统一的博物馆环境质量标准的情况下，为了营造洁净、稳定的保存环境，有效阻止室内环境因素对馆藏壁画的破坏。室内空间温湿度两项控制性指标，以壁画结构稳定性与其环境温湿度之间有限元计算结果为依据进行确定。对于光辐射、颗粒污染物、气态污染物以及微生物控制限值，主要结合国内外现有研究成果，并根据《环境空气质量标准》（GB3095—2012）和《室内空气质量标准》（GB/T18883—2002），制定了隋代史射勿墓葬壁画保存环境质量控制的限值（表 11-2）。尽管这些要求目前很难达到，但是对逐步改善馆藏壁画保存环境却具有积极指导意义。

表 11-2 隋代史射勿墓葬壁画保存环境控制标准

项目		控制限值	单位	备注
温度		20±2	℃	
相对湿度		45±5	%	
光辐射	照度	≤150	lx	
	紫外辐射	无紫外光源	µW/lm	
颗粒物	可吸入物颗粒	0.12	$\mu g/m^3$	日平均浓度限值
气态污染物	二氧化硫	0.05	$\mu g/m^3$	日平均浓度限值
	二氧化氮	0.08	$\mu g/m^3$	
	O_3	0.12	$\mu g/m^3$	1h 平均浓度限值
	甲醛	≤0.08	$\mu g/m^3$	最高允许浓度限值
	苯	≤0.09	$\mu g/m^3$	
	总有机挥发物（TVOC）	≤0.5	$\mu g/m^3$	
微生物（沉降法）		≤30	（个/皿）	

参考文献

[1] 陈元生, 解玉林. 博物馆文物保存环境质量标准研究. 文物保护与考古科学, 2002, (S1): 152-191.

[2] 盛芬玲, 李最雄、樊再轩. 湿度是铅丹变色的主要因素. 敦煌研究, 1990, (4): 104-109.

[3] 孙博, 李岩. 玻璃纤维增强环氧树脂复合材料老化性能研究. 第十六届全国复合材料学术年会 (NCCM-16), 2015: 1053-1058.

[4] 郭宏, 马清林. 馆藏壁画保护技术. 科学出版社, 2011: 198-199.

[5] 李最雄. 莫高窟壁画中的红色颜料及其变色机理探讨. 敦煌研究, 1992, (3): 41-45, 128-129, 135-137.

[6] 黄玉金, 赵葆常, 田少文, 高继魁, 孙文山. 光照与彩陶俑表面色变关系的实验研究. 光子学报, 1997, 26 (2): 180-187.

[7] 陈晓宇. 博物馆文物保存环境控制研究. 黑龙江史志, 2013, (26): 190-191.

[8] 张晋平. 博物馆环境监测控制技术. 中国环境出版社, 2013: 9-10.

[9] 郭宏, 马清林. 馆藏壁画保护技术. 科学出版社, 2011: 212-213.

[10] 唐孝炎, 张远航, 邵敏. 大气环境化学. 高等教育出版社, 2006: 286.

[11] Hussein T. Report Series in Aerosol Science, 2005, 74: 1-53.

[12] 张承志, 杨少勇. 颗粒污染物质对博物馆环境的而影响. 自然科学博物馆与环境国际学术讨论会论文集, 1993: 118-121.

[13] 陈远翔, 修光利, 徐方圆, 吴来明, 解玉林, 张大年. 封闭式馆藏博物馆内的颗粒污染物状况比较. 上海市化学化工学会 2011 年度学术论文集, 2012 (1): 118-120, 112.

[14] 于颖. 馆藏文物保存环境大气颗粒物污染特征研究. 华东理工大学硕士学位论文, 2011.

[15] 卢轩, 张群喜, 王丽琴, 李文怡, 惠任. 陕西历史博物馆壁画库降尘成分分析研究. 第八届全国考古与文物保护 (化学) 学术会议论文集, 2004: 365-377.

[16] Goodman A L, Li P, Usher C R, et al. J Phys Chem A, 2001, 105: 6109-6120.

[17] 李华, 高原, 王春燕, 朱振宇, 惠娜, 李斌. 秦始皇兵马俑博物馆陶器库室内空气质量评价与影响分析. 文物保护与考古与科学, 2014, 26 (1): 34-41.

[18] 于芳, 何新星, 谢琼, 姜洁. 密闭环境中悬浮颗粒物上附着微生物的检测. 航天医学与医学工程, 2000, 13 (3): 201-214.

[19] 马清林, 胡之德, 李最雄. 微生物对壁画颜料的腐蚀与危害. 敦煌研究, 1996, (3): 136-144.

[20] 郭宏, 马清林. 馆藏壁画保护技术. 科学出版社, 2011: 200-201.

[21] 周浩. 博物馆环境中典型氧化性气态分子污染物对银器文物腐蚀变色影响的评价研究 . 中国文化遗产, 2015, (3): 32-39.

[22] 罗曦芸. 氮氧化物对文物的危害和变化规律. 文物保护与考古科学, 2002, (S1): 228-238.

[23] 张学超, 张虎元, 宋佳航. 游客呼吸对敦煌壁画白粉层的损害机理研究. 科学技术与工程, 2015, 15 (3): 131-137.

[24] 刘舜强. 关于博物馆环境的讨论. 文物保护与考古科学, 2006, 18 (1): 63.

[25] 周卫荣. 钱币和纪念章的科学贮藏. 中国钱币, 1994, (2): 65-66.

[26] 郭宏, 马清林. 馆藏壁画保护技术. 科学出版社, 2011: 212.

附　　表

附表一　隋代史射勿墓葬壁画三维数字化信息采集结果

序号	壁画名称	壁画编号	点云点数	点云点距	点云文件格式	点云文件数据量	模型三角网格	模型顶点点距	模型文件格式	模型文件数据量
1	执笏侍从图	FL03645	1300 万个	0.13mm	ASC	353Mb	2600 万个	0.13mm	OBJ、STL	2.47Gb
2	执笏侍从图	FL03646	1250 万个	0.18mm	ASC	339Mb	2495 万个	0.13mm	OBJ、STL	3.33Gb
3	执刀武士图	FL03647	1306 万个	0.12mm	ASC	355Mb	2614 万个	0.12mm	OBJ、STL	3.49Gb
4	执刀武士图	FL03648	1273 万个	0.14mm	ASC	346Mb	2548 万个	0.14mm	OBJ、STL	3.40Gb
5	执刀武士图	FL03649	1288 万个	0.10mm	ASC	350Mb	2578 万个	0.10mm	OBJ、STL	3.44Gb
6	执笏侍从图	FL03650	1254 万个	0.10mm	ASC	341Mb	2510 万个	0.10mm	OBJ、STL	3.35Gb
7	执笏侍从图	FL03651	1240 万个	0.17mm	ASC	337Mb	2480 万个	0.17mm	OBJ、STL	3.31Gb
8	执刀武士图	GB05502	1380 万个	0.18mm	ASC	375Mb	2765 万个	0.18mm	OBJ、STL	3.69Gb
9	执刀武士图	GB05503	1292 万个	0.13mm	ASC	351Mb	2585 万个	0.13mm	OBJ、STL	3.45Gb
10	执刀武士图	GB05504	1251 万个	0.10mm	ASC	340Mb	2504 万个	0.10mm	OBJ、STL	3.34Gb
11	花卉图	GB05505	1362 万个	0.15mm	ASC	370Mb	2727 万个	0.15mm	OBJ、STL	3.64Gb
12	门楼图	GB05506	1306 万个	0.15mm	ASC	3555Mb	2615 万个	0.15mm	OBJ、STL	3.49Gb
13	侍女图	GB05507	1288 万个	0.16mm	ASC	350Mb	2578 万个	0.16mm	OBJ、STL	3.44Gb

附表二　超景深显微系统放大倍数对照表

序号	壁画名称	壁画编号	显微照片编号	放大倍数
1	执笏侍从图	FL03645	8-2	200
			8-3	20
			8-4	20
			8-5	20
2	执笏侍从图	FL03646	8-6	200
			8-7	20
			8-8	20
			8-9	20
3	执刀武士图	FL03647	8-10	20
			8-11	100
			8-12	20
			8-13	20
4	执刀武士图	FL03648	8-14	20
			8-15	20
			8-16	100
			8-17	100
5	执刀武士图	FL03649	8-18	200
			8-19	20
			8-20	20
			8-21	20
6	执笏侍从图	FL03650	8-22	30
			8-23	20
			8-24	20
			8-25	20
7	执笏侍从图	FL03651	8-26	30
			8-27	20
			8-28	20
			8-29	20
8	执刀武士图	GB05502	8-30	30
			8-31	20
			8-32	20
			8-33	20
9	执刀武士图	GB05503	8-34	30
			8-35	20
			8-36	20
			8-37	20

续表

序号	壁画名称	壁画编号	显微照片编号	放大倍数
10	执刀武士图	GB05504	8-38	30
			8-39	20
11	花卉图	GB05505	8-40	20
			8-41	20
12	门楼图	GB05506	8-42	20
			8-43	20
			8-44	20
			8-45	20
13	侍女图	GB05507	8-46	20
			8-47	20
			8-48	20
			8-49	20

后　　记

隋代史射勿墓葬壁画自20世纪80年代中期揭取以来，至这次保护修复工作全面启动，已有35年之久。在此期间，壁画受各种因素的影响，修复材料老化所引发的各种病害日趋严重。为了改善壁画保存条件，减少各种环境因素的影响程度，采取了一些积极措施，如将壁画由原壁画库房转移到保存环境相对稳定的当前壁画库房进行保管，但是仍然难以阻止修复材料老化对画面图像以及壁画结构稳定性所带来的破坏。

针对馆藏壁画受损程度日益加剧的情况，为了及时抢救保护这批珍贵的文化遗产，我们本着探索馆藏壁画保护关键性技术和提高馆藏壁画科学保护水平的目的，在馆领导全面安排部署下，于2018年7月正式启动了“馆藏隋代史射勿墓葬壁画保护修复项目”。该项目启动后，先期多次召开了专家论证会。结合论证意见，在对壁画揭取和室内修复情况进行回顾性研究的基础上，围绕壁画保存现状，有针对性地进行了壁画数字化信息提取、保存环境与壁画病害关系研究、画面加固材料老化机理研究、清洗试剂筛选与清洗技术研究、环氧树脂支撑体病害机理研究以及支撑体稳定性评估等专项研究。

由于隋代史射勿墓葬壁画保护修复项目所涉及的内容较为广泛，完全依靠我们自身力量还存在一定困难。为此，我们联合陕西历史博物馆合作攻关，在陕西历史博物馆两届领导（强跃、侯宁彬）的大力支持下，先期拨付35万元给予支持，并且协调陕西历史博物馆、西北工业大学“馆藏壁画保护修复与材料科学研究国家文物局重点科研基地”在固原博物馆设立“馆藏壁画保护修复与材料科学研究国家文物局重点科研基地宁夏工作站”，这无疑对推动壁画保护修复项目的科学设计，起到了极大的推动作用。

隋代史射勿墓葬壁画保护修复项目得到了各单位同仁的帮助，其中西北大学文化遗产学院在壁画组成材料分析方面给予了极大帮助，陕西历史博物馆王佳、金紫琳和固原博物馆刘勇三位同志，分别在壁画病害调查、画面加固材料溶解性能测定等方面进行了大量实验，由此而形成的系列成果，作为本书编写的主要材料来源。

本书是“馆藏隋代史射勿墓葬壁画保护修复项目”参与者的集体成果，在编写过程中，得到各级领导、专家学者的大力支持，并且得到本馆王育民、黄丽荣、武瑛、沈立君、吕婧、马晓东、曹肖肖、祝晨悦等同志在各自专业领域的大力帮助。

本书出版之际，谨向支持本项目的所有领导、同仁以及对本书提出修改意见的专家、学者表示衷心感谢。

由于编者水平有限，本书疏漏之处在所难免，期望各位专家与同行指正。

编　者

2022年2月

图　版

1. 执笏侍从图（FL03645）

2. 执笏侍从图（FL03646）

图版2

1. 执刀武士图（FL03647）

2. 执刀武士图（FL03648）

隋代史射勿墓葬壁画

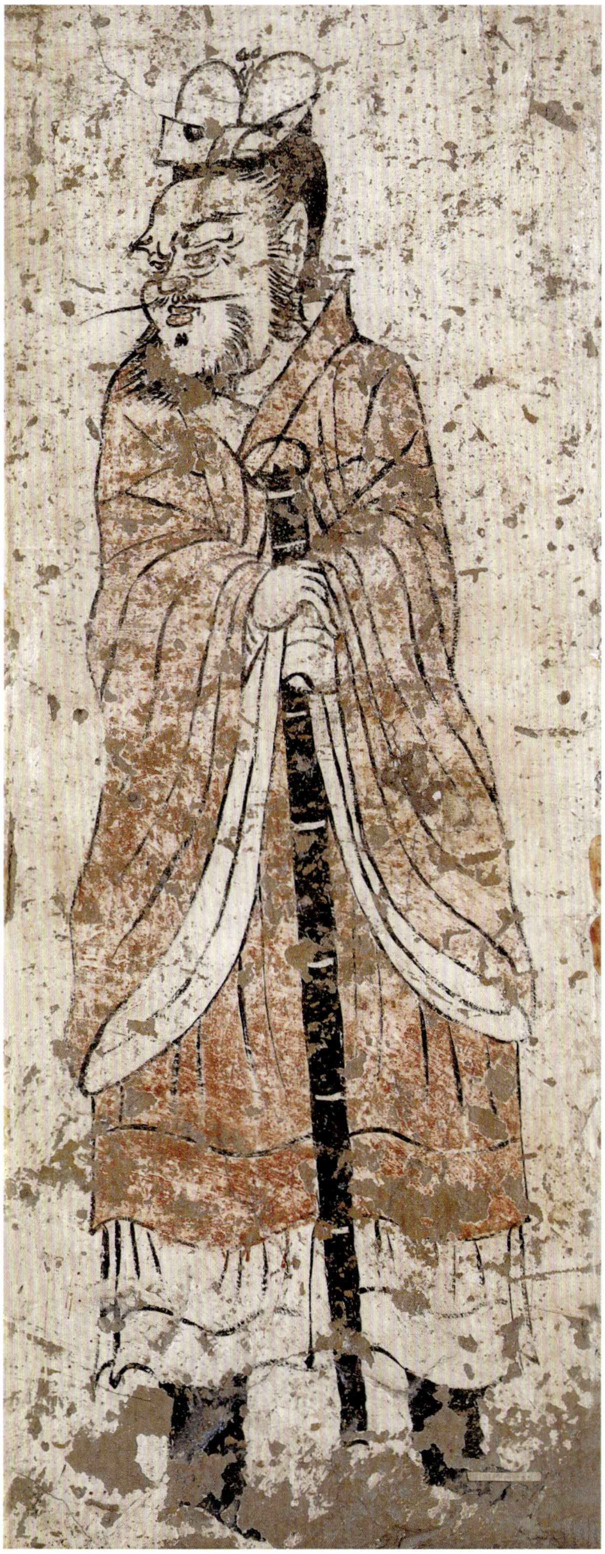

1. 执刀武士图（FL03649）

2. 执笏侍从图（FL03650）

图版4

1. 执笏侍从图（FL03651）

2. 执刀武士图（GB05504）

侍女图（GB05507）

图版6

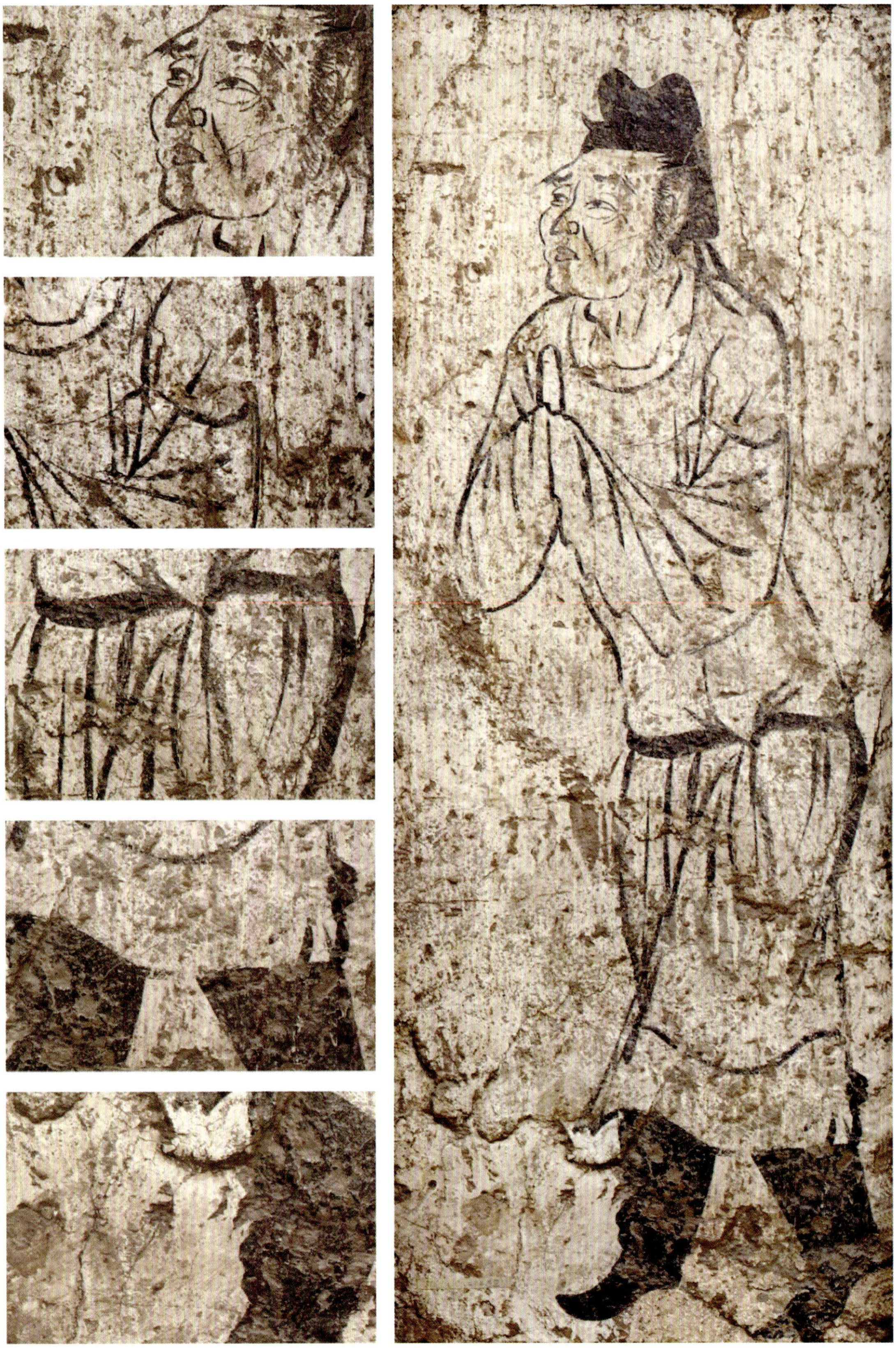

执笏侍从图（FL03645）影像样片及数字正射影像

图版7

执笏侍从图（FL03646）影像样片及数字正射影像

图版8

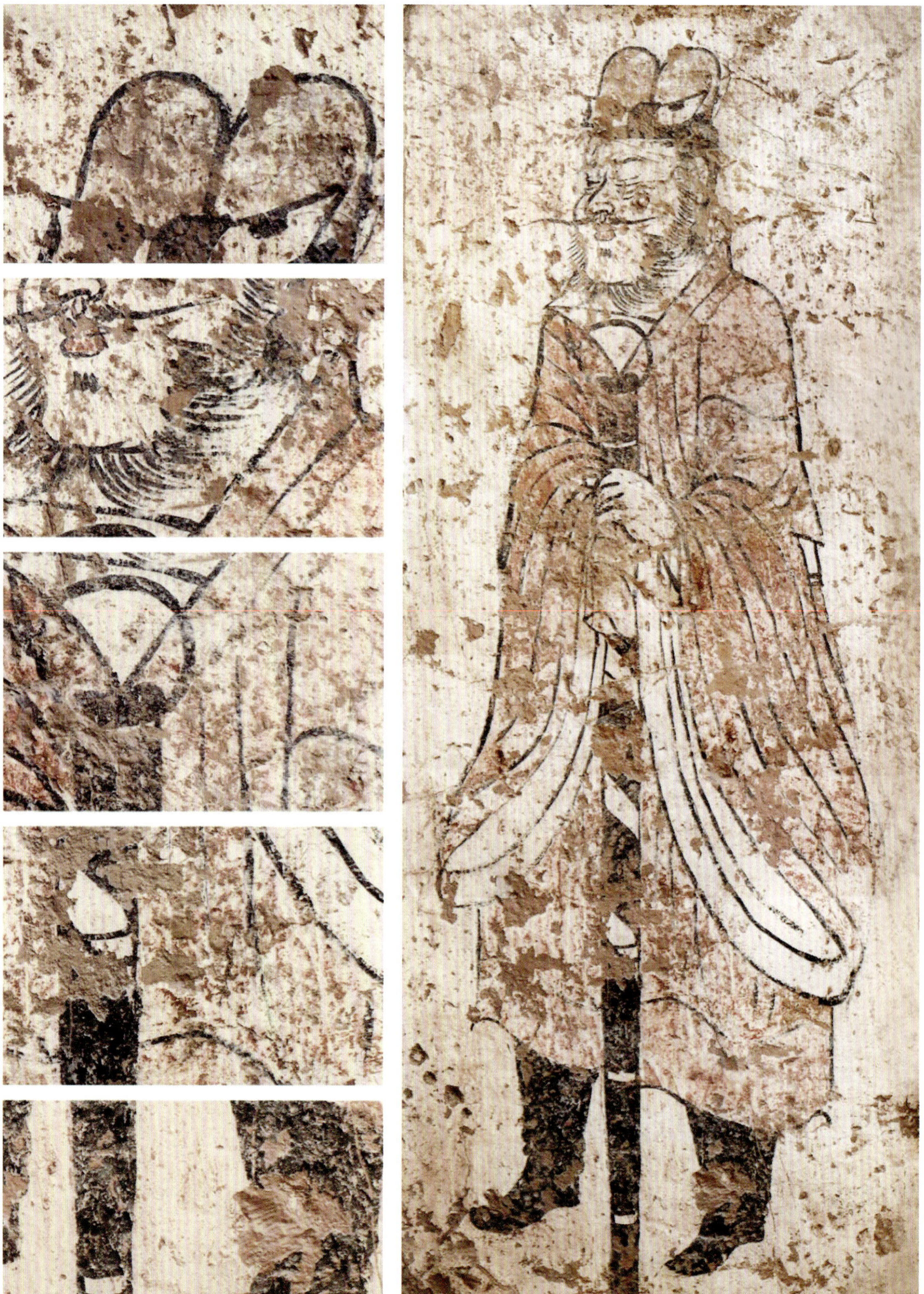

执刀武士图（FL03647）影像样片及数字正射影像

图版9

执刀武士图（FL03648）影像样片及数字正射影像

图版10

执刀武士图（FL03649）影像样片及数字正射影像

图版11

执笏侍从图（FL03650）影像样片及数字正射影像

图版12

执笏侍从图（FL03651）影像样片及数字正射影像

执刀武士图（GB05504）影像样片及数字正射影像

图版14

侍女图（GB05507）影像样片及数字正射影像

1. 边框三维数据

2. 边框形变测量结果

执笏侍从图（FL03645）边框形变测量结果

图版16

1. 边框三维数据

2. 边框形变测量结果

执笏侍从图（FL03646）边框形变测量结果

1. 边框三维数据

2. 边框形变测量结果

执刀武士图（FL03647）边框形变测量结果

图版18

1. 边框三维数据

2. 边框形变测量结果

执刀武士图（FL03648）边框形变测量结果

1. 边框三维数据

2. 边框形变测量结果

执刀武士图（FL03649）边框形变测量结果

图版20

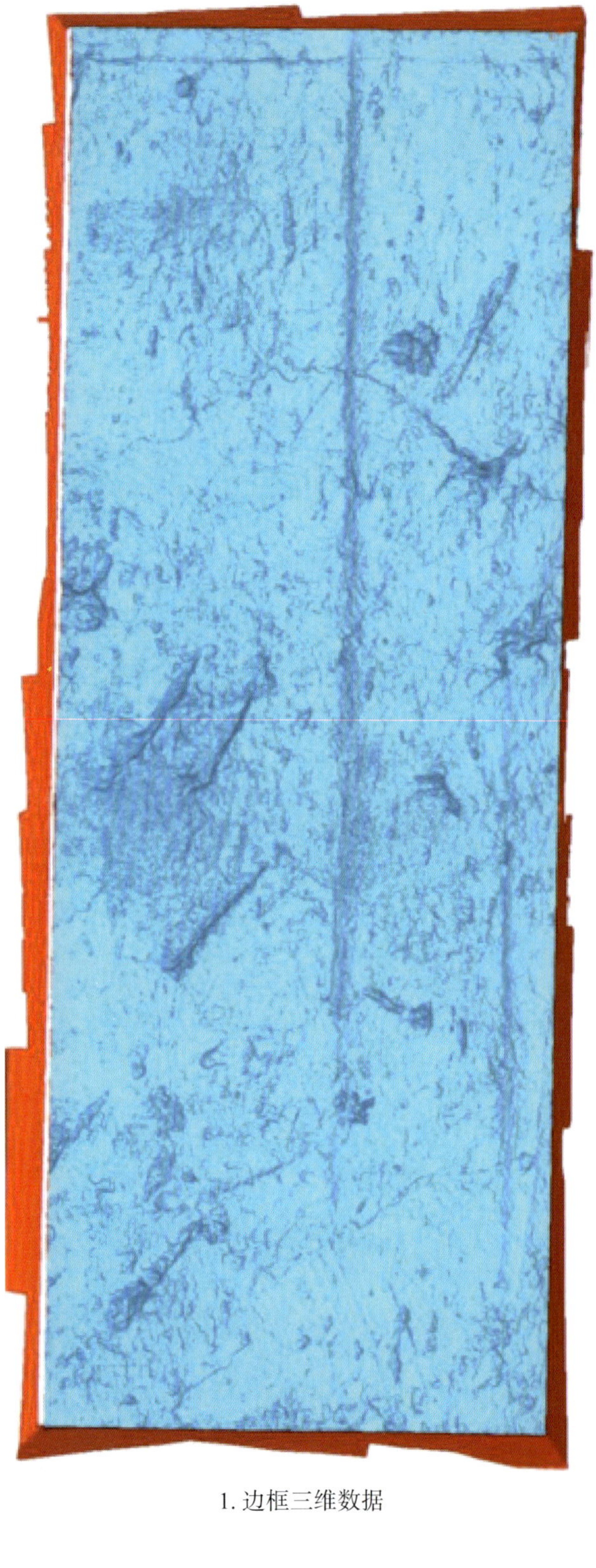

1. 边框三维数据

2. 边框形变测量结果

执笏侍从图（FL03650）边框形变测量结果

1. 边框三维数据

2. 边框形变测量结果

执刀武士图（GB05502）边框形变测量结果

图版22

1. 边框三维数据

2. 边框形变测量结果

执刀武士图（GB05503）边框形变测量结果

1. 边框三维数据

2. 边框形变测量结果

执刀武士图（GB05504）边框形变测量结果

图版24

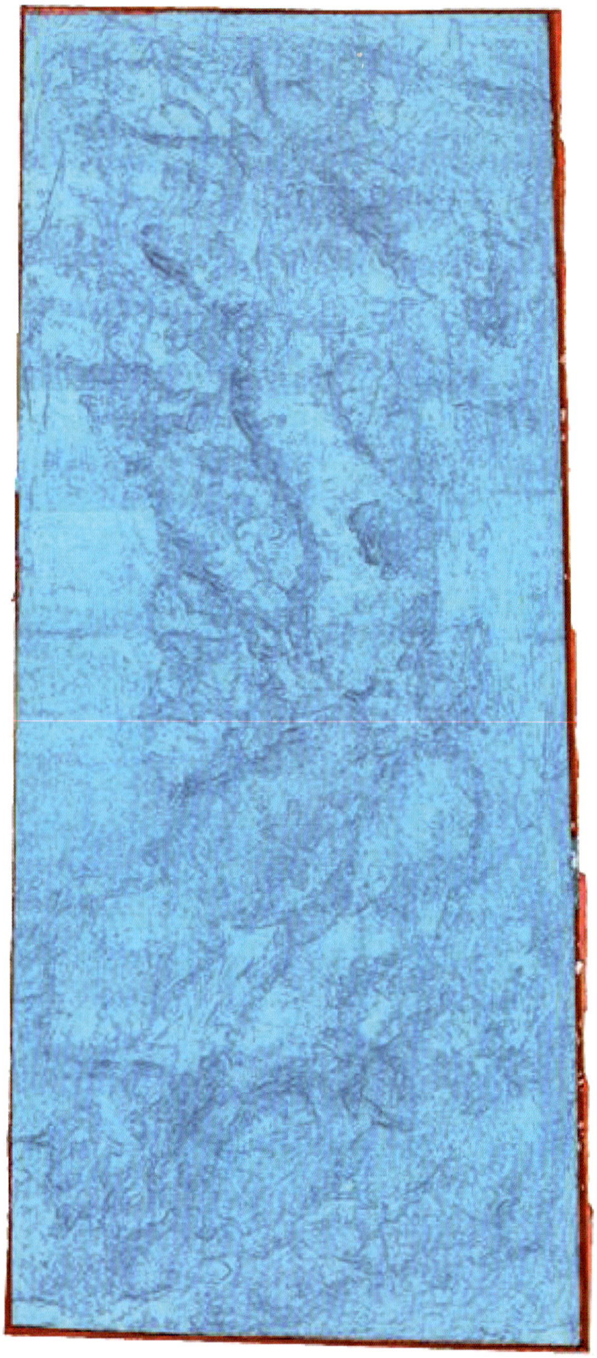

1. 边框三维数据

2. 边框形变测量结果

花卉图（GB05505）边框形变测量结果

（a）边框三维数据

（b）边框形变测量结果

1. 门楼图（GB05506）边框形变测量结果

（a）边框三维数据

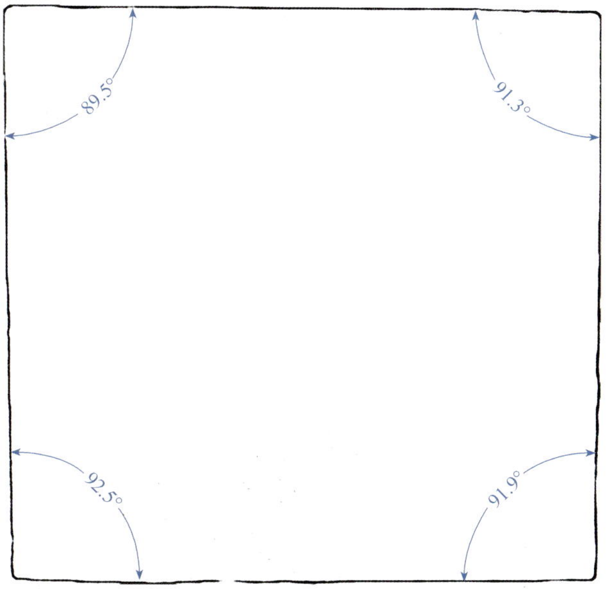

（b）边框形变测量结果

2. 侍女图（GB05507）边框形变测量结果

图版26

1. 壁画现状

2. 虚拟修复效果

执笏侍从图（FL03645）虚拟修复前后对比图

1. 壁画现状

2. 虚拟修复效果

执笏侍从图（FL03646）虚拟修复前后对比图

图版28

1. 壁画现状

2. 虚拟修复效果

执刀武士图（FL03647）虚拟修复前后对比图

1. 壁画现状

2. 虚拟修复效果

执笏侍从图（FL03650）虚拟修复前后对比图

图版30

1. 壁画现状

2. 虚拟修复效果

执刀武士图（FL03651）虚拟修复前后对比图

1. 执笏侍从图（FL03645）壁画病害图

2. 执笏侍从图（FL03646）壁画病害图

3. 执刀武士图（FL03647）壁画病害图

4. 执刀武士图（FL03648）壁画病害图

壁画病害关系图示

图版32

1. 执刀武士图（FL03649）壁画病害图

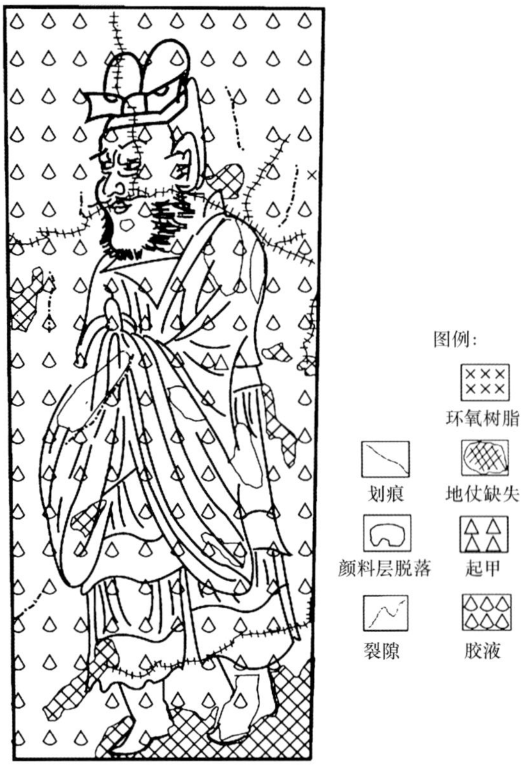

2. 执笏侍从图（FL03650）壁画病害图

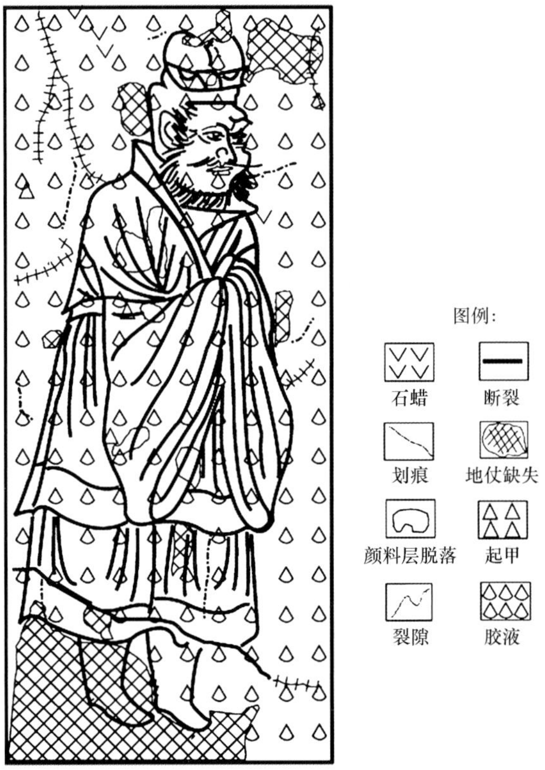

3. 执笏侍从图（FL03651）壁画病害图

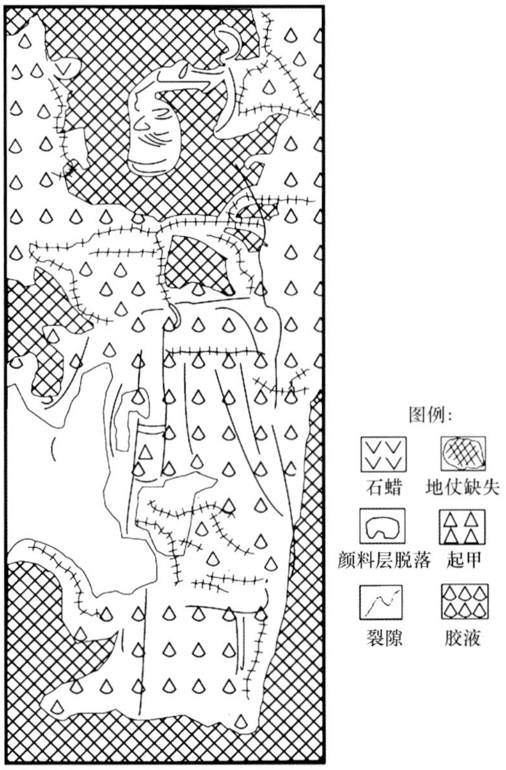

4. 执刀武士图（GB05502）壁画病害图

壁画病害关系图示

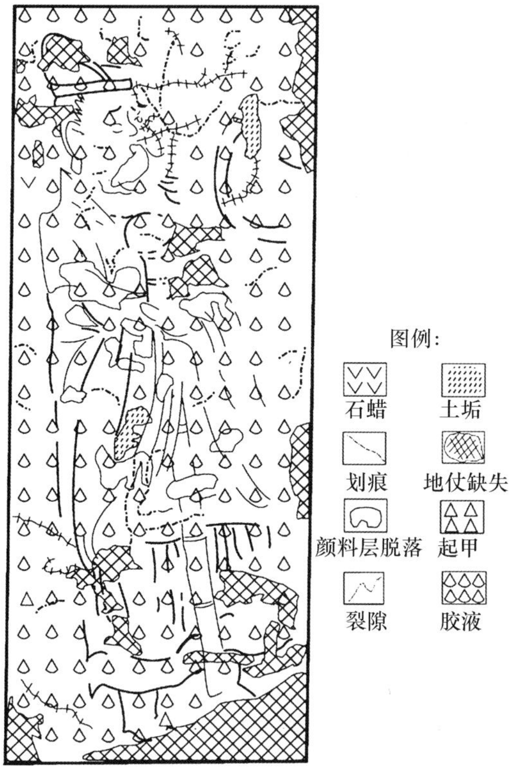

1. 执刀武士图（GB05503）壁画病害图

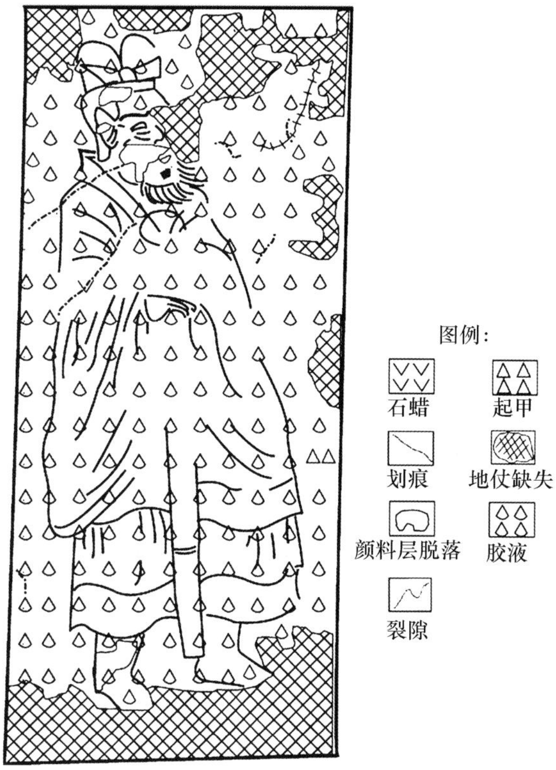

2. 执刀武士图（GB05504）壁画病害图

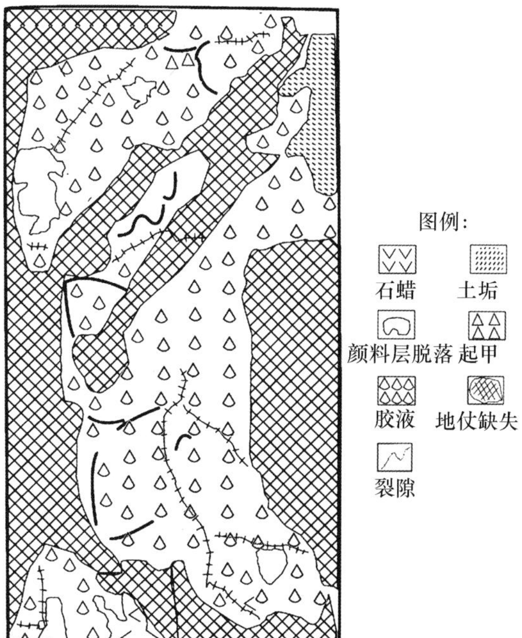

3. 花卉图（GB05505）壁画病害图

壁画病害关系图示

图版34

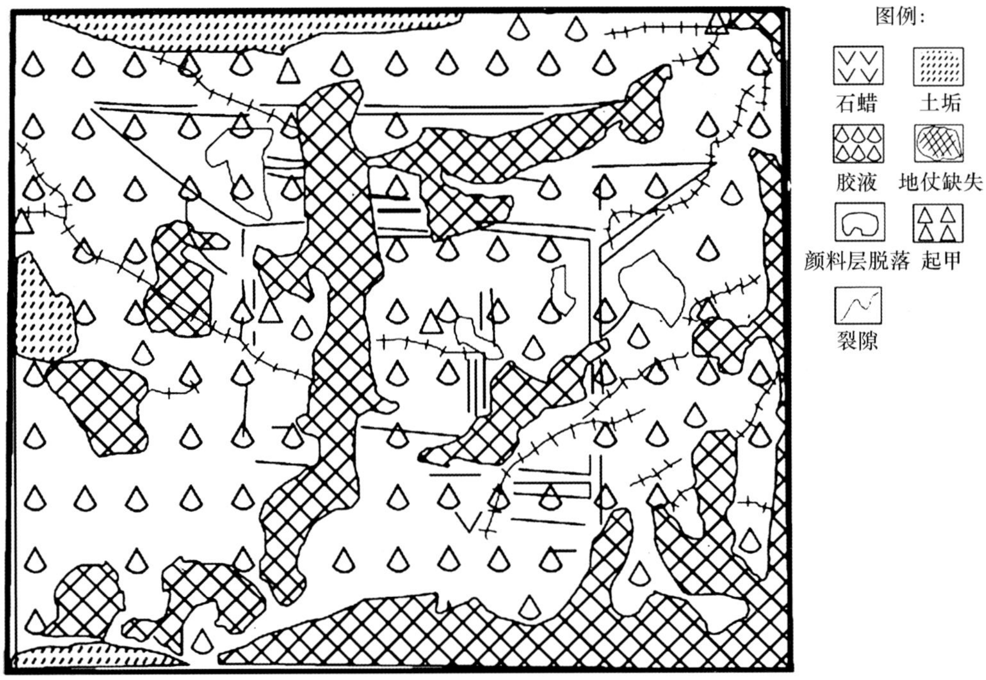

1. 门楼图（GB05506）壁画病害图

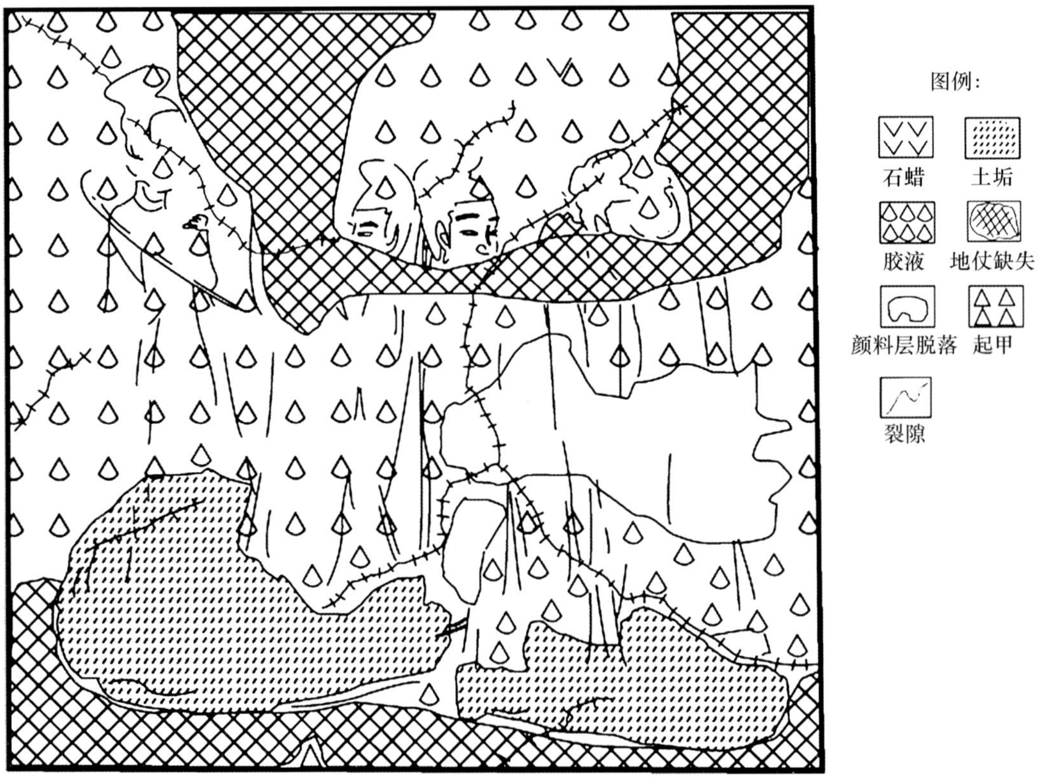

2. 侍女图（GB05507）壁画病害图

壁画病害关系图示